URBOREAS

editorial Sirio, s.a.

Si este libro le ha interesado y desea que lo mantengamos informado de nuestras publicaciones, escríbanos indicándonos cuáles son los temas de su interés (Astrología, Autoayuda, Esoterismo, Qigong, Naturismo, Espiritualidad, Terapias Energéticas, Psicología práctica, Tradición...) y gustosamente lo complaceremos.

Puede contactar con nosotros en
comunicación@editorialsirio.com

Diseño de portada: Editorial Sirio, S.A.

© Urboreas 2010

© de la presente edición

EDITORIAL SIRIO, S.A.	EDITORIAL SIRIO	ED. SIRIO ARGENTINA
C/ Panaderos, 14	Nirvana Libros S.A. de C.V.	C/ Paracas 59
29005-Málaga	Camino a Minas, 501	1275- Capital Federal
España	Bodega nº 8,	Buenos Aires
	Col. Lomas de Becerra	(Argentina)
	Del.: Alvaro Obregón	
	México D.F., 01280	

www.editorialsirio.com
E-Mail: sirio@editorialsirio.com

I.S.B.N.: 978-84-7808-671-9
Depósito Legal: B-24.577-2010

Impreso en los talleres gráficos de Romanya/Valls
Verdaguer 1, 08786-Capellades (Barcelona)

Printed in Spain

Cualquier forma de reproducción, distribución, comunicación pública o transformación de esta obra sólo puede ser realizada con la autorización de sus titulares, salvo excepción prevista por la ley. Diríjase a CEDRO (Centro Español de Derechos Reprográficos, www.cedro.org) si necesita fotocopiar o escanear algún fragmento de esta obra.

Dedicatoria y agradecimientos

A Aquello que es Uno, por todo.

Y a las personas a través de las cuales lo Uno me dio escribir este libro, entre las cuales quiero citar expresamente a:

Mis antepasados y mis padres, gracias a los cuales nací y puedo tener mi experiencia de vida.

Al amigo que, dondequiera que hoy esté, creyó en mi trabajo y en mi persona, me ayudó económica y moralmente en tiempos muy difíciles, y me regaló el ordenador para que pudiera volcar ahí todo cuanto llevaba dentro.

A mi amigo y amiga de convivencia rural en estos años pasados, sin cuya paciencia y apoyo físico y moral no hubiera podido vivir el retiro necesario para experimentar mi proceso de sanación interna ni llegar a escribir esto.

A mi pareja, por su amor y apoyo incondicionales.

Cómo surgió este libro

Hace cinco años, ni siquiera creía en los ángeles, aunque por aquel entonces ya estaba buscando otra manera de pensar y de vivir, al encontrarme insatisfecha con el rumbo que hasta entonces había seguido mi vida. Había deambulado por diferentes carreras (Biología, Bellas Artes, Diseño de Moda), sintiendo siempre la necesidad de encontrar algo que no sabía bien lo que era. Creía que todo giraba alrededor de la actividad que realizara, y por eso cambiaba de una a otra cuando el entusiasmo inicial se había esfumado y descubría que ese anhelo íntimo e indescriptible tampoco quedaba satisfecho esa vez. Podríamos llamar a ese impulso de búsqueda «sed espiritual», pero después de haber vivido amargas decepciones con la religión durante mi adolescencia, no estaba dispuesta a buscar en la espiritualidad que conocía un camino para mí. Consideraba que todo eso apestaba a engaños y autoengaños, así que buscaba pistas en otras partes: simbología, antropología...

Un día empecé a padecer una serie de síntomas físicos que los médicos no sabían explicar bien (ni, por consiguiente, curar). Dolores de cabeza de tipo migraña, contracturas musculares repetidas, sensación de debilidad generalizada... Todo se volvía crónico y me fue sacando de mi vorágine de actividad habitual. Perdí todo el entusiasmo por mi última ocupación (el diseño de moda y la ilustración), justo cuando acababa de terminar la carrera y me tocaba abrirme camino laboral. En parte fue porque mi propio cuerpo no parecía capaz de soportar las tensiones que implica esa clase de oficio, y enfermaba.

Tenía las cervicales y la espalda casi constantemente agarrotadas y doloridas, así que me medicaba de manera habitual con relajantes musculares, analgésicos y antinflamatorios. A veces aún tenía que añadir a esto antibióticos para tratar infecciones recurrentes de anginas, de hongos y de bacterias de esas que llaman «inespecíficas». Sin embargo, los análisis clínicos no desvelaban ningún desequilibrio importante, ni una falta de defensas de base. Todo en mí parecía normal, pero yo me encontraba cada día peor.

A la par que mi cuerpo parecía hundirse en un estado catastrófico, se me abrían los ojos a las muchas hipocresías del mundo, a mis propias mentiras e incoherencia personal, y en general a la inconsciencia e ignorancia que envolvía mi vida y tantas otras. Comencé a adentrarme en el campo de las terapias alternativas, buscando una solución diferente a mis problemas físicos, y de paso una explicación a por qué las cosas eran como eran, si es que la había. Así que estudié herboristería y dietética, y empecé a leer libros sobre otra clase de caminos de curación.

Fue entonces cuando, a través de unas amistades, conocí a una terapeuta que trabajaba haciendo aflorar los contenidos mentales y emocionales ocultos en los dolores físicos. Al principio, yo no tenía ni idea de cuál era su método, y no sabía que se centrara tanto en las sensaciones corporales, así que no se me ocurrió pedirle ayuda. Nos encontramos varias veces de manera amistosa, porque compartíamos aficiones y búsqueda, y sólo al cabo de un tiempo fue ella misma quien, viéndome un día sufrir con uno de mis habituales y fulminantes dolores de cabeza, se ofreció a echarme un vistazo con su método, si yo quería. Sin compromiso y de manera gratuita, por amistad.

Ahí se inició un proceso de sanación profunda en todos los niveles. Esta mujer me enseñó a observar mi propio interior, aunque siempre partiendo de lo que mi físico sentía. En cada sesión, me guiaba para que pudiera relajarme y concentrarme hasta observar o sentir por mí misma qué había en cada punto corporal que me dolía. El resultado era invariablemente sorprendente, y por eso al principio me costó asumir esos contenidos. No podía creer que mi cuerpo contuviera esa clase de informaciones, casi siempre memorias traumáticas en forma de imágenes que muchas veces eran simbólicas.

Aprender a sentir o escuchar la «voz» de cada una de mis zonas corporales doloridas sin censurarla y aprender a expresar en voz alta lo que veía o sentía ahí fue todo un reto para mí, que no creía hasta entonces que esa clase de cosas pudieran pasar. Parecía una locura, pero continué porque... ¡mis dolores se esfumaban! De manera increíble para mi parte más racional, fueron desapareciendo todos los síntomas crónicos y mi estado de salud general mejoró de manera espectacular. Incluso me libré de una molesta y dolorosa retención de líquidos que ya había asumido como algo normal, y no catalogaba como problema o enfermedad. Estaba claro que expresar el contenido corporal me aligeraba en todos los niveles.

Pasaron así cuatro meses de terapia continuada y semanal, que sólo pude llevar a cabo gracias a que mi amiga nunca quiso cobrarme nada. Sabía que no estaba trabajando y mi situación económica no era precisamente buena. Yo no tenía idea de cuándo llegaría el momento de dejar la terapia, y me preocupaba abusar de su generosidad, pero pronto se presentó un gran cambio en mi vida que marcaría un punto y aparte con respecto a todo cuanto había experimentado hasta entonces. Era ese cambio que llevaba años buscando, sin saber cómo ni por qué.

Sucedió un día, mientras estaba en una sesión terapéutica, que cuando me encontraba enfocándome en las sensaciones corporales más destacadas para expresar su contenido o darles voz, noté algo diferente: un gran calor a mi derecha que parecía proceder de alguna clase de masa de energía que presionaba a mi cuerpo desde fuera. Al mismo tiempo, me invadió una relajación profundísima y sentí que me adentraba en un estado de serenidad absoluta. Me quedó claro, sin embargo, que aquello no era «yo», o no estaba «dentro» de mi cuerpo, y esto era algo nuevo. La terapeuta, fiel a su pauta de trabajo, me instó a no censurar la expresión de algo que, por raro que pareciera, había surgido cuando estaba explorando mi cuerpo en busca de nuevos bloqueos por disolver. Tanto si estaba dentro como fuera, me afectaba y estaba reclamando fuertemente mi atención, con lo cual era mejor darle voz que no hacerlo. Entonces oí por primera vez a los ángeles.

Me llevé una sorpresa cuando, al preguntar a esa sensación de calor y serenidad que presionaba contra mi cuerpo, oí nítidamente, en mi interior que eran los ángeles. Mi perplejidad era grande porque ni creía en ellos, ni andaba buscando esa clase de experiencias o respuestas. Pero las barreras de mi incredulidad y escepticismo se disolvieron porque sentía de una manera rotunda que «algo», fuera lo que fuese, estaba ahí y no sólo me comunicaba paz y serenidad, sino también un amor fuera de lo común. Este amor era tan puro e incondicional que me desmontó internamente por completo y me puse a llorar como una niña. Nunca había sentido algo así, y al mismo tiempo era como si lo recordara de alguna parte. Por otro lado, parecía un recuerdo de algo que había olvidado durante casi toda mi vida. ¿Cómo me había perdido tanto? ¿Cómo había podido vivir separada de eso?

Mi búsqueda había empezado a terminar. Aquel día viví un diálogo breve que inició un proceso de sanación aún más profundo y amplio que el que había estado experimentando gracias a la terapia. Los ángeles me aseguraron que siempre estuvieron ahí, pero que no los había podido escuchar a causa de muchas interferencias, heridas y programaciones mentales. Curar mi cuerpo del modo en que lo había hecho me permitía oírlos ahora, porque el cuerpo es instrumento. Pero ese instrumento es capaz de resonar con muchas «voces», y no todas son inspirativas o maestras. Aprendí que para escuchar a los ángeles correctamente era preciso iniciar un proceso de purificación constante y profundo. Comprendí que ese era el origen de lo que los antiguos llamaron «penitencia» y «ayuno», aunque luego el verdadero significado de purificarse se perdió. Y me di cuenta de que llevaba meses, sin saberlo, «ayunando» y «haciendo penitencia», aunque de un modo diferente al que había entendido hasta entonces. El significado profundo de lo que es el misticismo empezó a abrirse paso en mi interior, y amé esa clase de vida. Sentí que era mi vocación, una vocación pura, intensa y sin fisuras, y me di totalmente a ella.

Inicié así un camino que podría llamar de eremitismo urbano. Al poco tiempo dejé la terapia, porque sentí que ya había cumplido conmigo su función, y me tocaba ahora continuar por mí misma. También la terapeuta notaba que había tocado techo con mi caso, y que llegaba mi momento de independizarme de su cuidado. Sin otra guía o ayuda externa, puse mi confianza en los ángeles. No los oía muchas veces, pero me iba quedando claro que su presencia era constante y que tarde o temprano me volverían a decir algo. Y así fue. Aconsejada por ellos, me volví hacia el interior y cambié todos mis hábitos y rutinas para enfocarlos hacia la escucha.

Quería estar disponible, atenta, no quería perderme, por dejadez o falta de valentía, nada de aquel mundo espiritual que estaba descubriendo y que me abrazaba de manera tan benevolente y al mismo tiempo, maestra. Cada una de las comunicaciones angélicas me mostraba aspectos nuevos de la vida y me confrontaba con honduras que, yo sola, no hubiera sabido ni ver ni intuir.

Mi sed de su enseñanza era enorme, y lo di todo a cambio de eso. Sucedieron cambios igualmente grandes en mi vida. Viví una auténtica etapa iniciática que fue también muy difícil, porque junto con los ángeles surgieron además muchas sombras y se me hicieron más patentes las tinieblas que gobiernan la dormida vida de muchos hombres. Además, mi sensibilidad se había acrecentado tanto que ya no solamente notaba o escuchaba mis sombras, mis dolores o mis contenidos corporales, sino los de los demás. El sufrimiento colectivo se abalanzó sobre mí y llegué a creer que me aniquilaría.

Percibí este mundo como un mundo caído, enfermo y loco, y padecí tal añoranza por otro lugar al que sentía pertenecer (y al que llamé «hogar») que deseé morir, terminar con esta vida donde tanto sufrimiento y locura había, para regresar. Pero progresivamente fui encaminada hacia otra clase de comprensión: el «hogar» no es exactamente un lugar, sino un estado de ser. Sin alcanzar determinado estado de ser es imposible «volver» a ese «hogar» que yo anhelaba. Es más, no existe nunca un retorno, sino que todo son viajes de ida diferentes.

Por otro lado, descubrí que el deseo de huida del mundo a través de la muerte es respetado, pero no incentivado por los ángeles, ni por otras clases de entidades-guías espirituales con las que más tarde me fui encontrando. En lugar de eso, siempre me animaron a vivir. Eso sí, se trataba de vivir con un enfoque nuevo de las cosas. En cuanto al sufrimiento colectivo que tanto me costaba soportar, entendí que podía aportar mi granito de arena para mitigarlo, y, contagiada por la visión mayor de los ángeles y guías, sentí y comprendí lo que era la esperanza y me alineé con ella.

Pasaron los meses. Fui iniciada de manera que pudiera ayudar a otras personas doloridas, a través de la imposición de manos y de la escucha tanto de los contenidos de sus dolores corporales como de los consejos de sus guías espirituales. Los ángeles me animaron a trabajar con esto, así que llegué a creer que me dedicaría profesionalmente a ello: instalé una consulta y empecé a cobrar por cada sesión, como veía que se hacía en el mundo de las terapias alternativas. Sin embargo, todo fue muy diferente. La ciudad pareció cerrarse a mi iniciativa, y no encontraba ni el lugar ni la manera de llevar adelante mi propósito.

Al poco tiempo, aconsejada por los ángeles, dejé la ciudad y me trasladé a vivir al campo, porque me dijeron que sólo esa quietud y limpieza físicas me permitirían realizar determinado trabajo interior y continuar con la escucha. Creí que entonces podría, por fin, trabajar en «esto», y montar algo así como un lugar de terapias de fin de semana para la gente de ciudad, pero tampoco fue así. Inicié otro proceso de interiorización y sanación aún más radical y profundo que el anterior, que me mantuvo ocupada durante años y me confrontó con una serie de verdades. Sólo de vez en cuando atendí algunos casos de personas que pedían ayuda, porque se enteraban a través de algún amigo íntimo de que «oía», y querían una guía respecto a sus situaciones vitales. Pero fueron los menos. Intenté abrirme camino laboral en otra ciudad, pero los ángeles siempre me aconsejaban que me marchase de allí al cabo de unas semanas. Decían que mi lugar estaba en el campo, y que la prioridad debía ser una vida de silencio y máximo retiro. Algún día alcanzaría una madurez diferente y tal vez podría hacer algo en la ciudad, pero de momento, no.

Por otro lado descubrí que no podía, en conciencia, cobrar por mi trabajo, porque era un don que se me daba para ser transmitido, no para negociar con ello. Yo era canal, mero instrumento transmisor de ayuda, y cobrar por dar voz a los guías era como poner un contador automático en una fuente, según el cual introduces monedas para que salga agua. Esto interfería en la fluidez del «agua» que se me daba, ya que la sometía a los vaivenes del mercado o a los caprichos humanos. Y tal interferencia o manipulación del enorme caudal al que estaba conectada producía dos efectos: uno, me enfermaba a mí misma, porque me obligaba a retener el don conmigo salvo que alguien me lo pidiera y pudiera pagar una sesión; dos, el «don» no llegaba siempre a quien debía llegar, porque mucha gente que realmente padece necesidad no tiene una situación económica buena. Yo misma sabía por experiencia que a veces uno necesita una ayuda que, sin embargo, no puede pagar en ese momento. Debía mi vivencia de la gracia, en parte, a la generosidad de una terapeuta. ¿Cómo iba a actuar ahora de manera exclusivamente comercial hacia los demás, siendo como era mi trabajo, además, algo que no dependía de mí, sino de las fuentes espirituales que ayudan?

Decidí dejar de cobrar por mis sesiones, aceptando únicamente algún donativo en el caso de que quisieran hacérmelo (pero ni siquiera con esa obligación), y confiar en la providencia para sobrevivir. Tal decisión tuvo un efecto inesperado en mí: en lugar de trabajar más, trabajé menos. Descubrí que en la sociedad actual no se entiende fácilmente a alguien que trabaja sin cobrar, e incluso se relaciona esto con poca profesionalidad. En otros casos, hay quien no se atreve a pedirte ayuda, porque se siente inseguro al temer abusar de tu generosidad, aunque le digas que no es así. También empecé a entender que el «trabajo» al que los ángeles se referían en realidad lo hacía constantemente. Durante mis espacios de oración o meditación, a menudo acudían a mí problemas diversos, que ayudaba a resolver: muertos que no encontraban la paz; lugares cuya energía estaba sucia e infestada de horrores o traumas; mil casos extraños en los cuales me convertía, sin habérmelo propuesto, en una especie de mediadora entre la ayuda espiritual y el dolor... Y claro, este trabajo, que era más un servicio de mi ser que otra cosa, no era algo que se pudiera casi ni explicar, ni desde luego cobrar. ¿Además, a quién?

Viví dos problemas al mismo tiempo: por un lado, no sabía con qué ingresos mantenerme. Afronté etapas de enorme pobreza material mientras lidiaba con un dilema: si ocupaba mi tiempo en un trabajo normal, dejaba de tener el tiempo y la atención necesarios para el servicio espiritual. Sobrevivía estirando el dinero como podía. Por otro lado, no sabía cómo dar a las personas mucho de lo que me era dado para ellas. Me sentía colmada por mensajes que podían ayudar a muchos, pero no sabía cómo hacerlos llegar al mundo. Era como un arca de regalos, repleta hasta reventar, que siente que va a enloquecer porque no puede volcarse en ninguna parte.

La solución vino por dos vías. De una parte, surgió un amigo que quiso ayudarme económicamente durante un tiempo, a cambio de que yo continuara con mi labor espiritual, pues creía rotundamente en ella. De otra, los mismos ángeles me instaron a escribir, y se me ocurrió hacerlo públicamente, abriendo una página en Internet. De este modo cualquiera podría acceder a ella y recibir lo que yo compartía ahí.

Gracias a este amigo, que me regaló un ordenador portátil, empecé a volcar en el teclado todas las inspiraciones que recibía. Inicié varios blogs para expresar en ellos las diferentes «voces» que me guiaban. Cada blog daba expresión a un tipo de voces, y trataba un tipo de temas y niveles de energía diferentes. Y uno de estos blogs fue de los ángeles y para los ángeles, y se inició previo pacto con ellos. Querían que escribiera un libro, así que en el blog irían saliendo sus capítulos, según me los fueran transmitiendo. La condición era que debía intentar al máximo no censurar sus voces, ni su tono (aunque sonaran radicales y severos en ocasiones), y que por encima de todo reflejara la Unidad hacia la que ellos me guiaban.

Me comprometí a escribir el libro de principio a fin, y fue de esta manera como abrí su blog en abril del 2007, titulado «EL CUERPO ANGÉLICO. (Mensajes) Desde El Cuerpo Angélico de la Creación hacia el Cuerpo Humano de la Creación». Escribí y escribí, sintiéndome arder con su fuego, transmitiendo lo que oía sin más. Esto duró un año y medio, al cabo del cual los ángeles lo dieron por finalizado. Entonces me pidieron que eliminara el blog. Debía recopilar todo el material publicado y adentrarme en otra etapa de interiorización en la cual revisaría lo escrito para materializarlo en un libro. Internet no estaba mal, pero era algo que sólo servía en cierta etapa. Preferían la materialización, la «encarnación» en algo sólido que podría llegar, así, a muchas otras personas y de manera diferente, más pausada, serena y limpia. Materializar las cosas es importante, lo mismo que dar la oportunidad a las personas de vivir una lectura lenta y meditada gracias a un buen libro. Internet es la vorágine, y no permite fácilmente esta profundidad. Además, mantener un blog abierto haría que, en la energía, esta etapa no se pudiera cerrar. Se trataba de hacer algo así como «enterrar la semilla»...

Pasaron unos cuantos meses, en los cuales me dediqué a revisar errores de gramática y frases mal construidas, y en la cual los ángeles me pidieron que añadiera algunos capítulos más (unos cuantos de la Medicina de Rafael, también los relativos a las Puertas del Éxtasis y la explicación y súplica final sobre la «Forma»). Durante todo este tiempo, mi vida tuvo nuevos cambios. Me trasladé a otro pueblo aún más tranquilo, inicié una relación de pareja y me empezaron a enseñar para trabajar en algo «normal» sin, por esa razón, perder el contacto con el mundo espiritual ni dejar de estar «al servicio», por así decirlo. Después de años de vida casi exclusivamente interior, los guías me decían que empezaba a estar mínimamente asentada y consolidada, y podía intentar ir un paso más allá sin perderme. El viejo dilema entre trabajar para sobrevivir o vivir completamente al servicio se empezó a diluir. He ido comprendiendo que se trata de vivir el cielo en la tierra, y que alcanzar el estado de ser que nos permite «volver al hogar» tiene que ver con ser capaz de vivir en medio del mundo integrando en un solo acto la actitud receptiva (de «escucha») con las actividades habituales y necesarias para vivir. Pero llegar a esto no es fácil. Mi aprendizaje al respecto no ha hecho más que empezar.

Este libro ha surgido, pues, de una etapa donde predominó la actitud receptiva y de escucha frente a otras actividades. Hubiera sido imposible escribirlo sin dedicar horas diarias al silencio y a la soledad, del mismo modo que para un enfermo grave es imposible curarse sin pasar tiempo en la cama con cuidados extra. Mientras escribía el libro, sentía que sus palabras iban dirigidas a muchas personas desconocidas, pero al mismo tiempo me enseñaban a mí, produciéndome intensas reacciones y desencadenando procesos profundos de comprensión, despertar y cambio.

El empeño de los Ángeles en que sacara el libro de Internet (lo virtual) para materializarlo editándolo (algo sólido) enseña que lo espiritual y lo denso no están reñidos, sino al contrario. El verdadero y gran trabajo espiritual es vivir la materia como algo sagrado, dejando de considerarla como algo maldito o sin valor. Así, devolvemos la materia a su verdadero dueño, lo Uno, la Esencia Creadora que palpita en todas las cosas.

Para terminar, me gustaría hacer hincapié en que debo la capacidad de poder «escuchar» a haber afrontado con amor, paciencia y dedicación el ingente trabajo de prestar atención a mi cuerpo, a sanarlo y limpiarlo. Mi camino ha sido, tal vez, un camino inverso al de muchos, que afirman llegar a despertar ciertas capacidades sensitivas gracias a no prestar atención al cuerpo y a lo material. Mi testimonio puede servir para mostrar una vía diferente. Al despejar mi ser de carne y darle alivio y consuelo, demostré a la Vida que era capaz de amar lo más inmediato de mí misma, y fue entonces cuando la Vida confió en mí y me mostró los potenciales que, hasta entonces, latían inertes en mi interior.

Creo que la capacidad de «oír» la Guía Espiritual está en todas las personas, pero no puede aflorar, o no puede hacerlo correctamente, porque es preciso primero un camino de purificación personal importante, en el cual es necesario prestar atención también al cuerpo. Los caminos que prescinden de prestar atención a lo que la materia dice conducen hacia diferentes lugares, pero tal vez no sean caminos hacia la *Plena Encarnación*, ni hacia la *Unidad*, que son las metas finales hacia las que apunta la enseñanza de los ángeles en este libro. Pues... ¿cómo experimentar la unidad si el espíritu aún permanece disociado de la materia?

Ojalá que tantas palabras como han sido vertidas en estas páginas sean de ayuda a muchos, como lo fueron para mí.

La que escribe.
León, primavera de 2009
(España)

Advertencia a los lectores

Como ya he explicado en la introducción («Cómo surgió este libro»), la obra que viene a continuación ha sido escrita desde lo que podríamos llamar un estado inspirado. Hoy en día está de moda llamar a esto «canalización», pero son palabras modernas. Los antiguos siempre supieron que existía un estado de conciencia caracterizado por una mayor receptividad a ciertos contenidos, estado en el cual a veces uno podía captar destellos de verdadero conocimiento.

Sin embargo, contrariamente a lo que muchos creen, estar «inspirado» no garantiza ni la perfección de lo percibido, ni la utilidad de los contenidos, ni, desde luego, que exista un verdadero conocimiento aflorando en ellos. En cierto modo todos vivimos constantes inspiraciones; la cuestión es por qué o por quién somos inspirados. La complejidad de este fenómeno es enorme, tanta como la del ser humano, porque finalmente es una persona de carne y hueso quien lo percibe y transmite, en este caso escribiéndolo en un papel.

Mientras escribía este libro yo era perfectamente consciente de lo que estaba escribiendo, y podía cuestionarlo sobre la marcha. Es decir, esto no está redactado desde un estado de trance en el cual existe una pérdida de conciencia y la persona escribe de manera automática, sino desde la apertura hacia algo que «quiere ser oído» y desde la observación (lo más lúcida posible) de esto. En un escrito así, todo lo que el escritor es y lleva consigo, sea consciente o inconsciente, de un modo u otro permanece como una influencia de fondo y, en ocasiones, puede formar parte del entramado del mensaje. Reconocer esta posibilidad es mi deber como escritora, y advertir a los lectores de ello es mi deseo como persona. Por eso, que nadie busque aquí respuestas sin tacha o «palabras divinas» que pretendan ser leyes incuestionables. De ningún modo, porque aunque la fuente de esta inspiración sea «buena», al final ha pasado por mí, y lo he escrito yo, un «yo» con sus altibajos, sus limitaciones y una visión aún muy limitada. Por lo tanto, esto tan sólo es una recopilación de contenidos que recibí desde la inspiración, pero que siento que pueden ser de utilidad a otras personas, si se usan como material de reflexión.

También deseo advertir a los lectores que, a pesar de que en el libro se menciona algún nombre de ángel que aparece en la tradición cabalística, no tengo ninguna formación ni conocimientos sobre ella. *¡Este libro no surge de un estudio previo del tema angélico!* Mi ignorancia acerca de las grandes tradiciones es muy grande, si exceptuamos los conceptos básicos del cristianismo, sin tener siquiera un conocimiento profundo de éste. Por lo tanto, espero que quede claro que este libro no se ha escrito con la pretensión de enseñar desde la sabiduría tradicional. Mi realidad personal es bastante más pobre que todo eso, pues parto del no saber. Por eso he sido sorprendida continuamente por lo que iba recibiendo. Al mismo tiempo, estos contenidos han actuado como verdaderos incitadores no sólo de mi cambio interno, sino del inicio de un interés por las tradiciones que conocen el fenómeno angélico. Únicamente ahora empiezo a encontrar en diferentes partes pistas que me indican que otros no sólo han entrado en contacto con esta realidad, sino que han percibido cosas similares. Estoy abierta, pues, a las enseñanzas tradicionales, e invito a los maestros de éstas a que me corrijan, si acaso ven que desatino demasiado, o a que dialoguen conmigo si comparten puntos de vista o buscan lo mismo que yo: *la Unidad.*

Podría hablar mucho más en esta introducción, pero a los ángeles, por lo menos tal y como los siento, les gusta la brevedad. Este libro es largo, pero no porque se extienda mucho en cada asunto, sino porque toca muchos puntos diferentes a la vez, repasando las cuestiones básicas de la vida humana.

Pero sí, la brevedad es una característica angélica. De hecho, ahora que termino el libro y que he repasado su contenido para presentarlo al editor, me dicen que, de todo lo escrito aquí, ¡sobra la mitad! ¿Cómo me dicen esto, justo ahora, y después de haber insistido para que escribiera todos y cada uno de los cuatrocientos capítulos? Reconozco que se trata de un libro muy largo, pero no pretendía hacerlo «yo» así. ¿O es que he sido engañada por alguna otra influencia?

¡Que me corrijan, por favor! ¡Si tengo que eliminar cien, doscientos o trescientos noventa capítulos, lo haré!

Atentos a mi inquietud, me responden, iniciándose un diálogo:

—No te angusties. Efectivamente, de este libro sobra la mitad, o incluso más, pero ha de ser así. Es natural que así sea.

—Pero ¿queréis decir que he escrito «de más»? Si es así, podéis indicarme qué es lo que sobra. Repasaré de nuevo el libro y quitaré lo superfluo.

—No. No lo harás. Déjalo tal y como está, con sus sobras y sus imperfecciones.

—Pero... yo quería dar una imagen mejor de vosotros. ¡Este libro es vuestro! Si me decís que tiene algo así como basurita mezclada con lo bueno, me sentiré deshonesta entregándolo a los lectores.

—Este libro es alimento, pero el alimento, en vuestro mundo, nunca viene de manera cien por cien pura. Cuando comes cualquier cosa, sólo una parte pequeña de su esencia y su materia te alimentan, y eso tras una previa digestión. El resto va a la basura y a las cloacas. Del mismo modo, este libro hay que masticarlo, quitarle la piel, saborearlo y eliminar lo inservible. Pero cada persona debe hacer esto por sí misma. ¡Tú no puedes, ni debes, suplir las digestiones y discernimientos ajenos!

Me he quedado callada, sumida en reflexiones, como suele sucederme con lo que me dicen los ángeles. No se me había ocurrido verlo así, pero enlaza con lo que dije al principio: siempre existe una influencia del «yo» del escritor en lo escrito, por más que uno pretenda estar «canalizando»... Ellos asienten y dicen:

—No sólo está ahí tu influencia, sino también otras influencias que están en vuestro mundo. Pero tu carne «influida», como también acoge nuestra energía y palabras, puede transmitir a otros lo que nosotros te damos, del mismo modo que la *luz del sol* puede ser absorbida por una fruta y ser luego ingerida, de manera indirecta, por las personas al comerla. La carne de la fruta es basura y alimento al mismo tiempo. Todo depende de la digestión.

—Pero eso significa que en este libro no sólo habláis vosotros. Aunque sea de manera indirecta, parece que ahora sugerís que también se manifiestan en él otras... digamos influencias.

—Así es, pero es lo mismo que le sucede a una fruta. No sólo tiene luz del sol dentro de sí, sino también agua, minerales, partículas que flotan en el aire y que absorbe... ¿Vas a desdeñarla por eso?

—No, pero entonces la fruta, o en este caso el libro, no puede llevar directamente a otros la luz del sol que yo obtengo de vosotros. Sólo reciben algo indirectamente.

—Pobre niña, ¿descubres ahora, desilusionada, que este libro «sólo» es «un libro»? ¿Qué creías, que podría sustituir a la experiencia personal de cada ser humano, siempre y cuando decida buscar por sí mismo la luz del sol?

Me quedo callada una vez más, avergonzada por mis pretensiones. Tienen razón. Esta obra sólo es un libro y su utilidad será siempre relativa. Para terminar, dicen:

—Insiste en esto y dilo aquí bien alto y claro: *nadie puede alcanzar la luz del sol a través de experiencias ajenas.* Cualquier lectura o enseñanza tiene una utilidad relativa. Este libro será útil sólo en la medida en que ayude a otras personas a entregarse a *su propio camino hacia lo Uno.* Eso es todo.

—De acuerdo. ¿Queréis decir algo más?

—Es suficiente.

Bien, pues entonces... ¡eso es todo! Agradezco a *Aquello que es Uno* haber vivido la experiencia que me ha supuesto escribir todo esto. ¡Que sea para el mayor bien!

La que escribe.

Nota acerca del lenguaje utilizado

Según mi experiencia, es difícil entender bien a los Ángeles. Parecería que no ha de ser así y que, una vez que uno abre su corazón y permanece receptivo con toda la mejor intención del mundo, ¡zas!, la comprensión se produce de manera inmediata. De hecho, así describen algunas personas sus vivencias en la comunicación interna con el mundo angélico: comprensión y entendimiento fulminantes, sin lugar a dudas.

Sin embargo, yo no he vivido esto, sino algo diferente. Una cosa es sentir la comunicación y el entendimiento en la energía que, efectivamente, se produce al unir mi corazón al suyo, y otra muy distinta es comprender bien lo que han querido transmitirme, es decir, interpretarlo de manera correcta para poder aplicarlo a la vida cotidiana. Hay quien es partidario de vivir estas experiencias sin buscarles mayores interpretaciones, pero esta actitud no es la mía. Opino que, de existir un contacto con el mundo verdaderamente espiritual, éste ha de servir para mejorar nuestra vida palpable, pues el mundo del Espíritu ama al mundo de la Materia y busca casarse con él, encajar.

Entonces, dado que mi vida palpable y cotidiana suele transcurrir en un mundo muy diferente a la dimensión de Perfecta Unidad desde la cual me hablan, es fácil entender mal aquello que dicen, o por lo menos no entenderlo más que en parte. Sin ir más lejos, nunca he terminado de comprenderlos cuando me hablan del «tiempo», pues para ellos es una cosa y para mí otra. ¡A veces he esperado para pasado mañana lo que me prometían que sucedería muy pronto, de manera inminente, y he tardado años en verlo cumplido! Y claro, si lo pienso fríamente... ¿qué es «pronto» para ellos...? Me sucede lo mismo con palabras como «mente», «corazón», «personalidad», «espíritu»... Parecen cargadas de un significado profundo que estoy lejos de poder abarcar.

Así que de momento mi experiencia me enseña que es necesario dejar pasar un tiempo relativo (pueden ser días, pero también años) para entender con un mínimo de veracidad el sentido correcto del mensaje angélico. Es más, dada la diferencia de mundos que entran en comunicación, casi es lo natural. ¡Lo extraño sería que, tal y como estamos de distanciados por lo general, nos entendiéramos a la primera! Me viene a la mente la experiencia de san Francisco de Asís, cuando oyó una voz procedente de un Cristo crucificado que le decía:

—Francisco, ve y repara mi Iglesia, que como ves, amenaza ruina.

Y san Francisco, tomándose el mensaje al pie de la letra, fue y se puso a reconstruir la ermita en ruinas donde se encontraba la imagen de Cristo. ¡No podía ni imaginar, ni comprender entonces, que el sentido del mensaje era otro, y que tenía que ver con dar nuevo aliento a otra iglesia, la humana, no a un viejo edificio derruido! Bien, pues ésta es la clase de malentendidos que suceden un día sí y otro también con este tipo de comunicaciones entre lo humano y lo suprahumano, si uno se empeña en entenderlas de inmediato y se toma las palabras literalmente.

Así que quiero dejar constancia aquí de esta dificultad y advertir que el léxico utilizado en el libro puede no ser el mejor o el más correcto para expresar de manera pura el sentido de lo que los Ángeles me han transmitido. Sencillamente, están ahí las palabras que yo conozco y las que puedo entender mejor. Probablemente, de haber recibido otra persona esto, en algunos puntos habría utilizado otros términos, puesto que para él o ella tendrían otro significado. Eso sí, la energía inherente al mensaje permanece ahí, y es lo que ofrezco en este libro, para compartirla con el mundo.

Por último, recomiendo leer el capítulo 95, titulado «Escuchar y traducir», porque ahí ellos mismos hablan acerca de este tema. Y nada más por mi parte, dejo a los lectores con el libro, con «su» libro.

La que escribe.

1. Conocer a los ángeles

Muchos buscan conocer a los ángeles.
Leen libros acerca de ellos y se devanan los sesos
discutiendo acerca de su naturaleza.
Pero todo esto no sirve de nada para
conocernos verdaderamente.

Si en verdad quieres conocer al ángel,
humano, ábrete a tu hermano.

Si en verdad quieres conocernos, sabe esto:
sólo por una única razón descendemos hasta la Tierra
y unimos nuestras energías a las de un ser humano:
para servir a la Vida, desde y en Aquello que es Uno.

Por lo tanto, si deseas en verdad conocer al Ángel, entrégate al Dar.*
Pues el Ángel es potencia, es fuego, es comunicación,
es amor en múltiples manifestaciones... todo, para *Dar.*

¿Acaso pide llenarse de fuego el vaso que no desea verterlo?
Si quisiera retenerlo, el fuego lo haría estallar en pedazos.

Pero avarientos de la energía, los humanos se sirven
a sí mismos y nos buscan porque ansían utilizar nuestra potencia,
o tenerla «de su parte».
Otros, ansiosos de conocimiento intelectual o de ese que llaman
«mágico», buscan en libros fórmulas e invocaciones para hacerse

---

* A lo largo del libro, ciertas palabras aparecen en mayúsculas para indicar que fueron emitidas con un énfasis especial, otorgándoles un sentido diferente al vulgar. Así, hay un «dar» profano y un «Dar» sagrado, un «amor» que alude a lo que vulgarmente se entiende por tal, y un «Amor» con mayúsculas, «palabras» y «Palabra», etc.

con aliados, para hurgar en la naturaleza y desentrañar sus secretos,
soplados al oído por misteriosas y exclusivas fuentes.
Pero todo eso arderá hasta los cimientos, será barrido por el cambio.
No vale para nada.

Los humanos, cegados por su ansia, ignoran que invocando ángeles
con esta actitud atraen a quienes se sirven a sí mismos,
desviados de la conciencia de Unidad.
Sugieren éstos: «Invócame, rézame, hazme estas ofrendas,
di esto y aquello, y yo te serviré».
Niños, ¡no veis que os engañan!

La invocación no funciona gracias a palabras mágicas, sino que
en ella actúa lo que fluye desde lo más recóndito del corazón.
La energía vibra, el corazón habla, lo profundo llama.

Pero la palabra... ¿qué es la palabra?
Muerta está en labios de muchos.
La verdadera Palabra escasea.
Cualquiera puede venir y decir: «Soy Miguel»,
o «Soy éste o soy aquél».

¡Ya basta de tanta mentira y tanta insensatez!
La naturaleza vomita todo esto.
No se sostendrá por mucho más tiempo.

¡Fuera los mercaderes del conocimiento sagrado, los que ocupan
el templo humano con baratijas y mercancías engañosas!

Todo eso es basura.
¿Qué es basura?
Lo que YA NO SIRVE.

Está dicho.

2. Servir

Si verdaderamente quieres conectar con el
Cuerpo Angélico de la Creación,
entonces deberás ser uno con su intención.

De otro modo estarás cerca y lejos,
como una cuerda paralela que nunca llega a tocar a la otra,
y el verdadero contacto no existirá.

El verdadero contacto se produce cuando,
desde el corazón profundo del ser humano, brota el anhelo de Dar,
y su expresión lo manifiesta clara y conscientemente: «Sí, quiero».

La intención del Ángel es servir.

Servir, ¡tremenda palabra que os llena de miedo!
Hay que entender de nuevo lo que el servicio verdadero es.
Para entender lo que es servir hay que ser *Inocentes* de nuevo.

3. El ángel de cada uno, nombres

Y, si sintiendo todo esto, desde lo más profundo
de vuestro corazón deseáis Dar,
entonces invocad a VUESTRO Ángel.*

No a éste o a aquél.
No al último nombre de moda.

Mundo mercader, ¡ahora ofrece nombres de ángeles
como si fueran una lista de la compra!

Dejad de ansiar nombres.
No os daremos ni uno.
Y aun los que parezca que demos, serán dados de un modo nuevo.

Ha de quedar claro, desde ahora y para siempre:
no venimos como individualidades.
«Yo soy, yo soy, yo soy...»
Yo, yo, yo, yo...

Basta de todo eso.
Aquí, sin nombre.

El nombre verdadero de tu Ángel lo sabrás porque
él te lo hará saber, si lo cree necesario.
Y no tiene por qué ser necesario.
Para cada persona es diferente.

---

* Con el término «vuestro» se refieren al ángel que está más próximo, en un momento dado, a cada uno, aunque eso no significa que sea de nuestra propiedad o que sea algo exclusivo, como se irá entendiendo por lo que se dice a lo largo del libro. En todo momento utilizan las expresiones verbales más próximas al entendimiento de la que escribe, lo cual no quiere decir que sean perfectas ni cien por cien exactas.

Queréis nombres porque buscáis piezas para vuestro altar particular.
Coleccionáis ayudantes y decís: «¡Mira, ahora también
tengo un ángel!».
Pero hemos venido a prender fuego a los altares
y a terminar con las idolatrías.

Para sentir verdaderamente a vuestro Ángel, no necesitáis oír un
nombre exótico que os haga sentir lo muy interesante que éste es.

Puede que os venga bien y os ayude saber un nombre,
o puede que no.

Vuestra intención ha de ser pura para invocar a vuestro Ángel, pues
vendrá lo que responda a esa intención, a esa vibración.
Y si vuestra intención no es pura, tal vez venga una máscara
de vuestro ángel, su rostro deformado, o incluso su sombra,
pues entonces vuestra intención sería como un espejo sucio y
empañado que os velaría la verdad y os mostraría otra cosa.

Invocad con limpieza de intención, volveos inocentes de nuevo.
Como niños, con el corazón en la mano,
llamad a vuestro Ángel si deseáis conocerlo en verdad.

De otro modo, todo esto es inútil, no hace falta
que sigáis leyendo, ni que hagáis nada.
Sólo os complicaríais más la vida.
Cargaríais con una mentirijilla más, con un espejismo más
o con otra figurita para vuestro altar, a la que tenéis que
alimentar con rezos para que no se «muera».

Pero el Ángel no es esto.

4. Quién va primero

Es habitual, en el mundo de hoy,
que los seres humanos corran a buscar
a los seres más «celestes» que imaginen.
Y cuanto más altos mejor, y cuanto más lejanos mejor.
A ellos les prestan atención por encima
de todas las cosas, olvidando a menudo
a casi todos lo demás, lo «inferior».

Pero el grande ha de servir al pequeño.
El mayor ha de ayudar al que tiene dificultades.
El primero en ser escuchado y atendido
ha de ser quien más lo necesite.

¡De ningún modo vamos nosotros primero!

Primero, la Tierra.

No se escribe este libro para reforzar
una veneración hacia los Ángeles,
ni para acentuar su importancia por encima de todo
lo considerado «inferior», negándole dignidad y atención.

No venimos para esto.
El verdadero servidor de lo que llamáis «Fuente Divina»
sirve a los pequeños y no busca darse importancia, ni ver montones
de mensajes por ahí circulando con «su» nombre, y pidiendo en
letras bien grandes «sacrificios», donaciones, ofrendas, rezos.
Ni fomentando nuevos cultos, para que la gente se diga:
«Éste dijo esto o aquello. Aquél dijo lo de más allá».

La Tierra está empachada de todas estas tonterías que
en poco contribuyen al verdadero alimento.
Tanta deformación de la verdad,
disfrazada de brillante maravilla,
os llena la cabeza de paja, de hojarasca,
de ruido de campanas baratas.
Oís reclamos aquí y allá, y andáis como locos mirando
en todas las direcciones, menos en vuestro interior.
Y mientras tanto vuestro Ángel permanece
desconectado de vosotros.
Y la tierra bajo vuestros pies, sin que la conozcáis.

Fuego hemos venido a traer, para que arda tanta reliquia,
tanta futilidad, tanta vanidad.

5. Estar

Los Ángeles servimos a la Creación desde lo Uno Creador,
y por lo tanto a la Tierra y a todos sus seres.
Así pues, si estás buscando un Ángel para fugarte
de este horrible mundo del que reniegas,
si lo que quieres es «ascender» y poner los pies en polvorosa
antes de que todo explote, te has equivocado de libro.

Nosotros indicamos un camino hacia el ESTAR.

Eso sí, estar de un modo que no conocéis aún.

6. A quién ama Dios

Aquello que es Uno, a lo que algunos llamáis Dios,
ama A SU CREACIÓN.
La ama sin medida.

Y busca todos los medios para hacer llegar su Amor
de manera PALPABLE a la Creación.
Busca la manera de verterse sobre ella una y otra vez.
Cada día, a cada minuto, a cada segundo.

Especialmente allí DONDE MÁS SE NECESITA.

Es decir, AQUÍ Y AHORA.

En la TIERRA como en el Cielo.

Quien maldice a la Tierra blasfema contra Aquello Creador.
Quien escupe sobre ella no sirve a ningún Verdadero Dios,
aunque lo llame de ese modo.
Quien haya sido enseñado según la idea de que los ángeles
no sirven a la Tierra, o están desconectados de ella, ha escuchado
voces engañosas o deformes interpretaciones de la verdad.

La verdad es una: Amor en, y hacia, Todo lo que Es.
Y nosotros somos «actuadores» de ello.
Somos parte de su Cuerpo.

Por eso, porque Aquello que es Uno ama a su Creación,
nosotros «actuamos» su Amor.

7. Radicalidad

(La que escribe se ha quejado de la contundencia angélica y duda acerca de transcribir algunas expresiones que considera demasiado radicales. Entonces recibe esta respuesta):

No sabes lo que es el Conocimiento, por eso te parece contundencia lo que sólo es intensidad, definición.
Con la palabra «definición» nos referimos a concentración, claridad.

Algo puede estar borroso o definido en diferentes grados.
El contacto real con los ángeles no emborrona
ni empastela, sino que define.
Y desde luego radicaliza.

Pero no en el sentido que dais habitualmente a la palabra «radical», como algo fanático e irracional, sino en el verdadero sentido de radical: con raíz, verdadero, certero.

Todo lo que no es radical es falsa hierba que se lleva el viento.

8. Conocimiento y pseudoamor

El Conocimiento verdadero procede de la Unidad.
Sea lo que sea, si no os unís a ello, nunca lo conoceréis.
El Conocimiento no puede proceder nunca de una visión
superficial, como si al analizar la piel o el rostro de algo,
ya pudierais saber cómo es su esencia interna.

El Conocimiento nace donde todos los caminos se unen,
y es inseparable de la experiencia de Unidad.
Por eso, podéis experimentar diversos grados de Conocimiento en
función de cuánto vayáis experimentando diversos grados de Unidad.

Pero no es posible unirse a algo sólo porque uno lo quiera,
como un niño caprichoso que dice: «Quiero esto, dame, trae,
ven, únete a mí, ábrete a mí, ven conmigo porque yo lo deseo».
Para unirse verdaderamente a «lo otro», debe existir la pregunta:
«¿Quieres unirte a mí?».
¿Por qué?
Porque cualquier otra manera de proceder está pasando
por encima de la voluntad y de la libertad ajenas.

Por eso el Conocimiento no impone nada, porque nace
de la *unión en libertad*.
Y por eso, le es imposible al ser humano alcanzar todo
el Conocimiento de la Creación, pues existe la posibilidad
de que un ser se niegue a ser conocido. Y así está bien.

Los «magnates» del Conocimiento lo han desviado hacia su
faceta intelectual, y han creído que podían conocer
a lo otro incluso a su pesar. Se han impuesto y han triturado,
diseccionado y forzado las cosas para poder entrar y escudriñar,
hurgar, husmear en las entrañas ajenas.

Pero ésos no poseen verdadero Conocimiento, sino sólo colecciones enormes de fragmentos, que, luego, no saben cómo volver a unir.

El verdadero Conocimiento es el Conocimiento de la Unidad.

Y si hasta aquello a lo que llamáis Dios pregunta al ser humano si desea su visita, ¡cuánto más no debiera preguntar el hombre a la mujer, y la mujer al hombre, y cualquier ser humano a cualquier otro ser de la creación, antes de entrar en su interior!

Algunos lo disfrazan de Amor. Dicen: «Quiero unirme a ti porque te amo. Desea tú lo mismo, por favor».
Y presionan y hasta violan intentando lograrlo.
Pero no es verdadero Amor el que no acepta un no por respuesta y se frustra, diciendo: «¡Así nunca podré conocerle!».
Y, secretamente, busca maneras de penetrar en el otro, rasgando de forma disimulada con la uña su superficie.

9. La puerta del Conocimiento

Verdaderamente, no puede existir unidad con nada
si el corazón no está despierto, presente.
El corazón despierto es la puerta primera.
Siempre.
Cualquier otra puerta que se use en primer lugar
está fuera de sitio, descolocada.
Lo primero, el corazón.

El buscador de Conocimiento que busca la Unidad
entrando por puertas desordenadas no encuentra ni sabe
con verdad nada, sólo malinterpreta.
Colecciona fotografías distorsionadas, aunque sean
escáneres del interior de lo otro.

Por eso os hemos dicho: «Si queréis conocer a los ángeles,
invocad desde el corazón a vuestro Ángel,
porque nosotros entramos en contacto con vosotros
a través del corazón».

10. Más acerca de los nombres

Os hablamos del Conocimiento porque lo buscáis.
Y os hablamos del Conocimiento porque tiene que ver
con el asunto de los nombres que queréis saber.

Hemos hablado con contundencia acerca de la inutilidad
de las listas de nombres y las imágenes, pero es para que
os abráis a una nueva comprensión de las cosas.

Hay quien al oír un nombre será estimulado, y eso
le hará buscar y estar más vivo.
Y hay quien al oír un nombre se empachará y vivirá
la satisfacción procedente de una falsa impresión de
ya «saber algo» o haber alcanzado un «gran nivel».

Éste se dice a sí mismo:
«Oh, ¡qué Ángel más importante, o más especial,
o más lo que sea, tengo!».
Y, rebuscando en libros significados y mitos acerca de su nombre,
tal vez se quede con lo primero que le guste y se instale ahí.
A esa persona, oír un nombre de ángel no lo ha estimulado a vivir,
sino que lo ha matado un poco más.

En realidad, sólo el Conocimiento puede daros saber
el nombre, o los nombres.
Y, como os decimos, sin unidad con aquello no hay tal conocimiento.

Así, buscad primero entrar en contacto desde
el Corazón con lo que desconocéis,
y luego ya sabréis cómo se llama, aunque su verdadero nombre
no sea el que figura en los papeles oficiales.

Cuando conozcáis verdaderamente a vuestro Ángel,
por descontado sabréis cómo se llama.
Pero para entonces, desde luego que también os conoceréis
mejor a vosotros mismos.

11. Nombres aproximados; nombre perfecto

Muchos pueblos ponían nombres a sus niños según el Conocimiento
que, desde su corazón, captaban de su Esencia. Eran verdaderos
nombres. Tal vez no eran completos, ni para siempre,
pero eran nombres puestos desde el Conocimiento.

Hoy, mucha gente lleva puestos nombres como papeles que
les han sido grapados, y no saben ni lo que son.
Y nombran a otros sin respeto, sin conocimiento y sin amor.
Hay un montón de nombres muertos, como cáscaras sin vida.

Existen diversos nombres aptos para llamar a cada ser,
dependiendo del grado de definición e intensidad
con que ese ser esté viviendo su Esencia.
Pero vuestra Esencia tiene un único nombre, y todos los demás
buscan imitarlo, asemejársele o mostrar un aspecto de ella.

Por eso, no encontraréis el nombre perfecto hasta que
seáis uno con vuestra Esencia.
Pero no tienen nada de malo los nombres parciales,
los nombres «de crecimiento» o «de aproximación».
Cada cosa tiene su tiempo. Está bien así.

12. Adán y Eva

Se dice en vuestra Biblia que Adán puso nombre
a todos los animales de la creación.
Esto significa que los conocía desde el corazón.
Reconocía su Esencia.
¿Os dais cuenta de lo que esto significa?

Adán es el símbolo de la humanidad en su estado de esplendor.
Adán y Eva son lo mismo.
Sus nombres, al ser diferentes, os despistan.

Adán y Eva son dos nombres de lo mismo,
de la humanidad en su esplendor.
Adán y Eva están dentro de cada uno de vosotros,
y no los conocéis.

13. El endiosado y el que es lo que es

El endiosado cree que lo que conoce lo conoce porque él
consiguió penetrarlo. Y se enorgullece de su persistencia
y capacidad de penetración.
El que es lo que es, sabe que conoce porque lo Otro
le permitió la entrada. Y lo agradece, feliz.

El endiosado se ufana de su conocimiento, y, orgulloso,
lo atesora. O cree que lo atesora.
El que es lo que es, sabe que el conocimiento es un flujo y que no le
pertenece; sólo le es dado participar de ello... y vivir desde ese fluir.

El endiosado cree que el conocimiento se acumula.
El que es lo que es, sabe que el conocimiento se renueva a cada
instante, porque está vivo, y por lo tanto... es imposible acumularlo.

El endiosado vive la ansiedad por estar «al día» y por averiguar lo
último de lo último que se dice en todas partes. Pone ojos en todas
las esquinas, antenas parabólicas en todos los edificios y, si puede,
lanza satélites, para «estar enterado»... ¡no sea que se le escape algo!
El que es lo que es, vive en paz. Y sus ojos, como no ansían ni
devoran, irradian su paz y su Conocimiento al mundo entero.

El endiosado intenta frenar el cambio del conocimiento, porque
lo siente como una amenaza para la estabilidad de sus logros. Vive
preocupado, y estudia con gravedad cada situación que cree manejar.
El que es lo que es, se divierte con lo que fluye, y con ello,
surfea feliz. Todo su hálito es libertad y gozo.

Pero no creáis que hay dos seres separados, uno aquí y otro allí.
Sólo os mostramos símbolos, espejos, juegos.
En realidad hay múltiples grados de cada uno y hay UNO.

Todo lo que hoy no es aún LO QUE ES
tiende a ello o va en camino de SERLO.
La Naturaleza se pule a sí misma.
Lo incompleto busca su plenitud.
Lo enfermo va en pos de su curación.
Lo ansioso busca la paz.
El que realmente tiene, anhela dar.
El que sana busca sanar.
El pacificador irradia paz.

Y al FINAL, todo se encuentra.
Alfa y Omega, Principio y Fin... ¿Qué es, pues?

Quien halle en sí al Todo, ya es semejante al Uno.
Quien vea en sí todas las letras, ya es su Hijo.

14. Necesidad de Juicio

El Juicio es imprescindible si uno quiere cambiar de etapa.
¿Qué significa Juicio?
Revisión desde la *equidad*.

Y equidad es equidistancia. Uno observa algo desde
diferentes ángulos, lo sopesa, y siente en su interior dónde cojea,
o dónde lleva sobrepeso.

El verdadero Juicio es exactamente como el acto de un buen sanador.
Toma consigo las manos del que pide ayuda, y después de compartir
energía, contacto, palabras y cuanto sea necesario, valora, siente en
su corazón lo que se necesita y actúa en consecuencia.

La necesidad del Juicio existe, independientemente de que seáis
conscientes de ello o no.
Cada vez que clamáis por ayuda, cada vez que os quejáis porque
alguna situación en vuestra vida se os repite, u os duele,
y no lográis resolverla, estáis sin saberlo buscando Juicio.

Un Juicio justo es lo que necesitáis, y eso es un Juicio bueno,
verdadero y claro.

15. El verdadero Juicio

Sin embargo, la noción del Juicio está oscurecida y deformada
en la mente de los seres humanos.
Relacionan el Juicio con procesos condenatorios y horribles
a los que, impotentes, asisten como parte pasiva mientras
otros seres humanos los juzgan.
¿Y cómo lo hacen? Diseccionando sus palabras, destripando sus
entrañas y declarando: culpable o inocente. El juez se lava luego las
manos y cierra el caso, y que cada uno se las apañe como pueda.

El sistema judicial humano que predomina hoy en el planeta es un
reflejo de lo que, en sus mentes, los humanos creen que es el Juicio.
El humano imita sus creencias y las traslada a lo palpable.

No todos los sistemas judiciales humanos han sido así,
ni tienen por qué seguir siendo así, pero si las creencias
del humano no se renuevan, éste seguirá produciendo
realidades que reflejen exactamente eso.

El sistema judicial humano parte de la dualidad «culpabilidad/
inocencia», y a cada palabra le distribuye un contenido.
Culpable: mala persona; inocente: buena persona.
En la práctica es obvio que las cosas no son así, pero el sistema
judicial humano quiere, empecinado, aclarar quién es qué. De hecho,
muchos abogados y jueces se devanan los sesos pensando:
«Pero este hombre ¿es culpable o es inocente? ¿Y si me equivoco?».

Porque no quieren declarar culpable a un hombre «bueno»
ni inocente a un hombre «malo».
Sin embargo, obviamente, a menudo se equivocan. Y no podrán
saber nunca si alguien es culpable o inocente, porque el significado
que se da a tales nociones es forzado y artificial.

Se relaciona culpable con maldad, pero puede darse el caso de que
alguien cometa un acto dañino sin maldad alguna, y viceversa.
También hay personas que, con malicia
y sin quererlo, ayudan a otros.

Esto sólo es una reflexión acerca de lo mezclada que está
la verdad con una moralidad forzada, procedente de una
visión dualista y extremista de la existencia.
Y como vivís en sociedades donde esto es lo que impera,
lo absorbéis. Estos conceptos y creencias se introducen
en vuestro interior, ocupan un espacio e intentan dirigiros
desde dentro a su manera.

¿Cómo debería ser un Juicio, si quiere reflejar la Verdadera Justicia?
Un Juicio debería ser una *Reunión para Ayudar a Resolver
un Conflicto*, ayudando a las partes interesadas. El Juicio
del que os hablamos aquí no tiene que ver, pues, con intentar
aclarar quién es culpable y quién es inocente, sino
con ayudar a pacificar (sanar) un conflicto.
No hablamos de definir con razonamientos intelectuales
la naturaleza del conflicto, sino de comprenderla desde
la totalidad de lo que es el ser humano: corazón, cabeza, instinto.

Todo esto tendría que estar presente en el Juicio, y la reunión
debería ser sanadora y resolutiva de tal modo que un ser humano
que viviera un conflicto con otro hermano, o incluso consigo
mismo, anhelara ir a Juicio para terminar con el dolor,
la ofuscación y la necesidad de equilibrio, diciendo: «Por favor,
pasemos página cuanto antes, aclaremos esto y tengamos paz».

Este debería ser el auténtico sistema judicial humano.
Su presencia en el mundo supondría un alivio real, y
sería visto como un servicio de ayuda fiable, objetivo,
consolador, iluminador de las tinieblas de la existencia.

16. El retorno de los Jueces

Llamamos a los Jueces a retornar.
Llamamos a los Jueces verdaderos, a los constructores
de la paz, a los sanadores de conflictos.
Llamamos a los seres cuya vocación es reunir
lo diverso a su alrededor para curar las desavenencias
y facilitar el retorno de la armonía.

Los llamamos para que se levante de nuevo el Círculo
de Jueces, el Círculo de Pacificadores.
Éste ha de ser una *reunión de diversos seres humanos*
cuya vocación sea la paz, ser pacificadores.

Para eso, los humanos deben estar abiertos a la escucha
de todo, sin preferencias ni tendencias.
Han de ser humanos que sepan estar EN EL MEDIO.
Como los mediadores en conflictos, han de resultar neutrales
y fiables. Todo el mundo ha de saber que llamarlos es seguro
y que no se verán dañados por ello.

Que un ser humano llegue a poder ayudar a otros así implica
un trabajo personal importante.
Y como la realidad es enorme y cambiante, éste es un camino
que se inicia y no tiene fin, NUNCA.
No existirá nada como poder decir: «Terminé mis estudios
de juez» o «Ya soy totalmente pacificador».

17. Ser Pacificador, ser Juez

Los Pacificadores deben aprender acerca del equilibrio y de lo justo.
Lo justo es lo saludable, lo natural en su estado diáfano.

Es difícil, al principio, comprender lo que significa ser justo.
Sólo la experiencia os traerá esa comprensión si andáis ese camino.
Y sólo si uno alcanza el ser justo en su propia persona,
puede actuar como Juez o ayudador de la paz.

Los Pacificadores han de saber que su papel es el de ayudar
a que los implicados entren en sí mismos y solucionen
su conflicto en el interior, en el corazón.
Sin esto, todo lo demás es superficial.
Puede existir la necesidad de realizar actos en el exterior, pero nunca
serán verdaderamente eficaces si no parten de un corazón que ha
comprendido y se ha transformado en consecuencia.

Los Pacificadores, los Jueces o los Mediadores en la Resolución de
Conflictos nunca deben verse a sí mismos como los que solucionan
algo externo y decir: «Esto lo hicimos los Jueces», sino como
catalizadores del cambio interno en los que piden esa ayuda.

Pues un Juez Verdadero no es nada.
Un Juez Verdadero no es nadie.

Como el catalizador, su presencia se nota por los cambios que se
producen en el contexto donde su presencia actúa. Pero no
permanece allí más allá de lo necesario, ni busca
reconocimiento o fama personal. Cuando termina su acto,
se va y se desprende sin más.

Precisamente su no ser «nadie», su estar liberado de toda
importancia, de toda preferencia, de todo rol prefijado es
lo que le hace internamente libre, capaz, objetivo.

El Juez que quiere «ser alguien» inevitablemente interfiere en el flujo
natural de la comprensión ajena e intenta influir en las conclusiones
del otro, para que tiendan hacia sus creencias o su conveniencia.
El Juez que quiere ser alguien no ayuda, sino que MANIPULA.
Es como la fuente que da condicionalmente: «Te doy agua,
pero lleva un componente que te hará "de los míos". Mi agua
te quiere cambiar, porque opino que necesitas cambiar».
Este pseudojuez, espejo empañado o sombra del Juez Verdadero,
lo que quiere es que el mundo cambie según su intención,
y que los necesitados de ayuda se conviertan a sus
creencias concretas e inevitablemente parciales.

El Juez Verdadero no barre para su casa ni adoctrina, sino que,
estando ahí, apoya y ayuda con su presencia a que el otro ser
se LIBERE de trabas y ofuscaciones y, libremente, elija un camino
nuevo que lo saque de su enfermedad/angustia/necesidad. Y ése será
su camino, no el del juez, el camino que le resulte afín a su Esencia,
y el que pueda recorrer en ese tiempo/lugar de la existencia.

Por lo tanto, el Juez Verdadero, el Pacificador Sagrado, es anónimo.
Es casi... invisible.

18. El Círculo de Pacificadores

Hablamos de Juez Verdadero o de Pacificador como de algo
aproximado, porque en su verdad y en su perfección, el Juez NO es
un individuo, una personalidad de nombre tal, sino un CÍRCULO.
La Justicia no puede proceder nunca de una personalidad concreta y
aislada, sino de algo mayor que la personalidad.

El Círculo Sagrado de Pacificadores es el Pacificador.
El Círculo Sagrado de Jueces es el Juez.

No se os presentará otra realidad más que ésta,
si queréis vivir con verdad.
Así que ya podéis ir esperando a una superpersonalidad individual
santa-gurú que venga a sacaros del atolladero... y esperar y esperar
sentados... o seguir a éste o a aquél...
O podéis daros cuenta de que esperar algo así no tiene
ningún sentido.
Por definición, la Justicia no se trata de que UNA personalidad
concreta actúe, sino de... ¿de qué?

De elegir experimentar la Unidad.
Y de elegir caminar hacia la Reunión del Círculo, para que,
desde el Círculo de nadies y de anónimos,
desde el Círculo de simples,
desde el Círculo de sin tendencias y sin dogmas,
la Paz Verdadera sea canalizada,
la Ayuda real sea hecha.

Este Círculo, o se constituye con humanos que elijan
experimentar la Unidad total en sus vidas, o no será.

Además, ningún otro ser que no sea humano puede sustituir
al humano en lo suyo, ni ocupar su espacio.
¡Así que nada de derivar el trabajo de justicia a ángeles,
«dioses» o similares!
Quien os aconseje lo contrario y os pida que le deleguéis asuntos
a él, os engaña o es un «colonizador» que aún no
se desprendió de su paternalismo intrusivo.

No releguéis la Justicia en nosotros ni en otros seres,
esperando que os resolvamos los conflictos.
La humanidad ha de crecer.
Ha de dejar los pañales YA.

Por otro lado, si se intenta realizar el Círculo desde una creencia
particular, desde una religión o desde cualquier otra secta, tampoco
puede ser lo que debería ser: un círculo real, una reunión real.
Sólo será más de lo mismo, la misma semijusticia, parcial e incompleta, aunque vista desde otro sector o tendencia diferente del Todo.
Pero no queremos decir que esta justicia menor sea mala.
Decimos que, o es completa y total, o no es perfecta
y del todo verdadera.
Se queda corta.

Es más: el Círculo, si realmente desea ser el Veraz Círculo de
Pacificadores dispuesto a canalizar desde la Unidad la sanación de
conflictos, habrá de comprender que tampoco puede limitarse
a un tiempo y a un espacio terrenales concretos.

O está en todas partes, o no está en la Unidad.
O está en todos los tiempos, o su visión será parcial y se quedará
corto ante ciertas problemáticas que sólo en el Tiempo Total
pueden ser vistas con equidad.
O está en todas las Tierras, o pecará de poca perspectiva.

¿Entendéis, seres cuya vocación es la paz?

19. Camino para ser Pacificador

Se requiere:
— Un compromiso personal y una elección determinada y plenamente consciente de andar el camino hacia la Unidad. Es un camino largo, complejo e inabarcable, pues la Unidad se alcanza progresivamente. En términos humanos, diríamos que el camino no tiene fin.

— Desapego de roles sociales marcados, estatus rígidos o pertenencias que os aten y fijen en exceso. Es decir, hay que estar permanentemente dispuestos a cambiar de una manera cíclica, siempre que el camino lo exija, tanto en la forma como en el fondo.

— Despojarse progresivamente de la personalidad actual, para vivir otra personalidad nueva, más fluida y flexible, que aún no conocéis. Se trata de llegar a ser plenamente humano, pero nos referimos a ser humano de un modo nuevo, diferente al que conocéis.

— Deshacerse o liberarse de toda atadura respecto a sistemas de poder/religión/pensamiento concretos. Una cosa es relacionarse con todo y comprenderlo todo, y otra muy distinta es estar atado, «deberse» a un grupo que uno considera «los suyos», y ante los cuales se han de «cumplir» una serie de contratos y obligaciones. Los pactos realizados con un grupo de poder (religioso, espiritual, ideológico, etc.) que exigen un servicio o el cumplimiento de ciertas condiciones atan, definen la energía en esa dirección. Entonces vuestra percepción no podrá ser limpia, pues os influirá la energía de las ataduras y os hará ver las cosas según esa tendencia.
Tampoco se os podrán acercar los necesitados de ayuda de ciertos sectores, pues os sentirán extraños o incluso enemigos. Los vínculos con determinados sistemas religiosos o de creencias marcan la vibración de vuestra energía en una dirección y pulsación concreta;

por lo tanto hacen difícil ser pacificadores, pues no os permiten estar verdaderamente en el MEDIO.

— Comprender que los resultados finales de ciertas ayudas no se podrán ver *ni en este tiempo que conocéis ni en este lugar*. Esto implica que vuestra personalidad actual, esa que busca la satisfacción inmediata o saber que lo hizo bien, percibiendo pruebas palpables de su eficacia, aprenda a actuar desde el corazón, y a sentir si un acto es correcto o no desde otra perspectiva más amplia. Deberéis dejar de esperar siempre grandes resultados a corto plazo, y no andar buscando condecoraciones, ni necesitando palmaditas en el hombro de un montón de gente contemporánea para poder seguir adelante. Por eso, o el camino pacificador es cien por cien vocacional, o no será, pues no es un camino que otorgue prestigio, por lo menos en cierto nivel y en cierto espacio de tiempo.

Vivir todo esto os puede parecer muy difícil, porque el hombre de hoy quiere sentirse vestido. Desea ponerse un traje de juez imponente y sentirse alguien importante, en lugar de volverse pacificador, justo, sencillo, ecuánime, capaz de escuchar a todas las partes sin fingir amabilidad, sino siéndola.

Desde el día en que Adán se avergonzó de ir desnudo, la Justicia desapareció de vuestro mundo, porque la visión del hombre ya se había ensuciado. Veía el mal donde no lo había, todo lo percibía confundido.

El Círculo de Jueces, de Pacificadores, de Ayudadores a la Resolución de Conflictos es, pues,
UN CÍRCULO DE SERES HUMANOS DESNUDOS.

¿De qué?
De TODO.

20. La personalidad

Vamos a insistir en esto:
si el Juez actúa desde su pequeña personalidad no puede
ser Juez verdadero ni justo, sino parcial.
Por lo tanto, el Juez Verdadero y Pleno no puede ser, de ningún
modo, una personalidad concreta, exclusivista y transitoria.

La personalidad, ansiosa de reconocimiento, ha barrido para
su casa y os ha distorsionado la verdad. Os hace estar esperando
a otras personalidades salvíficas de la humanidad en global,
cuando en realidad tal cosa es imposible.
La personalidad, como interesada que es, dice: «La salvación os
vendrá de alguien de mi especie, de otra personalidad. Una sola,
una muy importante, lo hará todo».

Lo dice porque tiene miedo de perder poder, influencia,
de volverse precisamente «nada».
Y es normal, ella es así.
Pero ciertamente porque es tendenciosa e interesada, ninguna
personalidad puede salvar a ninguna humanidad.
Lo corto, lo parcial, lo incompleto JAMAS podrá actuar como
lo universal, lo ilimitado, lo justo.

Sólo desde la muerte de la personalidad actual y la transformación
interna del ser humano, es posible vivir otro estado de las cosas.
Pero uno no puede matar a su personalidad, no puede forzarla.
Eso es tan absurdo como una personalidad haciendo
ver que quiere matarse a sí misma.

No se mata a la personalidad.
Esto es un error de percepción que la misma personalidad fomenta
porque le encanta luchar para DEMOSTRAR que ella puede vencer.
Cuanto más luchéis contra ella, más se «pone las pilas»,

enardecida, como un guerrero pendenciero: «Venid a mí y veréis
cómo respondo. Os voy a demostrar que...».

No se lucha contra la personalidad. Se dialoga con ella
y se busca un acuerdo.
La misma personalidad ha de acabar viendo que, después
de tanto tiempo, le va a beneficiar morir, es decir,
transformarse en Algo Diferente.
La misma personalidad, si la tratáis adecuadamente, se rendirá
ante la evidencia de sus límites e incapacidades, y querrá crecer,
cambiar y desaparecer como tal.

Si no sois capaces de pacificaros a vosotros mismos, si aún
vivís sintiendo que HAY QUE matar al que se rebela,
¿cómo vais a pacificar nada en otros?
¿Cómo vais a actuar como Ayudadores en el mundo externo?
¿Qué son esas espadas desenvainadas de cruzados contra el malvado?
¿Todavía creéis que es forzando, violando,
como desaparece la violencia?

Si aún creéis que la personalidad es algo malvado que debe
ser extirpado y reducido a cenizas, seguiréis viviendo el concepto
de culpables/inocentes y buenos/malos en vosotros mismos.
Y seguiréis dirigiendo la violencia hacia vuestro propio interior.
No hallaréis así la PAZ verdadera, tan sólo una tregua
procedente del exterminio violento, hasta que eso violado
y herido se alce de nuevo contra vosotros, resentido.
Violencia sin fin.

La personalidad es como un niño o una niña. No es mala. Lo único
que le ocurre es que se queda corta cuando el resto del Ser crece.
También ella debe morir, pues. Sirvió en un tiempo, pero ya es
otro tiempo y hay otras necesidades.

Las personalidades han oído muy claramente el anuncio de
su muerte, y por eso tienen miedo. Se parapetan y se preparan para
su gran batalla, o para resistir cualquier asedio al que las sometáis.
Hace mucho que saben que el humano las ha condenado a morir
y esperan la violencia, que, en efecto, dirigís contra ellas.
Hace mucho que intuyen que ya no sirven más, sino que se han
quedado desfasadas, como un programa anticuado. Pero como

ninguno de vosotros se digna a tranquilizarlas, sino que con
su violencia justificáis sus peores temores, se encarnizan.

Esperad, pues, más batalla de las personalidades, incluso de la
Personalidad Humana Colectiva, mientras azucéis contra
ellas vuestro odio, o las acoséis con armamentos diversos,
o las intentéis matar de hambre.

Ayudar a morir es un bien necesario para todos.
Hasta para la personalidad.
Hay que hacer ver a la personalidad, con paciencia y cariño,
que la Muerte es un paso natural hacia lo Nuevo y que
puede hacerse con conciencia, sin odios ni innecesarias violencias.
En cierta etapa necesitáis una personalidad, pero un día ésta
debe morir y transmutarse, como el resto de vosotros,
si queréis tender a la Unidad.

Y la Unidad supone estar reunido.
Por lo tanto, ahí tenéis el Círculo.

21. La personalidad y el Círculo pacificador

Si las personalidades no han muerto en paz y el ser humano no ha vivido su total transformación, la personalidad vieja nunca tolerará estar en un Círculo sentada junto a otras en igualdad.
No querrá reunirse sin tener preponderancia, sin figurar como «alguien» destacado o sin barrer para su casa como sea.

A la personalidad primaria no le gustan los círculos, sino las jerarquías. Las llama reuniones, pero ahí no hay verdadera reunión, sino preferencias, voces que mandan sobre otras y las anulan o silencian.

¿Entendéis?
Todo círculo de personalidades viejas es un pseudocírculo, porque en él es imposible vivir la Unidad.
Parapetadas en sus trincheras, las personalidades del pseudocírculo miran con recelo al otro, por más que el resto del ser humano quiera ser justo o actuar con desprendimiento.

Sólo desde el Círculo REAL es posible la Justicia, el equilibrio y la resolución de los conflictos que os aquejan.

El Círculo no es sino un FLUIR.
Y no puede fluir y cambiar aquello que pretende ser «algo» o «alguien» (es decir, la personalidad).
Eso lo que quiere es agarrarse, fijarse.
Por ese motivo, volvemos a lo mismo: el Círculo es anonimato, desnudez, reunión de «nadies».

No existe ningún Círculo verdadero paralizado, quieto, fijo.
O está vivo, o no es.

No estamos hablando de círculos muertos, de aros petrificados a los cuales fijan sus tronos unas Superpersonalidades Importantes y Muy Reconocidas.
Eso no sirve de nada. Sólo son más cadáveres en un mundo ya muy saturado de mortandad.

22. El empacho y el amor

(A la que escribe le preocupa que la gente piense que los ángeles que hablan aquí no son amorosos o sean, tal vez, demasiado duros. Piensa que el comentario de «hemos venido a prender fuego a los altares» puede levantar ampollas por parecer intolerante. Así que les formula una pregunta):

—Dirá la gente: «¿Quién habla aquí? ¿Quiénes son estos ángeles? No nos parece que sean los ángeles del Amor precisamente».
—¿Crees que venimos para repetir más de lo mismo, para reiterar lo que se dice en otras partes acerca de nosotros?
—Pues...
—¿Para qué escribes?
—...
—¿Vas a transmitir lo que oyes, o quieres escribir para complacer a la gente y contarles lo que tú crees o imaginas que quieren oír? ¿También tú quieres vender un producto? ¿Qué es eso de desear mostrar una imagen fácil de nosotros?
—Ya veo. Ya me doy cuenta de mi error.

Ahora prosiguen ellos, y dicen:

Sucede que el ser humano ha relacionado, muy equivocadamente, el Amor con la debilidad y la condescendencia.
Tanta comida dulzona os empalaga pero al final no alimenta.
De momento puede que os consuele, pero ¿qué queda
de eso al cabo de un tiempo?

Existe una marcada tendencia, hoy, que consiste en vernos
como seres que vienen, te dan palmaditas en el hombro y te dicen:
«No pasa nada, todo está bien, sigue así».
Pero no todo está bien.

Ni todo es de un solo modo.
Existe el rostro severo no sólo de los ángeles, sino de la Madre.

¿Qué es el Amor?
Cuando un niño se ha empachado, su madre, porque lo ama,
lo pone a dieta y se mantiene firme hasta que el niño
recupera su equilibrio.
Y si su hijo se ha intoxicado, la madre lo hará vomitar. Le dará
igual que el niño ponga mala cara al beber el purgante,
o que las arcadas le molesten. Es bueno para él, y así está bien.

Los seres humanos piden saber, buscan el conocimiento,
pero demasiado a menudo le llaman a esto empacharse y
comer chucherías dulces.
Devoran todo sin discernimiento y lo acumulan en sus estómagos,
donde a veces no sólo conservan tóxicos, sino mezclas explosivas por
incompatibles. A veces ni siquiera las han masticado, no se han dado
cuenta de lo que comían. O, sencillamente, ¡han comido demasiado!

No podemos dar lo Nuevo sin que haya espacio para ello.
Es así.

No venimos a dar más de lo mismo, a empachar a un niño a base
de las cucharadas de sopa de siempre. Tampoco vamos a engañar
forrando de papel de caramelo algo que no es tal.

Todo tiene su espacio y su tiempo.
Ahora, es tiempo de limpieza.
No se dan exquisiteces a quien tiene la boca llena y
está saturado por todas partes.

No temas por la imagen que damos. Es asunto nuestro.
No vamos a explicarnos ni a diseccionarnos aquí.
Este libro tiene otro objetivo.

Que cada ser humano, si lo desea, contacte con nosotros
como hemos dicho, a través de su corazón, con su ángel.
Cuando tenga su experiencia de nosotros, si la tiene desde
el corazón, ésta le hará conocedor.

23. El mayor miedo del ser humano

De todos los miedos que el ser humano tiene, el mayor
con diferencia es el miedo a su propio corazón.
Por eso lo ha encerrado en cárceles de seguridad y lo
mantiene sometido a una estrecha vigilancia.
Observa con quién intenta relacionarse y trata de averiguar
lo que piensa, para tenerlo controlado.
Y lo fuerza a un estricto ayuno para que, débil y con sus
fuerzas consumidas, no tenga energía ni para quejarse.
Por eso el corazón humano vive un letargo.

El ser humano tiene miedo de su corazón porque sabe,
en lo profundo de su ser, que si lo libera tendría que
cambiar toda su vida al completo,
de arriba abajo,
a lo ancho y a lo largo
y desde la superficie hasta lo más profundo.

Sabe que si pone al corazón en el lugar que debería ocupar, tendrá
que ir tras él, y no delante, como pretende seguir haciendo.

Sabe que si deja que el corazón ocupe su sitio, habrá de vivir una
destrucción de su persona. Luego tendrá que ser rehecha de nuevo,
piedra por piedra.

Pues el edificio viejo fue construido sobre cimientos inválidos,
y la estructura antigua no corresponde al orden natural,
al orden sagrado con el que la Creación fue hecha.

LA ESTRUCTURA ESTÁ MAL.
Ha de ser rehecha, o se desmoronará de todos modos,
y el humano perecerá con ella.

Por eso, a pesar de la vigilancia del ser humano, el viejo edificio se tambalea y amenaza con derrumbarse, con el hombre dentro.
La Torre se desmorona.
Es que es INVIABLE.

Ha sido sostenida así a costa de mucho esfuerzo,
durante mucho tiempo.
Muchas *mentes* unidas la han mantenido así.
Pero la Naturaleza termina por abortar lo que no SIRVE,
lo que no es NATURAL,
por mucho que alguien lo *piense* diferente.

La mente no manda.*
Sólo se lo cree.

---

* Los ángeles aquí parecen utilizar la palabra «mente» para referirse a lo que vulgarmente se llama «parte pensante» o intelectual que quiere controlarlo todo desde el «yo». En otras ocasiones los ángeles han dicho que lo que sucede es que muy pocos seres humanos saben lo que es la «mente» real, dando a entender que existe otra clase de mente de la cual no surgen estos errores.

24. El corazón de fuego

Hay un corazón de carne y hay un corazón de Fuego Vivo.

Se ha llamado corazón a lo que no son más que
sentimientos vanos y superficiales.
Se ha extendido una visión que es una caricatura horrible
y tendenciosa de lo que es, en verdad, el corazón del ser humano.
El ser humano ha llamado corazón a un aspecto de su personalidad, y
ha olvidado que tiene un Corazón de Fuego, cuyo sitio es el centro.

Os hablamos del Corazón de Fuego Espiritual.

Ningún humano lo tiene en su lugar, por lo general.
Es porque lo ha apartado de sí. Con esto, ha invertido el orden
natural de la Creación.

La humanidad sufre porque ha arrancado de sí su propio
Corazón de Fuego, su Sol Dador de toda vida.

25. La mente, servidora del corazón

El Corazón de Fuego, Dador sin medida, se parece al corazón
de carne que no mide cuánta sangre da, ni tiene en ello
preferencias ni tendencias: da y da, pues desea que la sangre
y la vida lleguen a todo el cuerpo.

Es la mente la que, luego, mide las necesidades de cada parte,
de cada momento, y ajusta el flujo sanguíneo a la demanda.
La mente buena es servidora del corazón, y le ayuda a mantener
la vida de todo el cuerpo con salud y equilibrio.
Si la mente está sana, la medida será justa y todo el
cuerpo permanecerá sano y pleno de vida.
Si, en cambio, la mente está enferma o desequilibrada, la medida
es injusta y el cuerpo sufre carencias o sobreabundancia dañina.

Toda bondad reside en el equilibrio.
Toda salud radica en vivir la justa medida de las cosas.

26. El corazón, Rey

El corazón es el mayor en todo el cuerpo, pues reúne
a todo en sí mismo.
Todo va y todo vuelve del corazón al resto del cuerpo.
Por eso es su Rey.

Es Rey porque reúne, pero también porque da a todo
con igual generosidad.
Nunca se niega a dar cuando es solicitado.
No comercia, no chantajea, ni siquiera cobra impuestos.

Es el más humilde de todos vuestros órganos.
Lo único que retiene para sí es para regenerar y sostener su
musculatura, y eso es porque la necesita para DAR.
Por eso, el cuerpo lo reconoce como Rey.
Su realeza es algo indiscutible para el cuerpo sabio.
Por eso, el cuerpo sabio también cuida al corazón y lo escucha.

El Rey es el servidor de todo el cuerpo.
A él llegan las noticias de todo porque la sangre le habla, y él da su
respuesta a todo a través de la misma sangre, en el camino de vuelta.
Ni una minúscula célula de vuestro cuerpo queda sin ser atendida.
Cuando esto sucede por enfermedad, esa zona corporal muere.

Vuestro corazón no vive para sí, sino para dar a todo
el cuerpo la sangre, la vida.
Es su acción dadora la que le hace estar vivo.
Y es ésa su razón de ser.

Desde el primer día en que se forma vuestro corazón, gracias
al dar del corazón de vuestra madre de carne, hasta el día
de vuestra muerte, vuestro corazón os sirve.

Es así como el Rey es el Servidor.
Es así como el Rey es el Dador.

Nosotros, los ángeles, servimos a un Rey similar.
Es Dador.
Es Servidor a su vez.

Actuamos su Dar, trayéndoos su sangre, su vida.
Pero aún no podéis entender esto.

27. Lo primero

El Corazón es el motor, es el actuador.
Nada es posible sin el Corazón.
Sin él, ni siquiera la Mente podría vivir.

Os hablamos del *Amor Manifestado*.
Es lo Primero.
Antes que ello, lo Inmanifestado.
Igualmente: AMOR.

28. El retorno del Rey

Pero no sabéis lo que es el Amor.
¿Cómo podríais saberlo? Es imposible, porque habéis puesto como reina a la mente, y da su versión distorsionada de ello.
La mente cree que puede dar vida, pero no está dando sino locura.
Su función no es dar vida, sino ayudarle.

La mente se ha vuelto maniática y llena de preferencias.
Se ha desnaturalizado. Es porque no ocupa su lugar.
Su naturaleza es otra.
Y su Tiempo es diferente.

Sólo el Corazón es señor del Tiempo.
Sólo el Corazón conoce el ritmo justo.
Por eso es LATIDO.

Sólo el Corazón es justo y equitativo.
Sólo el Corazón es servidor sin interés, generosidad sin fin.
Todo lo acoge en sí mismo y a todo da. No siembra culpabilidades ni da con condiciones.

Por eso, todo debe ser rehecho si queréis VIVIR.

La mente ha enloquecido y se colapsa, incapaz de mantener por más tiempo su impostura.
Y el Corazón de Fuego espera ser liberado para, de nuevo, descender a su lugar, su trono en el ser humano.

La mente teme esto, porque cree que el Rey querrá castigarla o tiranizarla.
Piensa así por su enajenación, porque en realidad el Rey ES LO QUE ES, así que le Dará Vida como a todo lo demás.

Sólo entonces las cosas serán lo que SON.
Sólo entonces se sucederá la cordura.
Y sólo entonces el verdadero conocimiento florecerá de nuevo.

29. Nueva creación

Os hablamos con símbolos aproximados, para mover
vuestra comprensión profunda.
En realidad, ahora, en vuestro tiempo, no podéis aún
ni imaginar de qué estamos hablando.

Verdaderamente, ni siquiera el ser humano más convencido
de estar viviendo desde su Corazón atisba la magnitud de lo
que os estamos diciendo.

Lo que se dejó atrás ya no sirve como era.
Lo que se torció no puede ser enderezado.

Os estamos llamando a ser de *Nuevo Creados*.

30. La Caída

Os hablamos ahora según vuestros mitos.
Pecar es errar.
El pecado antiguo no consistió en anhelar el conocimiento.
De hecho, Adán ya conocía. A su manera y según su capacidad,
y no todo, pero YA conocía. Adán era como un niño que crece.
Anhelar el conocimiento no fue la causa de la Caída.

De hecho hay muchas caídas diferentes, pero existe una principal,
la primera, la que dio pie a todas las demás.
Consistió en anteponer el conocimiento al amor,
al verlos como cosas separadas.
Pero eso es imposible. No hay conocimiento real sin amor,
y viceversa.
Ahí radicó el *Engaño*.

La sugestión les decía a Adán y Eva esto:

- Que no conocían, cuando esto NO era así. Conocían la esencia de los seres de la creación y reconocían la Presencia Divina paseándose en la brisa. Conocían sin artificios, de un modo natural. Sí, había más por conocer, pero eso no significaba que no fueran conocedores. Tan sólo crecían.
- Que el conocimiento era algo que uno podía adquirir tomando un fruto externo ofrecido por otro. Uno podía alargar la mano y tomarlo sin más, cuando en realidad el conocimiento es progresivo y no puede surgir desvinculado del camino interior.
- Que el conocimiento estaba relacionado con saber categorizar a las cosas como «buenas o malas» de manera tajante. Así, el ser humano alargó la mano hacia la dualidad y la eligió frente a la natural multiplicidad. Decidió creer que la realidad se dividiría en bien o mal, blanco o negro. Entró en la angustia de no saber cómo elegir únicamente el bien y cómo descartar totalmente el mal. Perdió el

discernimiento natural frente a lo ambiguo. Dejó de reconocer las ambivalencias y los estados difusos y no supo guiarse más, ni discernir entre todo ello. Sin embargo, ¡era lo ambiguo lo que lo engañó! Desde ese momento, el hombre sería una y otra vez enredado por fuerzas ambiguas, mientras, ingenuamente, creía conocer lo que era el «mal» y se esforzaba por apartarse de él.

Pero en realidad el conocimiento verdadero es un FRUTO INTERNO que sigue a los actos realizados desde el amor
que desea manifestarse.
¡El conocimiento nunca puede ir antes de nada!
Siempre, surge después.
El conocimiento es el fruto de la vivencia del amor.
Sin amor manifestado en un acto, no existe ningún
verdadero conocimiento.

Sin embargo, el ser humano eligió ver al conocimiento
como algo que podía ir separado del amor. Luego, además,
lo supeditó todo a este pseudoconocimiento.
Desde ese día perdió el verdadero conocimiento y
empezó a llenarse de otros «conocimientos».
Comenzó a necesitar formular leyes, órdenes, categorías,
porque estaba perdido y ya no sabía cómo guiarse en la Naturaleza.
Ya no conocía, porque había dejado en segundo lugar al Acto
de Amor, y había destronado al Corazón.
Y cuando el Rey Justo y Natural sale de su lugar, la injusticia
y la locura invaden al reino, y las desgracias se suceden.

Si realmente el ser humano hubiera adquirido el conocimiento
comiéndose la famosa fruta ofrecida, ¿creéis que hubiera
hecho algo tan absurdo como correr a esconderse de Dios
porque estaba desnudo?
¿Qué clase de disparate es ése?
¿Cómo es que te avergüenzas de estar desnudo, si la Creación
es buena y fuiste creado así? ¿Cómo puedes ver la desnudez
como algo malo, si Dios te hizo así y así eras perfecto?
Y aún peor: ¿cómo pretendes esconderte de Dios?

Sólo el niño inocente vive la desnudez sin vergüenza,
porque no tiene malicia.
El hombre se escondía porque había dejado el camino del

conocimiento verdadero y todo lo percibía ya distorsionado.
Ya no era inocente, es decir, limpio, perfecto tal cual fue creado.

Pero en cambio ¡el hombre interpretó que
«se le habían abierto los ojos»!
Creyó que ahora «sabía» más que antes.
El ser humano buscaba refugio entre la espesura.
Creía que, así, Dios no le vería.
¡Qué gran tontería!
Al hombre no se le habían abierto los ojos.
Ahora tenía la visión sucia para siempre, y proyectaba
su suciedad allá donde mirara.

¿Os dais cuenta?
Realmente, el ser humano no adquirió ningún
conocimiento real ese día.
Lo que hizo fue enloquecer y empezar a pensar de manera errónea.
Perdió la noción de lo natural y verdadero, y desde entonces
¡tampoco supo reconocer más a Dios!
Creía que Dios era como NO era.
Desde ese día vio sombras de Dios a las que llamó «Dios», y se llenó
de miedo porque intuía que estaba verdaderamente perdido.
Y es que había perdido la conexión innata que vivía
hasta entonces con lo natural y sagrado.

Ese día se inició la Idolatría.
Pues el ser humano, desconectado de lo que, sin embargo,
necesitaba, buscaba hacerse imágenes de lo divino...
buscaba objetos de consuelo.

Desde ese día, temeroso y avergonzado, también
buscaba vestirse, disimularse.
Desde ese día, el vacío interno lo desazonó.
Y fue capaz de creer cosas como que Dios le perseguiría como un
tirano persigue a un esclavo, para castigarle por cualquier cosa.
Ya no podía sentir la verdadera naturaleza de Dios,
porque había elegido subvertir el orden natural
de la creación dentro de sí mismo.
Había elegido lo externo por encima de lo interno, y había
pretendido que el conocimiento podía ser algo
separado del acto que manifiesta amor.

En realidad nadie lo expulsó del Edén.
Todo mito escrito está distorsionado en mayor o menor grado
precisamente por esta pérdida de visión original.
El ser humano se expulsó a sí mismo de la plenitud en el momento
en que descompuso y deshizo el orden natural en su ser.
Sin saberlo, se hizo a sí mismo incompatible con el gozo,
la salud y el bienestar.
Y desde ese momento pasó a ser y actuar como un cuerpo
extraño al Paraíso, como algo desordenado, fuera de lugar
en la armonía natural.
Por eso el mismo Orden y Justicia Naturales, con su Espada
de Fuego, le expulsaron e impidieron volver.
Hasta que se desnudara de nuevo, siendo de nuevo INOCENTE.

Pero para eso todo el Orden Natural debe ser
rehecho en vuestro interior.

31. El final de la Caída

Insistimos: el amor ha de ir primero.
El acto verdadero es lo que surge para manifestar el amor.
Y el conocimiento se vive después. Es el fruto.
Cualquier otro fruto que no sigue este orden
está envenenado para los Hijos de Dios,
pues no les trae la nutrición que ellos precisan:
Amor manifestado en Acto.

Pero os recordamos que Adán y Eva son lo mismo.
Y os recordamos que son un símbolo del colectivo humano.
En mayor o menor grado TODOS los pueblos, razas,
tribus e individuos han vivido esto y han caído en esto.
Tal vez no en el mismo tiempo histórico, ni en el mismo contexto,
pero todos han probado el veneno del fruto engañoso
tarde o temprano. El pecado se contagia.

Por eso, porque la Caída es un acto que se inició hace
mucho y que en estos días culmina;
porque la Caída está llegando a lo más bajo, al final
de su movimiento descendente,
es un tiempo de Finales.

Y por eso, sólo por eso, se hace posible preparar el LEVANTARSE.

Sin Fin no hay Principio.

32. Materia y espíritu

Muchos creen que la materia está maldita, y la desprecian
o viven como si fuera bueno prescindir de ella.
Consideran que es peligrosa, creen que está alejada de Dios.
Esto es porque no han entendido aún que la materia y la energía
de lo que ellos llaman «mundo espiritual» en realidad son Uno y lo
mismo. Tan sólo cambia su densidad y ciertos comportamientos.
Cambia su manifestación en vuestro tiempo terrenal.

Pero, en esencia, todo es *emanación divina*.
El mundo denso precisa del mundo sutil, y el mundo sutil
precisa del mundo denso.
Cuando la Creación se vive en armonía, ambos son uno,
tal como sucede con una llama de fuego unida a la materia.

Desconfiad de los consejos de seres que se llaman a sí mismos
espirituales, pero que sin embargo os dicen que podéis
olvidaros de la materia, que ésta es mala o irrelevante.
Estos seres son como espectros de llamas desarraigadas que no saben
cuál es su sentido de arder y, al fin, tan desconectados están del
mundo denso que se apagan. No hay verdadero fuego en ellos.
No conocen la mitad de la Creación. Por lo tanto están
SEPARADOS en parte. Su enseñanza será, pues,
parcial y no podrá conduciros hacia la Unidad.

Más bien escuchad a los seres que, sin necesidad de llamarse a sí
mismos espirituales, os instan a actuar siendo unos con vuestra
materia, con vuestro cuerpo y con vuestro contexto terrenal denso.
Ellos conocen dentro de sí lo que son las bodas del Cielo y de la
Tierra, así como la Alquimia del Amor, y sabrán guiaros hacia la
Unidad del Todo, pues viven la Unidad.

Estos últimos son como llamas sagradas que transmutan
la materia en la cual están SIEMPRE presentes.
Su acción, su presencia, su ARDER son Santos, pues cumplen el
propósito con el que el Fuego fue creado: transmutación.

Todo ser que vive en la Unidad, por Fuego elevadísimo que sea o
inalcanzable que os parezca, está en contacto profundo con la
materia, unido a un aspecto material u otro de la Creación.
Ninguno existe «flotando» en medio de la nada,
aunque pueda parecerlo.
Quien recibe al Fuego Divino, y lo es en parte, lo Da.
Por lo tanto, está unido a la materia en un punto u otro. Siempre.

33. La nueva respiración

La materia busca al Fuego Santo, y el Fuego que es
verdaderamente Santo busca a su materia.
Cuando ambos son uno, se produce una RESPIRACIÓN nueva.

En la Nueva Respiración, aspiráis el Fuego del mundo sutil y lo
lleváis a lo profundo de vuestra materia, que, enraizados como
estaréis entonces, llegará hasta lo más profundo de la Tierra.
Y exhaláis la respuesta de la materia hacia el fuego sutil.
Aspiráis la densidad terrestre y la transmutáis en vosotros mismos,
llevando esta exhalación al mundo del Fuego sutil, y traéis de
vuelta la respuesta del mundo de Fuego hacia la Tierra.

Ahí, todos los mundos son UNO.
Ahí, y sólo ahí, se puede decir que empezáis a Ser Uno.
Ahí, y sólo ahí, comenzaréis a trabajar de verdad en lo «espiritual y
material»… aunque os parezca que no estáis «haciendo» nada.

Como os hemos dicho, no existe separación
entre materia y mundo sutil.
Sus diferencias sólo son una cuestión de grados de densidad
y de presentaciones de la energía.
Pero cuando el ser humano eligió la dualidad, cortó el
Santo Círculo de la Unidad en dos pedazos, y forzó
a que surgieran en su mente las divisiones y fronteras.
Así, resumió los múltiples grados del ser en partes opuestas
y separadas: aquí materia, aquí espíritu.
Desde entonces, el ser humano no respira bien.
Su respiración es entrecortada.

Por eso siempre le falta algo: o materializarse o volverse sutil.
Va escaso de fuego o falto de materia. Piensa que tiene
«demasiado fuego» o quizá «demasiada materia».

¡Pero nunca sobra nada!
Lo que ocurre es que os falta unir lo que llamáis contrarios,
y compensarlos.

Si sentís que os sobra fuego, ¡abarcad más materia!
Dad más en lugar de preocuparos pensando que
el exceso de fuego es «malo».
Si sentís que os sobra fuego, sólo significa que tenéis
más del que empleáis en ser, en vivir, en respirar.
No lo retengáis y empleadlo donde sea necesario.

Os han educado según el concepto de que mucho fuego es peligroso.
Esto es porque no se comprende que el Fuego busca darse
a la materia, y no se os ha educado en la enseñanza de
abarcar materia, es decir, *encarnarse*.

Todos buscan el Fuego del Cielo, pero ¡casi ninguno busca
materializarse, hacerse grande en la materia!
Esto es un tremendo error.
Eso sí es destructivo.

Y los que buscan materializarse se cierran al Fuego Vivo
porque temen arder y perder lo que, equivocadamente,
creen que «acumulan». Temen morir.
No saben que el Fuego del mundo sutil vivifica.
No saben que en realidad, lo que YA los ha matado
es el peso de la materia a la que se aferran, pues la viven
separada del Fuego del Cielo.
Tanta materia separada del Fuego cae hacia abajo como
una piedra plomiza y se hunde en la oscuridad.
Y arrastra a sus «poseedores» con ella, porque se ataron
a sus posesiones por miedo a perderlas.

Vivir es respirar.
Y la Verdadera Respiración está ligada al ARDER.
Arded bien y no sentiréis que nada os sobre... ni que nada os falte.
Sencillamente, seréis.

34. Nacer de nuevo

Os hablamos de la Nueva Respiración porque está ligada
a Nacer de nuevo.
Todo gira en torno a esto.
Es por eso por lo que estamos aquí.
Somos las Llamas de Fuego, que, unidas a su Materia,
buscamos HACERLA NACER.

Os estamos esperando a VOSOTROS.

El Fuego empuja a nacer y el Fuego empuja a morir.
Esto es un Misterio.
Aún no conocéis ni el verdadero Nacimiento ni la verdadera Muerte.
Sólo conocéis sus máscaras grotescas.
Pero, para quien lo quiera, todo se le dará.

Pues todo está preparado.
Y lo está desde hace mucho… «en términos humanos de tiempo».

Nacer de nuevo es volverse inocentes.
Pero no significa retrotraerse a lo que fue, sino sumar
lo vivido a la inocencia genuina.
El conocimiento, ahí, tiene su lugar, entre otras cosas.
Pues la Sagrada Inocencia no es ingenuidad.

La mezcla de Inocencia perfecta y Conciencia perfecta es Dios.
Estáis llamados a esto.
Estáis llamados a Nacer de nuevo.

35. Medicina de Miguel-1

Una Medicina desea ser entregada a los Hijos de Dios.
Es la Medicina del Juicio y quien la trae es Miguel.

Pero ahora que mencionamos un nombre «propio»
es preciso aclarar algo:
Miguel NO es una personalidad.
Miguel es un rostro del latido de Dios en su Creación y hacia ella.
Es así con cada ángel.

¿Quién es Miguel?
Quien ES Miguel.

¿Quién ES Miguel?
El que es como Miguel.

¿Quién es como Miguel?
Quien es como Dios.

No os es posible ser el Todo,
pero podéis tender hacia ello, asemejándoos a la virtud
o rostro de Dios que, a cada momento, se os ofrezca vivir,
aprender, experimentar.

Quien es como Miguel no es Miguel, pero se acerca
un poco más a Dios.
Miguel no es Dios, pero se le parece.
Vosotros también os parecéis a Dios en esencia,
pero soléis vivir separados de ello.
Entonces, el ángel vivo os reconecta con un rostro de Dios.
El ángel es un eslabón.

36. El Cuerpo Angélico

Todos los ángeles son lo mismo en cierto sentido,
aunque emitan notas o vibraciones distintas.
Pues los ángeles son un cuerpo de Dios, como lo sois
vosotros en determinado nivel.
Las diferencias que habéis percibido en el cuerpo angélico
proceden de vuestra necesidad de mirar las cosas separadas
por partes, y de las características distintas que percibís.
Por eso habéis visto ángeles diferentes, separados, y como
los relacionáis con nombres distintos creéis, erróneamente,
que son personalidades. No es así.

El ángel tiene identidad, pero no personalidad.
El ángel no es, ni puede ser, humano. Nunca.
Habéis de saber esto no sólo para no engañaros, sino también para
comprender mejor qué es la Creación, pues el ángel es una de sus
partes, hermano vuestro en un único sentido: es creado.

*Todos los ángeles forman un Cuerpo, el Cuerpo Angélico
de la Creación.*
Ahora bien, según cómo miréis un cuerpo, veréis sangre, pelo,
huesos, músculos, nervios, órganos, tendones... Y diréis: «Esto
es sangre, esto son nervios, esto es hueso...».
Así mismo sucede con los ángeles, de ahí sus nombres.

Pero al ser humano le gusta ponerles cara y cuerpo humanos,
sentirlos como personalidades, porque así se siente más seguro,
como si estuviera entre «gente» que cree manejable
o similar a sí mismo.
Es natural, porque tiene miedo.
Y tiene miedo porque aún es como un niño pequeño.

37. Ver a los ángeles

Hay otra razón por la cual el ser humano corriente necesita ver
«caras» y aspectos antropomorfos en otro ser o en otra conciencia.
Es porque de otro modo, según sus creencias, no puede atribuirle
dignidad y vida.
Cuantas más semejanzas encuentre entre el otro ser
y su propio físico, más se fiará de él.
La mayor parte de los seres humanos, si no ven ojos y rostro en algo,
no creen que ese ser pueda tener conciencia, ni mucho menos ser
alguien con un «nivel espiritual», como a muchos les gusta decir.

El ser humano no aceptaría en principio a un ángel abstracto, o
no lo escucharía, pues lo sentiría monstruoso, incomprensible.
Por eso el ángel se le ha manifestado de manera agradable y cercana,
porque lo que le importaba era que el hombre lo notara presente y
poder transmitirle su energía, más que mostrar su verdadero aspecto.

Pero ¿qué es el verdadero aspecto de las cosas?
Depende de los ojos que estén mirando y de la perspectiva
desde la cual lo hagan.
La mirada humana es aún muy infantil y primaria, y por eso
el ángel se adapta a ella y permite que el ser humano
lo vea reducido a una imagen de postal.
Pero todo es en atención a vosotros, pequeños hijos
asustadizos de Dios.
Cuando nazcáis de nuevo, seréis libres de todo miedo y
entonces veréis las cosas de una manera muy distinta.

Los que estén dispuestos a abandonar las imágenes antiguas
verán el nuevo rostro del ángel. No es un rostro.
No es un cuerpo determinado y limitado.
Es Fuego del FUEGO.
Es continuidad.
Es comunicación.
Es relación.
Es constante renovación.
Es... ARDER.

38. Medicina de Miguel-2

Miguel es parte del Cuerpo Angélico *que Conoce*.
Por eso, la Medicina que trae para este tiempo es Juicio,
porque la Medicina de Juicio implica Unidad en Amor
y por consiguiente Conocimiento.
Por eso es una Medicina capaz de LIBERAR.

El Juicio Libera.
Pero sólo si es Verdadero Juicio, procedente del *Amor*
Manifestado, a través de la *Unidad* experimentada,
en espíritu de *Equidad*, con un fin: Liberar.

Como consecuencia, surge finalmente LA PAZ.

39. Medicina de Miguel-3. Aceptar el juicio

Todos los juicios empiezan porque hay guerra.
No se busca primero la paz y luego se «hace» el Juicio.
Si existiera ya la paz, no habría necesidad de vivir el Juicio.
Es éste el que trae la pacificación.

Pero sólo es posible el Juicio si uno consiente a ello
y acepta que esto sea hecho.
Es preciso el acuerdo de uno mismo, su permiso,
para que el Juicio se produzca en la propia vida.
De otro modo, no será posible realizarlo.
Porque el Verdadero Juicio tiene lugar DENTRO de uno mismo,
aunque haya muchas otras partes implicadas que,
en ocasiones, vengan de fuera.

No tiene sentido convocar a las partes implicadas en un Juicio si
luego no hay disposición para atenderlas. Sólo lo colapsarían
más todo. E, incluso, podríais dañarlas a ellas más aún,
por la nueva y repetida negativa a atenderlas.

No se llama al dolor a manifestarse para, luego, no hacer nada con él.
No se convoca a los afectados en un conflicto
para hacerlos bailar sin más.

Si no hay un permiso explícito vuestro para revisar vuestros conflictos,
no viviréis ningún Juicio en vosotros.

Por lo tanto, sois los únicos «arte-factores» de vuestra Liberación.
Vosotros, y sólo vosotros.

Nosotros, los de Miguel, tan sólo os servimos el Juicio.
Lo hacemos así porque Dios nos da hacer esto.
No es «nuestra» Medicina.

Si la llamamos Medicina de Miguel es en atención a vuestra
necesidad de comprender las cosas por partes, con nombres
aproximados, y porque son los de Miguel los que
imparten esta Medicina, los que la Dan.

40. Medicina de Miguel-4. Terminar y desaparecer

¿Quién es *de Miguel*?
El que vive y actúa según tal virtud.

Quien entre los humanos quiera actuar como uno con Miguel,
habrá de despojarse de mucho,
pues Miguel no recubre de ropajes a los suyos,
sino que los desnuda.
Miguel no reviste de importancia a los pequeños jueces,
sino que los hace nada.

Ya lo dijimos, pero insistimos: sólo siendo nada y nadie
es posible estar en el centro con equidistancia.
Sólo estando desnudo es posible infundir confianza
a las diferentes partes implicadas.
De otro modo, es «más de lo mismo»: equipos contra equipos,
partidos contra partidos, dos mitades de la creación en
eterna lucha y competición por ver quién sufrió más,
quién tiene más razón, o más culpa, o más...

El verdadero juez es casi invisible.
Es MEDIACIÓN Pura.
Por eso, aunque durante su camino terrenal sea muy visible
en ocasiones (y así ha de ser para que puedan acudir a él, y para
transmitir ciertas cosas a otros), su destino final es DESAPARECER.
Desaparecer como personalidad.

Por eso, el Camino del Juez que Miguel trae desde Dios
no es un camino para todos.
Es así porque muchos no querrán desaparecer.
No querrán ser cada vez «menos».

Y otros, aunque quisieran, no podrían todavía, pues en su legado
personal hay muchas situaciones que aún deben vivir o experimentar.

La Desaparición sólo es posible para los que TERMINAN.
Sólo ellos pueden Dar al Mundo su herencia póstuma así.
Pueden marcharse y ayudar así, en su desaparecer.
Permanecerán de otro modo, de una forma
aún desconocida, mediando.

No es posible mediar con perfección si uno, aún, es (sólo) «algo».
O se es un poco Todo, o no sirve.
Y si se es Todo, no es posible ser «esto o aquello», parcialidades.

Desde luego, los que terminen y desaparezcan no
serán más «humanos».
Ser humano sólo es un modo de ser.

Por eso, es absurdo y nada beneficioso compararse.
Cada persona tiene su camino.
Y hay un camino idóneo para cada tiempo y situación.
No hay caminos mejores o peores.
Todo es en función del tiempo en el que estéis.
Todo son etapas.
Todo son vibraciones diferentes.
Todo es necesario a su manera.

Pues si los que Terminan pueden ir hacia la desaparición,
es porque otros aún permanecen aquí y continúan.
Todo es transmisión, relación, pulso, latido.

41. Medicina de Miguel-5. Los que no quieren irse

Tampoco ha terminado quien, aunque se manifieste desde
otro plano fingiéndose trascendido, aparece como Gran Personaje
o se muestra aferrado a su personalidad.

Está aferrado a su personalidad quien se esfuerza en
que sea recordado como tal,
quien da nombres propios con títulos rimbombantes que
aumentan su importancia y fomenta el uso de altares con su imagen.
Está apegado al Personaje que fue entre los humanos y al rol que
ejerció quien se molesta porque no le consideran como debiera,
o porque los vivos se equivocan respecto a sus características
o funciones,
o porque no le preguntan «a él» cómo deberían actuar,
cómo deberían manejar sus asuntos terrenales.

Ése sigue viviendo el Personaje o sus personajes de mayor «éxito»,
aunque físicamente se haya muerto hace mucho.
Prolonga desde otro lugar o estado de ser su influencia sobre la
Tierra, tal y como acostumbraba a hacerlo mientras vivía.
Es porque en realidad, aunque su cuerpo haya muerto,
él no ha cambiado.
Sigue necesitando dirigir los asuntos de los hombres.
Sigue estando aferrado al poder que ejerció antiguamente.

Por eso se muestra como maestro, como rey, como juez
o como dirigente de los asuntos humanos.
Se aparece con gran solemnidad y aparato, vestido con riquezas
y ostentando objetos de poder.
Se esfuerza para que los humanos tengan muy claro quién es él, qué
cosas hizo en vida y cómo debe ser llamado, tratado y considerado.
Fomenta el recuerdo de sus «historias» y experiencias terrestres, y
teje con ellas mitos en torno a su persona.
Pide a los humanos que le dejen manejar los asuntos terrestres,
porque él es quien mejor puede hacerlo.

Se muestra preocupado, adoptando un rostro grave por la
incapacidad y la necedad humanas, y piensa que su deber es
permanecer en la sombra manejando todas las cosas, porque si no,
ellos, ignorantes humanos, no harán nada a derechas.

Hay muchos así.
Dirigen o intentan dirigir a los que dirigen y no quieren soltar las
riendas de los países, de los partidos, de las comunidades,
de las organizaciones religiosas, de las sectas...
Todo lo descolocan y todo lo desvirtúan porque la gente,
confundida, los sigue a ellos en lugar de a Dios.
Dios no necesita impresionar a nadie.
Ni, desde luego, aparece «vestido» con símbolos
de poder humano «antiguo».

En ocasiones estos seres logran con éxito hacer vivir a los seres
humanos situaciones vitales que reproducen un pasado, «su» pasado.
Se reiteran traumas paralelos en diferentes tiempos. Se repiten
conflictos que no se resuelven, pues fomentan la conservación
por sistema... y el «que nada cambie», salvo que puedan
controlarlo a su manera.
Les interesa que se reproduzca lo antiguo, porque en ello se sienten
seguros y cómodos, y temen lo Nuevo.
Por eso no quieren morir, aunque ya estén muertos.
Hace mucho que lo están.
Y temen enormemente al Juicio.

Por eso, aunque se fingen a veces «amigos» de Miguel, mienten.
Muestran al mundo una caricatura de Miguel, como un soldado
ejecutor de órdenes que permanece en su bando, de su lado.
Todos dicen que Miguel está de su lado, aunque luego
luchen entre ellos.
Pero ninguno quiere el Juicio.
Ninguno quiere la conciencia despierta, ni la suya ni la ajena.
Pues si el ser humano viviera el Juicio en su Interior
y se despertara, los vería a ellos tal cual son y los
destronaría en su ser. Se independizaría.
Y no quieren eso.

42. Medicina de Miguel-6. Falsos maestros

Por eso tantas veces sentís que en vuestro mundo
hay heridas que nunca se cierran.
Resurgen las mismas guerras y rencillas una y otra vez
sólo para traer más dolor.
Es porque muchos no han terminado, y, aun después de
haber pasado su tiempo sobre la Tierra, se resisten a desaparecer.

En realidad no pueden desaparecer, porque están cargados con sus
legados, sus trajes, sus coronas de metal, sus personajes, sus templos,
sus palacios, sus «conocimientos» y sus códigos de leyes.
En suma: están cargados con todo lo que acumularon
y retienen todavía consigo.

Cuando sueltas, tu personalidad se desdibuja.
Cuando legas tu herencia, te liberas.

Pero quien retiene más allá del tiempo justo se ata a sí mismo
a la permanencia sin cambios.
Se impide a sí mismo renovarse.
Por lo tanto, aunque se muestre como vivo y luminoso, está muerto.
Es un sepulcro blanqueado, un ídolo recubierto de blancura pero
lleno de polvo y podredumbre.

Este tipo de ídolos muertos precisan, claro está, de mucha energía
para sostenerse como «vivos», sin deteriorarse tanto que no puedan
incidir en los asuntos terrestres, ni manifestarse a los vivos con una
energía impresionante.

La energía necesaria la toman de los vivos.
Por eso precisan que los recuerden, que los citen, que los
invoquen… y lo piden, lo sugieren, se hacen propaganda
o hasta lo exigen.
Por eso piden algo a cambio de su «dar».

Magnetizan a los humanos y los atraen hacia «sus» templos, lugares
de reunión y «escuelas», que suelen estar siempre en OTRA PARTE.
Nunca en vuestro PRESENTE.
Nunca en vuestro CONTEXTO real y cotidiano.
Ésta es una señal.

El Verdadero Maestro no es esto.
Verdadero Maestro es quien os acompaña
dondequiera que estéis y vayáis.
Verdadero Maestro es quien no se da importancia.

La luz que de un Maestro sintáis os empujará, siempre,
hacia la libertad.
No querrá ataros de ningún modo.
Ni os amenazará diciendo: «Si no es conmigo, estás perdido».

El Maestro se limita a irradiar el Amor Luz/Conciencia y
a dejar que las cosas sigan su curso.
Como el sol, ama a todo lo que crece y lo cuida con cariño.
Pero no se abalanza sobre las semillas que germinan para
estirarlas en determinada dirección, apresurar su crecimiento,
o forzarlas a un resultado concreto.

El verdadero Maestro es paciente.
ESPERA.
Porque no le interesa ni forzar, ni atraer, ni atar, ni manipular.
Le interesa que seáis.

43. Medicina de Miguel-7. Convocados al Juicio

Los que tienen miedo de desaparecer aunque haya pasado su tiempo sobre la Tierra lo tienen porque creen que desaparecer es dejar de ser.
En realidad, desaparecer sólo es CAMBIAR.
Y ese cambio es para VIVIR.

Hablamos ahora de los que se aferran al personaje y se muestran como dirigentes óptimos porque son partes implicadas en muchos juicios pendientes.
Los temen, y sin embargo, el Juicio sería su liberación.

El Juicio es la medicina óptima de Dios para ellos.
Está hecho de Amor irradiado.
Es un bálsamo, no una condena.
No hay persecución para ellos.
Sólo espera.

Los estamos esperando.

Leen a través de vuestros ojos, pues su modo de ser es CONTROL.
Por eso, en este mismo instante, leen aquí que el Juicio que se les ofrece es un Acto de Amor.
Ahora podrán reflexionar acerca del Juicio y del cambio.

Y ahora sabrán que son, con Amor, esperados.
¿Para qué?

PARA VOLVER A CASA.

¿Qué es casa?
Es donde ERES, verdaderamente y con toda plenitud.
Casa es el Abrazo.
Casa es Paz.

44. La dadora

Del mismo modo que el Dador da a todo sin medida,
incondicionalmente,
la Dadora, cuya esencia es igualmente santa, da sin medida
e incondicionalmente a todos sus hijos. Ella, cuya presencia
más cercana para vosotros es la Tierra...

Es bendita la Tierra como el Cielo.

Sois tan hijos de la Madre Tierra como del Padre Cielo.
La Una y el Otro se corresponden.
El Fuego de la Tierra abraza al Fuego del Cielo, y viceversa.

Son diferentes, y sin embargo son lo mismo.
Son dos estados de ser en un mismo círculo universal de Lo Que Es.

La Tierra da a todos sus hijos, los sostiene y los cuida por igual.
Si los Hijos de la Tierra no tienen, no es porque ella no dé,
sino porque existe algún desequilibrio en su relación mutua,
o porque algunas cosas no se viven adecuadamente.
Pero ella da, y da, y da, y da...

Es importante que lo repitamos porque ella es
la gran olvidada para muchos.
Ella, justo ella, ¡la que está bajo vuestros pies!
Ella, justo ella, ¡la que os da la fuerza para crecer hacia lo alto!
Ella, la que os da su carne para que seáis también cuerpo.
Ella, la Santa, la Esposa.

¿Sabéis cuál es el secreto de la igualdad entre la Dadora y el Dador?
Que ella también lo siembra a él,
pequeña Tierra-semilla,
preciosa y perfecta,

cruzando las inmensidades celestes...
y provocando respuestas, reacciones, cambios.

Ella es Tierra sembrada y sembradora a su vez.
Él es sembrador y es sembrado a su vez.
Él hace y se deja hacer.

No hay diferencia en la esencia.
Tan sólo en la forma y en la densidad.

Ambos son DADORES Universales, y dan a todos sus Hijos por igual.
Ambos son Corazones infatigables que laten
a un ritmo perfecto para sus Hijos.

45. El regreso de ella

Por eso la servimos a ella tanto como a él.
Estamos unidos a ella por vínculos de Amor indisolubles.
Queremos su gozo.
Por eso os hablamos.
Es por ella... Es por su alegría.
Porque queremos su éxtasis de nuevo.
Queremos verla reír...

Queremos que VUELVA.

Es decir, queremos que vuelva en sí.
Pues su Esencia es el éxtasis y si lo alcanza de nuevo,
será ella plenamente, otra vez.
Volverá y al mismo tiempo será otra.
Pues el éxtasis la renueva.
El éxtasis la despierta.
El éxtasis la trae de nuevo a la VIDA.

Tanto dolor retiene en una parte de su ser, que no puede... aún.
Sólo en su Corazón permanece, incólume, su serenidad perfecta.
Allí, ellos siempre son UNO.

El Todo es Uno en su Corazón.

Es desde su Corazón desde donde emergemos y os hablamos hoy, así.
Unos ángeles vienen aquí desde Arriba y otros vienen desde Abajo.
Hoy, nosotros venimos desde «vuestro Abajo».
Podéis llamarnos «ángeles de la Tierra» si os hace ilusión,
pero en el fondo todos somos lo mismo.
Somos el Fuego que el latido de Amor Perfecto lleva
hasta lo más recóndito.

Y la cuidamos.
Y velamos por su corazón.
Rodeamos el núcleo de la Esposa con el Fuego inviolable.
Somos los Guardianes de su Santuario.

Han podido hollar su superficie, pero nunca podrán
violar su Corazón Sagrado.
Nosotros destruiríamos a quien pretendiera semejante profanación.
Es nuestro cometido, entre otros.
Somos parte de su Cuerpo.
Somos su núcleo guerrero.

46. Ellael, Elella

Todo es Uno, y lo Uno está en todo.
De Corazón a Corazón, hay muchos caminos y formas,
pero el Fin es como el Principio.
Ella y él; él y ella... lo Mismo,
sólo que en situaciones diferentes.

Arriba, Abajo...
¿Qué Arriba y Abajo hay en el Ancho Universo?
Los que hoy os hablamos desde Abajo otros días cruzamos
el Cielo desde vuestro Arriba.
Son maneras de hablar para que os aproximéis un poco más...
a LO QUE ES.

También os decimos que quien quiera encontrarlo a ÉL
HA DE HACERSE UNO CON ELLA.
No hay otro camino.
Desde aquí, no.

Ella os espera.
Porque en su regazo ya os tiene y sostiene.
Espera que la reconozcáis.
Espera que os deis cuenta...

Lo demás... ¡sólo es crecer!
Todo se hará.
A su tiempo.
Como un embarazo.
Eso es.

47. Medicina de Miguel-8. Mirar lo antiguo

Un único motivo os damos para mirar lo antiguo,
un único motivo para mencionar lo pasado,
un único motivo para remover viejas memorias,
un único motivo para abrir los vendajes del dolor:
PARA SANARLO.

Pues no sois conscientes aún de que vuestra memoria
es esclava de tantos dolores,
que le impiden bien enfocar
y bien percibir
lo que verdaderamente sabe.

Ni sois conscientes de que vuestro cuerpo está crucificado
por muchas «pasiones» vividas sin luz,
sin gloria y con miedo.

Ni sois conscientes de que estáis
sembrados con el engaño,
que os enmaraña la visión
con internos zarzales.

Y todo eso ha de ser sanado, es decir,
limpiado, desbrozado,
rehecho lo roto,
liberado lo atado,
y lo que está separado, integrado.

Volveréis, así, a estar CUERDOS.
Cuerdos significa cordados.
Cordados significa

con corazón y columna,
unidos a un eje central.
Y para vosotros ha de significar:
ERGUIDOS,
PLENOS,
PERFECTOS.

Nosotros, los de Miguel, os ayudaremos en esto
con Juicio.
Juicio es ser justos.
Juicio es ser precisos.

Por eso hoy os decimos:
si abrís una herida, si miráis lo antiguo,
si recordáis lo de atrás,
que sea LO JUSTO
para sanarlo, limpiarlo, y reconciliarse con uno mismo.

Pero luego ¡no os detengáis en ello!
Luego seguid adelante.
No os quedéis atrás
o seréis como la mujer de Lot,
inmóviles estatuas de sal.

¿Qué significa la sal en este mito?
Aquella sustancia donde NADA PUEDE VIVIR.

Si sólo miráis atrás y ahí os quedáis,
por pena, por lástima, por apego,
no podréis transitar,
no podréis vivir
y seréis únicamente ESPECTROS.

48. Medicina de Miguel-9. La medida

Buscad la Justicia.
Buscad ser justos.

Invocad a vuestro juicio,
no sólo al acto de Juicio acerca de lo que fue y quedó herido,
o está enfermo y precisa ser revisado,
sino a vuestro sentido del juicio interno.
Invocad a vuestra medida,
a vuestra equidad,
a lo preciso.

Más que lo justo, es superfluo y desgasta.
Menos que lo justo, es insuficiente y no llega.
Para cada cosa hay una medida buena.
Buscadla, invocadla y la hallaréis.

Cada uno de vosotros tiene su medida,
y cada uno de vuestros actos y experiencias
precisa una medida distinta.
Igual sucede según el tiempo
en el que viváis.

El Juicio, es pues, también, MEDIDA.
Somos los que miden.
Hoy os hemos hablado así,
¡que sea por vuestro bien!
Amen.

49. Los ángeles negros

Somos los Servidores de lo Más Alto
que sirven en lo Más Bajo.
No nos conocéis.

Nuestro signo es el silencio.
Pero es necesario hoy que hablemos
para que nos conozcáis un poco
y no os asustéis... cuando nos veáis llegar,
pues vendremos a vosotros.

Vendremos a todos los que pidáis ser sanados
en lo más recóndito y tenebroso de vuestro ser.

Llegamos adonde nadie más llega,
hasta lo más denso, negro, enfermo y tóxico.
Somos inmunes a todo veneno.

Somos los Servidores de lo Más Alto, dijimos,
que sirven en lo Más Bajo.
Esto significa que servimos en lo más profundo e ignoto,
allá donde la oscuridad es tal
que ni siquiera la podéis nombrar.

No todo lo de abajo está enfermo.
Ni todo lo denso lo está tampoco, siempre.
Pero sí es lo más desconocido para vosotros.
Por eso, ahí, se acumulan ciertas cosas...

Somos fuertes.
Sólo siendo Fuerza es posible atravesar la Tierra densa.
Sólo siendo Fuerza podemos doblegar al veneno
que contra la sanación se subleva,

pues fue creado con magia negra,
programado para sobrevivir a cualquier fin.
Nosotros podemos.

Somos oscuros como la oscuridad en la que trabajamos.
Es nuestra naturaleza.
Hoy nadie habla de los Ángeles Negros
si no es para imaginar ángeles malditos.
No somos eso.
¡Cuánto despropósito!
Y es que casi nadie conoce la Luz Negra...

Pero no venimos a defendernos.
Si hablamos hoy, es para que sepáis que existimos
y que vendremos a vuestro lado
si acaso somos llamados
a sanaros
del peor mal conocido:
veneno es su nombre.
Corrupción sin fin.
Rebeldía sin nombre.

El Silencio es nuestro signo
y la Fuerza nuestro acto,
pero somos dulces para el humano.
Somos negro manto de amor,
paz y dulce sueño
para el enfermo.
Lo arropamos.
Lo envolvemos.

Paz.
Paz.
Paz.
Paz profunda.

Silencio.

Nos veremos.

50. La Luz Negra

Siete pruebas han de pasarse antes de
hacerse uno con la Luz Negra.
Siete pruebas que son siete puertas, sin las cuales
no es posible conectar con la esfera interior
de la Tierra.

Quien conozca la Luz Negra conocerá la esencia
de la profunda oscuridad sin fin,
de la densa negritud
que es SILENCIO.

Benéfica quietud.

Es tan necesario poner conciencia arriba como abajo.

Si queréis a esto llegar,
si queréis ambos polos unir en vosotros,
si queréis volveros santos,
pedid que se abran vuestros OJOS,
los que hay en la punta de cada raíz,
desde la mayor hasta la más minúscula.
No despreciéis nada.

Sin ojos, no hay raíces que valgan.
Las raíces han de ver.
Los cimientos que sólo horadan no sirven,
porque taladran sin discernimiento.
Estropean, ensucian, no respetan.
La Tierra los ve pasar
pero no hay mutuo conocimiento
porque no hay conciencia despierta
ni petición de permiso de paso.

Las raíces, en cambio, SABEN
(si acaso están despiertas...).
Sólo alguien les impide MIRAR:
vosotros mismos, sus guardianes ciegos,
que teméis a la oscuridad,
a la profundidad
y al silencio.

¡No sabéis lo que es el silencio, aún!

Pero también han de abrirse los ojos de las ramas,
los ojos que miran hacia lo Alto.
Éste es otro Misterio.
De ése, otros hablarán.

Siete pruebas que son siete puertas,
hay que pasar.
Sabedlo.

Pocos llegan al final.
Pero muchos son esperados allí.
El paso de un ser humano sorprende
y es sumamente respetado.

La Hermandad de la Luz Negra vigila.
Los Ángeles Negros forman un manto que envuelve
lo más secreto.
Éste sólo se abre
a los amados.

Amor es el signo.
Amor es el Misterio.

Hemos hablado.

51. Encarnación angélica

El Cuerpo Angélico desea encarnarse de nuevo.
Esto significa que ya lo estuvo, en un tiempo.
Y significa que ha de volver a ser.
Pero no porque nosotros lo deseemos, en realidad,
sino porque ése es el anhelo divino.

Así fuimos creados.
Fuimos creados para estar unidos a los seres de materia.
Y el ser humano fue creado unido en la energía
al ángel (entre otros).

La encarnación del Cuerpo Angélico en el humano
significa reunión de fuerzas.
Significa que es posible que el humano y el ángel vuelvan
a ser uno, y más.
El ángel anhela volcar en el humano la Fuerza
que le es dada PARA ESO.

A través de un ser humano unido a todas las fuerzas,
se vive la FUERZA en la materia.
Sólo en lo unido la Fuerza puede verdaderamente pasar.
Y actuar.

El ángel no puede volcar en el humano el Fuego
que le es dado para él,
si el ser humano no se abre
(a la Unidad)
con el ángel y con lo demás.

Hasta ahora, el contacto entre humano y ángel es muy tenue.
Con frecuencia, está distorsionado.
Las conexiones y los vínculos entre ambas esferas están deshechos,

o deformados, o sucios,
o son demasiado débiles como para vivir gran cosa juntos.
Y todo lo que se vive por separado no son más
que fragmentos de locura.

No conocéis aún lo que es vivir UNIDOS a todas
las esferas de la Creación.
Lo habéis olvidado.
No conocéis aún lo que es estar unidos
con LIMPIEZA a todos los seres.
Pero está en vuestra naturaleza vivirlo.

Pues así fuisteis creados:
unidos. Perfectos. Plenos.

La Unidad otorga la perfección y la plenitud.
Mientras el ser humano siga «suelto»,
seguirá ciego, sin rumbo, despistado,
y se sentirá fracasado.

Ciertamente no puede saborear ningún éxito de verdad,
pues todo éxito real radica en SER
y no estáis siendo,
sino semisiendo.

¡Mundo de fragmentos rotos, como un espejo hecho añicos!

Fuiste creado como ESPEJO DE DIOS,
eras su rostro de materia, de carne;
y hoy ¿qué eres?

Un amasijo sin forma,
una pelea entre fragmentos,
búsquedas sin fin,
destrozo sin nombre.

Invocamos al Espejo Divino en vosotros.
Invocamos al retorno de lo Uno en vosotros.
Invocamos al Rostro de Dios en todas las cosas, en su Creación.

Os instamos a volveros de ciegos a videntes,
de rotos a completos,
de locos a cuerdos,
de despedazados a «re-Unidos».

Estamos esperándoos, amados Hijos de Dios.
Nuestro Fuego os es ofrecido,
es decir, el Fuego Eterno,
que a través de nosotros se atenúa lo suficiente
como para que podáis soportarlo sin morir tanto
que no podáis vivir más aquí.

Os traemos el Fuego con la intensidad justa y
suficiente como para RENOVAROS
y que podáis continuar con vuestra vida en la Tierra.

Pues aún HAY MUCHO QUE HACER en ella.

52. Lo Uno responde

De lo Uno emana todo, y es Amor.

Amor es RESPUESTA,
Amor es relación justa,
Amor es equilibrio,
Amor es donación
y también retención,
purga, destrucción, aniquilación.

No sabéis lo que es el Amor.
Dios no es amor.
Es más que amor.
Como no conocéis el Amor verdadero,
si decimos que lo Uno es sólo amor,
no nos entenderíais.

Así que decimos: Dios no es (sólo) amor,
para que os abráis a ver
los mil rostros del verdadero Amor
que ello ES.

De lo Uno surgen mil rayos
en todas las direcciones,
y cada uno RESPONDE.

Para el mundo enfermo y que clama por su curación,
lo Uno responde MEDICINA,
pues se fragmenta como tornasolada luz
en mil colores
y cada color, con un nombre, cura.
Eso sí, a su manera.

Para cada necesidad hay una respuesta,
para cada miseria, una donación,
para cada ansiedad, una calma,
para cada dolor, un remedio,
para cada quebranto, un consuelo,
para cada furia, expresión.

Todo clama, todo grita, todo pide
y Dios responde, Dios da
en consecuencia.

El Cuerpo Angélico es espejo divino,
y os proyecta su Amor
manifestado en una concreta respuesta.
Pero al mismo tiempo no es espejo, sino canal abierto
para quien se abra a recibir la respuesta.

Sin embargo, para eso hay que estar verdaderamente dispuesto
y no todos lo están, aunque digan que sí,
pues si te abres a ello,
¿podrás vivirlo sin CAMBIAR?
No.

Y casi nadie quiere, verdaderamente,
cambiar.
Ésta es la razón por la cual muchos estáis SORDOS
a Dios
y decís que no lo sentís
aunque lo buscáis.

En realidad os aterra «notar-LO»,
pues si lo hiciérais, tendríais que cambiarlo todo
en VUESTRO INTERIOR,
y luego...
en el exterior sería la destrucción
de vuestra bien fijada vida.

53. Asombro

Lo Uno en su rostro de Medicina es, a su vez,
lo Múltiple,
pues da de muchas maneras diferentes
los remedios para cada necesidad.

Lo Uno es respuesta para todo,
porque en su Todo
nada queda sin comprender
o sin crear.

Para cada voz hay un eco
y también un diálogo abierto.
Quien se desespera porque sólo nota su propio eco
que se abra al cambio
y entrará en el diálogo.

Un síntoma de que uno empieza a «oír» es sentir ASOMBRO.
Si no hay asombro, no hay novedad,
y si no hay novedad,
¿se puede decir que eso provenga de Dios,
lo Siempre Nuevo?

El principio ha de sorprenderos de un modo u otro.
Significará que estáis aprendiendo.
Significará que lo que oís no es
lo mismo de siempre
(eso que no os ha curado),
sino la RESPUESTA
verdadera
que necesitáis.

54. Medicina múltiple y una

Y somos muchos, y somos sus mil rostros,
en sus múltiples manifestaciones actuantes,
somos activos y somos comunicantes,
somos relacionadores y somos pacientes
sufridores
del estado de desconexión que hay en el mundo
entre la Materia y el Fuego Santo,
al cual representamos
y el cual os traemos.

Somos, como ELLO y como vosotros,
un poco de Todo.
No somos «sólo amor»
y al mismo tiempo, Amor somos.

Pero se ignoran los mil rostros del Amor
y por eso no nos ven a muchos...
No conocen muchas de las *Medicinas de Dios*.

Todo cuanto expresamos en este papel
es un intento de comunicación,
un intento de reconexión,
un intento de reconstrucción
del humano roto en pedazos.
¡Mundo loco y fragmentado!

Pero mirad y ved: cada faceta del Cuerpo Angélico
trae una RESPUESTA,
SU respuesta,
la de lo Uno manifestado.

Y cada respuesta es curación.

Hablaremos de Rafael,
pero no sólo ello es Medicina,
o portador de salud,
sino Todos.
Eso sí: cada uno actúa a su modo.

Ya os lo hemos dicho:
todo es respuesta.
El Amor es respuesta.
Y cada respuesta,
si es verdadera,
cura.

Así que cada aspecto del Cuerpo Angélico,
desde su ser, actuar y responder,
es Medicina.
Cada esfera lo es.
Cada pálpito,
cada mirada,
cada voz,
cada silencio.

A partir de ahora, ante cada mensaje que leáis en este libro,
preguntáos:
«¿Qué Medicina trae esto?».

Y aprenderéis acerca de la Medicina
más de lo que pensábais.

Un día lo veréis.
No aún.
Aún es muy pronto.
Hoy sólo es
el día de siembra.

Amén.

55. La guerra

Se anuncia guerra.
Temed y no temáis, pues no es la guerra que pensáis
la que debe preocuparos.

Pero en realidad nada debe preocuparos,
sino que se os dice esto, se os habla de este modo,
para que estéis ATENTOS.

Temed, pues la batalla ciertamente está servida,
pero no tengáis miedo, porque la plaza que se disputa sois VOSOTROS.
Por lo tanto, si os hacéis dueños de vosotros mismos,
ningún daño os puede alcanzar.

Pero temed despistaros y volver la vista hacia las minucias
con que querrán distraeros.
Decimos minucias por tratarse de cuestiones externas.
No es que no importen,
pero la batalla de envergadura es en vuestro interior.

Sois plazas fuertes tomadas.
Desde hace mucho.
Unos lo vivís más que otros,
pero esto no importa tanto como el hecho de que no sois libres.

Y cada vez que un ser humano elige la libertad, la guerra se inicia.
No porque él lo quiera,
sino porque dan comienzo las tensiones,
fuerzas y contrafuerzas,
entre aquello que desea soltarse y lo que desea retenerlo.

Cada acto de liberación es una lucha en cierto modo,
supone una revolución interna.

Pero no se trata de que os incitemos a la belicosidad,
sino a estar preparados.

Estad atentos,
porque querrán despistaros.
Es la estrategia del que nada más puede:
distraer la atención,
hacer ruido.

Hacia donde vaya vuestra atención va vuestra energía,
y, por lo tanto, vuestra defensa.
Si estáis fuera de vosotros ¿quién guarda la casa?
Todo radica en que intentan poneros fuera de vosotros mismos
o perpetuar ese estado, ya existente, de enajenación.

Una única estrategia os sirve: id hacia vuestro interior.
Una y otra vez.
Sin descanso.

Saldréis en muchas ocasiones.
Seréis mil veces distraídos.
No importa: regresad.
Una y otra vez, volved.
Volved.

Volved a vuestro centro.
Sólo ahí sois fuertes.
Sólo ahí os podemos realmente ayudar.

Porque el humano centrado constituye en sí mismo
un canal justo y equilibrado.
Sólo así la Fuerza puede pasar por él,
restañar sus brechas,
y otorgarle inmunidad y conciencia.

Ésta es la estrategia que os damos para toda guerra.
Hoy, como ayer, la estrategia eterna:
pase lo que pase, id hacia vuestro interior.

56. Los siete cabritillos

No os dejéis engañar por los bailes externos.

Mirad que no os pase como a los siete cabritillos del cuento.
Ellos fueron engañados por lo que, aparentemente, era verdad.
Su interior les habría avisado que algo iba mal,
pero la razón los engañó.
La lógica puede ser muy corta si decide ella sola,
sin contar con el resto del ser humano.

Los disfraces y la palabrería razonable del Depredador los sacaron
de su instinto, de su corazón-centro y de su sexto sentido.
Los siete cabritillos salieron fuera de sí,
abrieron la puerta seducidos por el teatro montado con ese fin,
y el Depredador se los comió.

Muchos son como ellos.
¡Y aún creen, en su alucinación, que fue su Madre
quien se los comió!
Por eso ni se atreven a llamarla.
Pero toda pesadilla será iluminada.
Y toda alucinación desaparecerá... si volvéis a vuestro centro.

Volved.
Volved.
Volved a vuestro interior.
Una y otra vez.

Aunque sintáis quien os diga:
«¡Estúpidos! ¡Inútiles! Una y otra vez caéis, no valéis para nada,
nada os sirve de nada»,
no os lo creáis.
Que digan lo que quieran.

Errar no es ninguna falta.
Si yerras, rectificas. Y se pasa página.

Todo ensañamiento en la visión de la falta, en la culpa,
es otra estrategia de desánimo y de distracción,
cuando vuestro interior clama por volver al centro,
a la Luz y a la Nueva Oportunidad.

Volved a vuestro centro.
Permaneced en vuestro interior.
Sólo así podréis descifrar y entender lo que, fuera
de vosotros, acontece.

Si no, aunque venga Mami Cabra con sus tijeras
a rescatar a sus niños,
éstos no la reconocerán,
y se refugiarán aún más en el vientre del lobo.
¿Entendéis?

Lo externo es importante.
Pero nunca podréis desentrañarlo si no estáis en
vuestro centro, bien alineados.

Esto es un proceso
que lleva su tiempo.
Pero la constancia lo alcanza.
Perseverad.

57. La batalla por la carne

Lo que se disputa es la Materia.
Realmente, no sois conscientes de cuánta energía
contiene una sola de vuestras células.
Diversas fuerzas desencarnadas se matarían entre sí
por poseer el jugo que exudan vuestros cuerpos.
No tienen cuerpo.
Pero lo anhelan.

Entonces, buscan dominar a los cuerpos.
Para ellos no sois más que carne.
Les importa muy poco vuestra energía sutil.
En el mundo intangible, ellos se manejan bien.
Sin embargo, lo que no entienden ni pueden
controlar bien es la Materia.

La Materia densa los tienta.
La desean.
La desean con total locura.

Y por eso, se enzarzan en batallas por tener
el control de vuestros cuerpos,
incitándoos a respuestas programadas, reacciones controladas
y exudados diversos que les sean de interés
(emociones, pensamientos).
Todo les da igual salvo eso.

El Fuego del Alma no pueden comerlo.
Estáis equivocados si creéis que se disputan vuestras Almas de Fuego.
Más bien, vuestra Chispa de Fuego los consumiría, los destruiría.

Por eso se esfuerzan en despistaros de eso,
de vuestro núcleo de Fuego Divino,

y han enmarañado los caminos y las tradiciones
que os enseñaban a vivir ENCARNADOS.
Su éxito es que estéis desencarnados, o encarnados a medias.
Su éxito es vuestro semivivir.

Pues si todo vuestro Fuego descendiera y ocupara vuestro
Centro, no tendrían nada más que hacer.
Seríais dueños de vuestra Plaza Fuerte.
Estaría *Dios con Vosotros*.
Y tendrían que retirarse, escarmentados,
sin poder manejar más vuestra carne.

Por eso, cada vez que alguien decide o elige encarnarse del todo,
es decir, volver a nacer, liberarse,
se desatan las reacciones de todo lo que no desea esto.

Esta contrafuerza es tanto vuestra (interna) como de otros (externa).
Pues todo está enmarañado.
Habrá partes de vosotros que teman el cambio, porque
no lo conocen y tienen miedo de verse destruidas.
Y habrá otros, de fuera, que lo teman igualmente,
pues se quedarían sin «comida».

Pero todos tendrán que aflojar al fin,
ya que una vez que toméis la decisión de liberaros,
nada os lo puede impedir.
Tardaréis más o menos en vuestro tiempo, habrá más
o menos refriegas y distracciones,
pero esto, al final, llegará.

Pues cada elección consciente tomada genera
una alineación de fuerzas.
Lo que elijáis reiteradamente y con conciencia, acabará siendo.
Es como elegir una y otra vez ir hacia determinado lugar,
ni más ni menos.
El Camino está en vivir esto.

Por eso os decimos: estad Atentos.
Y perseverad.

58. Preguntar o disimular

Como hemos hablado del anhelo de la Encarnación Angélica,
algunos os preguntaréis:
«¿Y no querrán engañarnos estos ángeles?
¿No querrán ellos también poseer nuestra materia, nuestra carne?».

Es una pregunta natural.
Surge de la ignorancia
y del anhelo por la verdad.

Benditos seáis por preguntar,
pues, si la pregunta es verdadera,
hallará su respuesta.

Nunca temáis cuestionar.
Nunca temáis ser sinceros.
No hagáis como Adán,
que pensaba que podía disimular lo que
realmente sentía ante Dios.
Intentaba hacer «lo correcto»
pero ya estaba fingiendo como un actor,
ya estaba «vistiéndose», disfrazándose.

Dios es NATURAL.
Por eso, sólo desde la naturalidad es posible
ser Uno con la Divinidad.
Por eso, más os vale admitir vuestra duda y decir:
«No lo sé, no entiendo esto, o no quiero comprometerme,
necesito más tiempo para reflexionar»,
que mentir para intentar actuar como buenos chicos
o por miedo a no hacer lo correcto.

59. Decir la verdad para ser curados

La verdad siempre os salva.
Ninguna mentira es piadosa.
La mentira es engaño.
Por eso, se presenta a sí misma como válida, cuando, por definición,
es lo que no es.

Lo válido es Lo Que Es.
Por eso, si no tenéis claridad, admitidlo. No pasa nada.
Podéis pedir entonces ayuda para la claridad, Medicina-Claridad.
Podéis invocar a la claridad.

Si anheláis en verdad que os enseñen, que os desvelen, lo viviréis,
porque vuestro anhelo, como será real, moverá lo real.

Cuando un ser humano admite su estado y,
sinceramente, pide ayuda,
se hace a sí mismo receptor de ésta.
Si, en cambio, no admite lo que siente, o lo que piensa,
o el estado que vive en sí mismo,
no se hace receptivo a la ayuda,
porque está diciendo que en realidad no tiene ese conflicto,
ese problema.
Está enviando un mensaje falso al Todo,
así que ¿cómo va a ver colmada su verdadera necesidad?

Si queréis vivir el ser ayudados, si queréis recibir la Medicina,
habéis de ser receptivos a ello.
Esto sólo es posible cuando uno admite su enfermedad
y se entrega al proceso curativo.

60. La mentira, falsa medicina

Lo falso nunca cambia nada,
tan sólo lo enmaraña.

Por eso ¡cuidaos de decretos y programaciones
mentales que pretendan cambiar lo real,
utilizando sugestiones basadas en algo que No Es!
Son como analgésicos, o como alucinógenos,
os muestran realidades mejores, surgidas como por arte de magia,
y os hacen creer que YA están ahí.

Pero aunque digas «agua» mil veces cuando te encuentres
en un desierto, ésta no estará ahí,
por más que te convenzas de ello
o des esa orden al Todo sintiéndote poderoso.

La Medicina no funciona así,
sino invocando al agua porque RECONOCES tu desierto
y dices: «¡Estoy en un desierto y padezco en el desierto!».
El reconocimiento es la primera fase de la Medicina.
Eso es entrar en la Verdad.

Entonces, Dios, que responde al necesitado,
se encontrará contigo en el desierto en el que estés
y te enseñará cómo sobrevivir en él,
cómo encontrar agua, o cómo ser ayudado.

Si algo no es, no es, ¡por mucho que digáis lo contrario!
Mintiendo, lo que hacéis es proyectar una pseudorrealidad
y ésta, una energía ilusoria puesta ahí por vosotros mismos,
os velará los ojos a lo real.

La energía proyectada por esa autosugestión decretada
os hará creer que ya estáis siendo «eso»,
o que ya estáis viviendo aquello,
cuando en realidad nada ha cambiado,
salvo vuestra creencia.
Creer algo no lo es todo.

61. La enfermedad de la mentira

Mentir nunca crea.
La Mentira, por definición, mata, ABORTA.
La Mentira dice que NO es lo que SÍ es,
y dice que SÍ es lo que NO es,
y así lo enmaraña todo.

Siega los flujos de energía, o los retuerce y asfixia
y vuelve al cuerpo loco.
La armonía, así, está rota.

NUNCA MINTÁIS.
Ni por salvaros a vosotros mismos.
Eso nunca puede ser verdad.
En realidad os habréis perdido una vez más.
Si hablar es un peligro, es mejor guardar
silencio, pero no mentir.

Más os vale ser sinceros.
Más os vale desnudaros ANTE LO QUE ES.

Dios es LO QUE ES.
Dejad de disimularos entre las matas,
de cubriros con hojas de parra.
Eso no os vale de nada.

Sólo los que se desnuden conocerán la salvación.

62. Crear

Se os ha dicho muchas veces que el ser humano
es creador, pero hay que matizar esto.
En realidad, el ser humano dormido está muy lejos
de saber lo que es el poder creador.
Ni de poder vivirlo.

El poder creador depende de la UNIDAD de
lo diverso en el interior.
El yo aislado NO es creador,
ni ninguno de vuestros aspectos fragmentados.

Éstos tan sólo proyectan fantasmas,
realidades espectrales que precisan alimentarse de
más proyecciones similares para no desaparecer.
Habréis de elegir si queréis proyectar espectros…
o crear Vida Verdadera.

Si elegís lo segundo,
os daréis cuenta de que, verdaderamente,
sólo en la Unidad os es posible crear,
y entonces resulta que no creáis «vosotros»,
pues la Creación procede de *Aquello que es Uno.*

Eso sí,
el ser humano puede PARTICIPAR del Acto Creador Mayor.
Se le invita a ello, de hecho.

Podéis vivir el Fuego Creador en vosotros,
pero no es «vuestro».

Os es dado.

63. Ángeles de la Muerte

Del Fuego venimos y al Fuego vamos.
Seamos Ángeles de la Muerte o de otro tipo,
el Fuego es nuestro signo
y lo que permanece siempre en el centro de nuestro corazón,
siempre vivo,
si acaso no caemos... y nos extinguimos
como fuego que se apaga,
como brasa o rescoldo ceniciento que al fin... se detiene.

Es importante que todos los Ángeles de la Muerte se levanten
y, como Uno, al fin canten
la melodía del final de tantos
que esperan la Muerte Sagrada,
la Muerte de Fuego que ilumina y es santa,
y no sombrío desprendimiento torturado, tal cual se vive ahora.

La Muerte ha de volver a ser fiesta, reencuentro, vuelta a casa,
y no esos horribles velatorios en los que los humanos se desgastan,
perdido todo sentido
verdadero
de lo que es el final del humano sobre la Tierra:
un verdadero nacimiento...
si acaso se viviera del modo correcto.

Somos Ángeles Mortuorios
en el sentido de que traemos finales
de diferentes tipos
a los seres humanos encarnados,
es decir, con carne.

Exhalamos sobre ellos el *Fuego Terminal*.
La sensación fría que notáis o habéis notado asociada

la muerte es otra cosa,
es consecuencia del Fuego Terminal,
pues es el apagarse de este fuego,
y es otro tipo de conciencia,
la Gélida, Señora que los últimos
rescoldos de vida carnal se lleva.

Pero antes siempre viene el Fuego que Termina.
Los antiguos bien conocían
el estado previo a la Muerte Total,
un tiempo con una reanimación de la existencia,
una especie de fiesta,
un preludio de actividad,
de bienestar.
Y justo cuando el humano decía: «¡Que bien estoy!»
y todo parecía que podía durar aún,
llegaba el Fin.

El revivir previo a la Muerte
tiene un sentido: acabar con lo pendiente,
bordar lo último,
alcanzar la plenitud y la paz.

De modo que el que esta realidad entiende,
siente: «¡Ahora todo está bien!
¡Puedo vivir muchos años o pocos
pero ya siento que me puedo morir en paz!».

Ésta es la función de los Ángeles Terminales,
preludios de la Gélida Señora, la silenciosa Dama Muerte.
Nosotros venimos con palabras,
con cantos,
con Fuego vivo,
a potenciar lo último
y a incentivar al humano a acabar todo.

Vaciar la despensa,
dar la herencia,
hablar con los amigos,
regalar lo propio...
Acto preludio de liberación total.

Es tan necesaria nuestra presencia
como la de la Gélida,
y unidos vamos siempre.
Ahora ya lo sabéis.

Éstos son los Ángeles de la Muerte,
los del Fuego Viviente,
los reanimadores previos al final,
el gran final que debe ser con plenitud realizado,
a poder ser...

De otro modo, otro ciclo
tendrá inicio
sin haber culminado el anterior
y se dará de nuevo repetición.

Nada es más importante que esto en estos tiempos:
el conocimiento de los finales.
Sin un final bueno,
¿cómo va a haber un principio nuevo?

Todo sería repetición,
como vuestros eructos,
fruto de una mala digestión.
Come el humano sin cesar,
sin haber siquiera procesado lo anterior,
y así su cuerpo está siempre saturado,
dormido y poco consciente.

Hay que llegar al final bien;
éste es el conocimiento de la Muerte: ACABAR.
¿Cómo puede desprenderse alguien
de lo que no está terminado?
Es obvio que le cuesta.

Es más fácil enseñar a completar, a culminar,
y entonces, de manera natural,
el humano accederá a desprenderse
de lo que ya está entero,
pues lo terminó y culminó.

El fruto, cuando se completa,
por sí solo madura y de la rama cae
sin esfuerzo ni sufrimiento,
sino al contrario: vive su plenitud.

Si es tan difícil para tantos desprenderse
y cruzar la muerte
es porque no han terminado nada
y sus vidas carecen de sabor.

¡No saben vivir llegando a la plenitud
y por eso se resisten a partir!
¡Es natural!
Son como niños que se ven obligados a dejar un pastel
cuando sienten que casi no lo han probado.

Cuando esto sucede,
es preciso enseñarles a desprenderse,
esté como esté lo que quede atrás,
pues a veces no hay otro remedio.

Pero es mucho mejor enseñarles a comer el pastel,
y así sus vidas tendrán gozo
y no se sentirán estafados por la existencia.
Por eso, *la mejor preparación para morir*
es enseñar a vivir bien.

Hay muchos modos de morir,
pero de todos ellos,
nosotros enseñamos el mejor:
VIVE LA PLENITUD, DESPUÉS VETE.

¿Entendéis?

La vivencia de la plenitud liquida el miedo, desaparece.
Quien tiene miedo es porque siente
que aún no está entero.

En la plenitud no cabe miedo alguno
y entonces, incluso la muerte apetece
porque significa ir hacia lo nuevo

y porque uno se siente ya muy crecido
para seguir aquí.

Es como una crisálida preparada para nacer,
ansiosa por romper el estrecho molde,
y no se siente como una oruga estafada
porque la sacan de su hoja de hierba
y se ve obligada a pasar por un trance que ni quiere
ni comprende.

(A la que escribe):

Habla de nosotros al mundo.
Han de saber acerca de esto.
Sin Plenitud no hay Final.

64. Los Señores del Ocaso

Invocad a los Señores del Ocaso,
maestros en el arte de TERMINAR
para que ellos os enseñen.

Tenéis muestra de la perfección de sus actos
en cada atardecer.

Observadlo: ¿qué es?
Es una partida solar
realizada con dulzura, gracia y belleza sin igual.

Escuchad: ¡así ha de ser cada partida humana,
cada muerte,
cada final!

¿Por qué vivirlo de modo diferente?
¡Ah, humana ignorancia
que os encierra en cárceles de sufrimiento!

Vivís ocasos inexistentes,
abruptos finales,
cerrazones tan tajantes del «día»
que ni siquiera siempre os dais cuenta
de que todo cambió ya...

Morís mal, o no morís del todo,
arrastrándoos en finales sin fin,
agonías extremas y nunca terminantes,
agonías del alma que no desea partir
o no sabe cómo hacerlo
BIEN.

No busquéis culpas.
No hay culpa sino ignorancia.
Pero aprended hoy
(pues tenéis la oportunidad),
de los Maestros de la Naturaleza,
aquellas conciencias que desvelan su saber hacer
en cada atardecer,
en cada ocaso NATURAL.

Aprended, aprended.
Observad, invocad este saber,
pues os es natural tenerlo,
os es natural vivirlo.
Sólo lo habéis olvidado,
porque claro, también habéis olvidado
que sois naturales.

Los Señores del Ocaso corren el telón
entre un día y otro,
y lo hacen de tal modo
que no hay sufrimiento, ni estertor difícil,
ni ruptura a trompicones,
sino bello y perfecto fluir
entre un espacio de vida y otro.

Así ha de ser el morir.
Los Ángeles Terminales traen el Fuego
para vivir un último tiempo
con perfecto esplendor.

Y los Ángeles del Ocaso son TRÁNSITO
y enseñan a serlo.
Empujan suavemente la luz de un lado a otro,
la conciencia desde el día hasta la noche,
desde la vida hasta la muerte,
desde el sueño de este lado hasta el sueño del Más Allá.

Pues todo es sueño,
grados de sueño diferentes
entre lo inerte y lo plenamente despierto.

Imitad lo natural para volveros naturales
y volveos naturales para ser salvos.
Pues naturales fuisteis creados,
y sólo naturalmente podréis volver
al abrazo original.

Imitad el suave y dulce terminar del atardecer.
Anhelad su sabiduría y su belleza,
pues cuanto es bello sirve no sólo a uno mismo,
sino al resto:
la belleza alimenta el corazón de los videntes
y los cura.

El atardecer podría ser feo,
o caer bruscamente como un telón negro.
Y no. Lo hace pausadamente,
con arte.
Eso es.

Así como cuanto más avanza el ocaso,
más bella se hace su luz,
así sucede con la vida y la conciencia
de quienes eligen morir como los Señores del Ocaso.

Cuanto más terminan, más colores irradian,
cuanto más anochece,
más curan todo alrededor.
Mueren como Seres Medicina
que entregaron todo su ser a lo Dador,
volviéndose dadores a su vez.

Y dan tanto
que no desperdician, ni por asomo,
sus últimos días.
Es precisamente en ellos
cuanto más fácil y hermoso es contemplarlos,
vivir su compañía,
gozar de su abrazo.

Sí, los hijos del Sagrado Ocaso
se marchan bendiciendo todo a su paso.

Pero su partida es tan dulce,
tan natural, tan curativa
que todos la entienden, la comprenden,
y la ACEPTAN.

Se crea entonces un singular y maravilloso
estado de PAZ
para todos los presentes:
los que se van...
y los que se quedan.

Aprended de cada atardecer.
Sabed que en él mueren,
ante vuestros ojos,
los Señores del Ocaso.

Es su muerte lo que contempláis,
pues son tránsito.
No serían maestros en morir
si no murieran a su vez
continuamente.

Es su entrega total lo que hace
que todo su acto sea belleza,
perfección, medicina.

Vivid el ocaso como se debe
y dormiréis plácidamente.
Ésa es la dormición del justo,
la muerte santa,
la muerte en paz.

Amén.

65. El sueño y el despertar

Hemos dicho: todo es sueño,
y así es.

Estáis llenos de ansias por vivir «el» despertar,
pero no hay tal.
No hay un único despertar
sino progresivos despertares.

Cuando se alcanza la culminación de vida de un cuerpo,
éste se despierta.
No hay otra cosa.

Parece que es «el» despertar,
pero sólo es algo del Todo que culminó por fin,
y se vive como un momento grande.
Así es.

Cuidad lo que os es dado,
sanaos, recomponeos, alimentaos y vivid con perfección
hasta alcanzar el ser completos,
la madurez.
Entonces despertaréis de modo natural.
Así es.

Despertará un cuerpo, y empezará otro.
Siempre hay algo que termine cuando algo empieza,
y viceversa.

Cada despertar es síntoma de un nuevo sueño,
y cada sueño anuncia un futuro despertar.

Pero tenéis prejuicios hacia el sueño,
lo consideráis «malo», inadecuado.

Sin embargo, no podéis hacer otra cosa más que dormir
mientras no estéis preparados,
es decir, completos, plenos, perfectos.

Cuando el sueño os ha restaurado,
el despertar natural acontece.
Cuando la formación del bebé culmina,
él mismo sale del sueño
del vientre materno
y «despierta»
a la vida nueva.

Así es todo.
Igual con el despertar,
ése que llaman «espiritual».

66. El Fuego Vivo

Muchos teméis cuando hablamos del Fuego.
Más temeríais otros si oyerais hablar del *Fuego Eterno*.

Pero nada hay que temer del Fuego Vivo, del cual hablamos.
Desde nosotros, para vosotros,
os hablamos del Fuego Eterno,
que no puede ser otra cosa sino el Viviente,
pues nada que sea eterno está muerto.

La Eternidad es, porque la renovación es.

El Fuego Vivo se renueva a sí mismo.
No «come» de otra parte.
No es hoguera que necesite ser alimentada con cadáveres.

Por eso alguien habló de «una zarza que ardía sin consumirse».
EL QUE ES es Vida.

Si consumiera a lo Otro para vivir, sería mortal,
necesitaría de vuestra consumición –y la de otros– para nutrirse.
Por lo tanto, estaría siempre amenazado de extinción,
y su fuerza vital procedería de la destrucción de mundos.

Sin embargo, es justo al contrario.
El Fuego Vivo os alimenta.
El Fuego os da constantemente,
aunque no sepáis aún cómo es esto.

Es vuestra separación del Fuego lo que os adormece,
lo que os hace vivir semiexistencias,
lo que os roba toda plenitud de vida.

Hay letargos necesarios. Son descansos.
Son sueño de renovación. Preparación de primaveras.
Otros, son un coma terrible debido a la fragmentación,
la herida y la pérdida.
Pérdida... ¿de qué?
Del Fuego en vosotros.

De ello apenas quedan exiguos rescoldos en vuestro interior.
Por eso nuestro deseo para vosotros hoy es:
que el Fuego esté con vosotros de nuevo.

67. Recuerdo del fuego

Venimos a traer Fuego.
SOMOS esto.

Desde la dimensión del Fuego Vivo a vuestra dimensión,
os damos la bienvenida en vuestro camino de regreso a casa.
El recuerdo del Fuego os traerá eso.
El retorno del Fuego a vosotros os hará nacer.

Sin Fuego no hay verdadera Muerte.
Sin Fuego es imposible el NACIMIENTO.

Venimos del Fuego Creador a vosotros.
Nuestra función es conmoveros hoy,
aquí y ahora,
por la simple mención del FUEGO QUE ES,
del Viviente.

Está hecho.

68. Arrepentimiento

Muchos habéis oído hablar del Fuego Eterno como
de un lugar de llanto y sufrimiento.
Lo relacionáis con el Infierno,*
pero no es éste el sentido del Fuego Eterno.

El Fuego Eterno purifica lo que está muerto.
Deshace lo inservible y así conduce lo vivo hacia su liberación.
Por eso, en el Fuego Eterno se deshacen los nudos,
los traumas, los bloqueos,
se rompe la cáscara muerta,
se pulveriza la costra de oscuridad, ofuscación, tinieblas.

Y este proceso puede traer, como se ha dicho,
«Llanto y rechinar de dientes»,
pues este proceso supone un *«Darse Cuenta»*,
y cuanto os dais cuenta de lo que está enfermo, herido o perdido,
os surge el dolor, la pena, el llanto.

El Fuego Eterno trae el *Genuino Arrepentimiento*.
No lo que, luego, se ha entendido por esto: autoflagelación,
autocondena, culpabilidad torturada, castigo infligido
por leyes humanas y pseudojuicios...

El arrepentimiento genuino es sagrado, es darse cuenta.
Las lágrimas lavan los cauces hasta entonces obstruidos en vosotros,
aflora la energía retenida en vuestros cuerpos
en forma de agua y riega, así,
lo que antes estaba seco.
Lo limpia, lo restaura y desahoga la presión interna.

---

* Tanto aquí como en otros capítulos, utilizan la palabra «Infierno» en su sentido vulgar, aludiendo a una dimensión o un lugar de sufrimiento y horror del cual es muy difícil o casi imposible salir.

Urboreas

No temáis llorar.
Llorar no «es malo».
Ésa es otra tontería que os han hecho creer.
Llorar es necesario para reverdecer por dentro.
Dejad que fluyan vuestras lágrimas
si esto es lo que produce en vosotros
el Fuego Vivo cuando os visite.

En ocasiones, ¡mucho Fuego trae muchas lágrimas!
Pero con éstas se evapora lo antiguo,
se libera lo atado,
y el corazón, ligero, puede entonces arder mejor.

Hasta que no se han llorado todas las lágrimas,
no es posible arder por completo, plenamente.
Pero todo tiene su tiempo.
¿Para qué correr?

Sólo la vivencia del Tiempo Justo os dará la vida.
El tiempo injustamente vivido os dejará siempre
a medias: o faltos, o sobrados,
y por lo tanto incapaces de gozo, de plenitud.

Que las lágrimas santas, hijas del arrepentimiento
genuino, del darse cuenta,
laven de vuestros cuerpos toda acumulación de dolor antiguo,
todo sentimiento de pérdida,
todo mal juicio,
y os preparen como lluvia buena para
la primavera, la vuelta a Casa.

69. Justicia del Fuego

La purificación es necesaria.
El Fuego Vivo os purificará.

Pero para quien ya se haya purificado,
el Fuego le dará una Vida Nueva.
Será de nuevo formado, como recién nacido.
Será traído y llevado hacia donde su vida sea plena.

Por eso, el Fuego genera MOVIMIENTO en una existencia,
aunque en otra, o en otro tiempo concreto,
el Fuego genere QUIETUD EXTREMA.

Todo será lo justo para cada cual.
Hay un acto del Fuego para cada momento,
para cada tiempo,
para cada situación
y para cada contexto.

El Fuego es sabio.

70. Correr hacia el Fuego

Por eso, no os precipitéis buscando al Fuego.
No seáis imprudentes como las polillas que perecen en las llamas.

Os hablamos del Fuego Vivo que acude donde y cuando es necesario.
Correr hacia él dificulta las cosas y, en ocasiones,
incluso las desvirtúa.

No corráis hacia el Fuego nunca.
Una sola cosa os es posible, para que el Fuego Santo
viva en vosotros: PREPARAOS.
Y esperad. Ya vendrá.

Pero no vendrá si no hay en vosotros capacidad para recibirlo.
No vendrá si no estáis preparados.
Y no porque el Fuego os quiera «castigar»
por no haber «trabajado»,
sino porque si no se puede, no se puede.

Esperará, tanto como esperéis vosotros a estar preparados.
Esperará tanto como sea necesario.
Sólo cuando pueda ser, será.
¿Entendéis?

LO QUE ES, ES, y no puede actuar con falsedad.
Quien no está preparado no es capaz aún de recibirlo.
El Fuego Vivo no va a mentir yendo a quien no puede
vivir adecuadamente esa experiencia,
pues el Fuego Vivo viene para dar vida o renovarla,
no para degenerar al humano,
ni para herirlo,
haciendo de él un vaso roto, un amasijo incinerado, un monstruo.

Sin embargo, muchos han corrido hacia el Fuego.
Y se han quemado.
O se han desvirtuado.
Esto es distinto.

Se han encontrado con otro fuego,
pues los guiaba su ansia, su impaciencia,
y la creencia de que ellos podían decidir cuándo,
cómo y de qué modo podían llegar al Fuego.
Pero el humano parte de la ignorancia
y no puede, por lo tanto, decidir él mismo nada de esto.
Así que quienes siguieron esta guía inadecuada
vivieron una experiencia incorrecta del Fuego.

Es más, su camino los condujo hacia un rostro del Fuego sombrío,
capaz de dejarse experimentar por un humano ávido,
codicioso de experiencias poderosas,
e ignorante de la verdadera naturaleza
del Fuego Sagrado, que es SECRETA.

A estos humanos los guiaba su prepotencia, hija de una visión falsa,
pues ningún humano conoce, ni puede conocer nunca,
CUÁNDO, CÓMO y DE QUÉ MODO se ha de recibir el Fuego Santo.

La experiencia incorrecta del Fuego, fruto de la precipitación,
de la humana deliberación o decisión,
del forzar las estructuras corporales para hacerlas receptoras
antes de tiempo o fuera de lugar, trae hijos degenerados.

Nos referimos a frutos de dolor:
tergiversación, desnaturalización,
quemazón interna que produce heridas o malformación.

Para el Fuego Vivo sólo os es posible prepararos.
Nunca creáis a quien os prometa otra cosa.
Pues nadie conoce ni cómo, ni cuándo, ni de qué modo
el Fuego viene.

Ni nosotros. Nadie.
¡Nosotros menos que nadie, de hecho!
Pues vivimos en la inmediatez, al servicio de su hálito.

NO SE PUEDE SABER ESTO.
Nunca.

71. Nombrar en verdad

Se ha dicho a veces que nombrar algo es crearlo,
pero esto no es exactamente así.

El auténtico acto de nombrar surge del RECONOCIMIENTO de
LO QUE ES, en aquello a lo que se va a nombrar.
Uno percibe LO QUE ES en lo otro, y se da cuenta
de qué aspecto de LO QUE ES se manifiesta con más fuerza en ello,
o desea manifestarse.
Entonces, para reconocer esto, se le da un nombre que lo diga.

Es decir, el verdadero nombre es aquel que es uno con
el propósito de vida, o con el modo de manifestarse,
de aquello a lo que se va a nombrar.

NOMBRAR ES RECONOCER un rostro de lo divino en el Otro.
Y como tal acto, sólo uniéndose a la Divinidad, a la Totalidad,
es posible realizarlo con corrección, con justicia, con AMOR.
Pues sólo el Amor es capaz de reconocer con pureza de visión
LO QUE ES en algo o alguien.
Y sólo el Amor es capaz de nombrarlo sin segundas
intenciones, y sin cortedad de miras.

NOMBRAR NO HA DE SER MANIPULAR.
Hay quien nombra a algo y con ello lo recorta, lo deforma
o le cuelga encima un espantajo que intenta ofuscarlo
o limitarlo cual camisa de fuerza.
Se pedirá cuentas a todos los que nombran con ánimo manipulador.
Pues el deseo de manipular al otro no procede del Amor.
Y por lo tanto entorpece, tergiversa o recorta el propósito de lo
Creado, que desea manifestarse en ese ser/objeto/realidad.

Mal nombrar, nombrar con ánimo caprichoso o manipulador, no
puede nunca matar ni destruir la Esencia de lo Otro que recibe ese
nombre de manera incorrecta, pero sí puede contribuir a desviarlo
de su propósito, a confundirlo.

El nombre puede remarcar una cualidad por encima
de otras, y potenciarla. Está bien.
Pero ¡cuidado con nombrar a otro para torcer su ser genuino e
innato, su modo de manifestarse o su propósito de existencia!
Y cuidado con nombrar según el propio capricho o fantasía personal
sobre lo que el otro «debiera ser» o a uno le gustaría que fuese.

Demasiado a menudo, se ha nombrado para POSEER lo nombrado.
Demasiado a menudo, se ha nombrado para ensuciar,
disminuir o dañar lo nombrado.
Aunque la ignorancia no es inocua, se disculpa la ignorancia del que
nombra con cortedad de miras porque no ve más que lo que ve.
Pero hay una gran responsabilidad para el que, sabiendo,
nombra adrede sin respetar la Esencia de lo otro,
tal y como ésta desea manifestarse.

Es por eso por lo que hay relatos en la Biblia en los que, junto con el
anuncio del futuro nacimiento de un niño, se daba o se sugería
a los padres el nombre del niño.
Esto significa que en cierto modo ese nombre YA ERA
la verdad del ser que iba a encarnarse.
Y era el nombre que el niño deseaba mostrar entre la gente,
pues tenía que ver con las cualidades que su Esencia
quería manifestar en esa existencia.

Esto significa que no compete a la voluntad humana, solitaria
y caprichosa, nombrar a nadie por su cuenta.
Si queréis nombrar con Amor, Sabiduría y Verdad, habréis
de buscar la unión con LO QUE ES, y con la Esencia
de aquello/aquella/aquel a quien deseáis nombrar.

Todos los demás caminos para nombrar yerran tarde o temprano.
Y no sólo eso, sino que además producen deformaciones en la
energía, proyecciones basadas en el capricho o corta visión
del inmaduro «yo» humano que puso el nombre.
Proyectar el propio deseo acerca de lo que el otro debiera ser

no es en absoluto estar actuando con verdad ni con justicia,
ni desde luego, con Amor. Aunque esa proyección
sea «bonita» o bien intencionada.

Una Esencia viene a nacer al mundo con ropaje
de materia o de carne.
Y tú, ¿cómo vas a tratarla?
Si realmente deseas vivir en el Amor, habrás de buscar alinearte
con su verdad, y nombrarla con humildad, *obedeciendo a
la verdad*, ¡no imponiendo la tuya por encima de ésta!

Por eso, os es dado conocer el verdadero nombre de otro
(y nos referimos a cualquier ser o esencia).
Nunca podréis crearlo vosotros «personalmente», así, como
un químico en un laboratorio.
No se compone un nombre para nada ni para nadie,
como si se tratara de recortar y pegar trozos de otras
cosas buscando una combinación bonita.

Desde la inspiración que procede de estar conectado
a la verdad de lo Otro,
se SIENTE el nombre,
se SABE el nombre y,
para SERVIR a LO QUE ES y no falsearlo,
se acepta ese nombre
y se DICE.

Ésta es la palabra obediente a la verdad.
Por eso sólo esta palabra es Palabra auténtica.
Y, en cierto modo, sólo esta Palabra merece ser dicha.

72. Nombrar, reconocer

Decir el nombre de alguien es reconocerlo.
El reconocimiento ayuda al reconocido a vivir, pues siente que los
demás aceptan que manifieste lo que vino a manifestar en el mundo.
Sin reconocimiento ajeno es muy difícil prosperar.
No es imposible, pero sí mucho más complicado.

Os hablamos de esto para que lo tengáis en cuenta
en vuestros actos hacia los demás.
Para que nombréis sus nombres con amor y respeto, y no los
mal-digáis con motes que los caricaturicen, deformen o ensucien.
Y para que comprendáis la influencia que la palabra dicha
puede ejercer en un entorno, afectando a una vida.
El desconocimiento de esto no sólo se da entre humanos y hacia los
humanos, sino entre éstos hacia el resto del mundo natural.

A algunos os puede parecer que estamos empleando mucho
tiempo en hablaros de un tema que parece tonto o secundario,
como si ahora de repente se nos hubiera metido entre ceja y
ceja un asunto casi burocrático, de papeleo, una manía
o paranoia sobre los «nombres oficiales».
Pero esto tiene un sentido.
Pues hay muchos sentidos en los que el acto de nombrar debe entenderse.

Os repetimos que el auténtico Nombrar es RECONOCER
la verdad del otro, aquella que él/ella/ello desea manifestar
en un tiempo/espacio concreto.
Así pues, en el fondo os estamos hablando de una actitud ante el
mundo creado, no sólo ante los seres humanos.

¿Vais a abriros con humildad a sentir, saber y decir
el auténtico nombre de lo Otro?
¿Aceptáis ser receptivos a la verdad de lo que os rodea,
ya se trate de seres, lugares o cosas?
¿O vais a seguir pretendiendo que ya lo sabéis, siguiendo vuestra
inercia, o lo que imitasteis o aprendisteis de otros?
¿Vais a ser siempre crédulos ante cualquier cosa o cualquier nombre,
o vais a buscar en vuestro corazón la verdad de ello?

73. Nombrar para sanar

A los que sigais la llamada de decir la Palabra Verdadera,
se os pedirá que borréis vuestros condicionamientos previos, lo que
aprendisteis (imitación, repetición, memorización), que era «lo otro».

Se os pedirá que os abráis a la escucha receptiva con AMOR,
de corazón a corazón, entre vosotros y «lo otro».
Se os pedirá que le pidáis permiso para CONOCERLO.
Y que, si lo otro lo desea, desde la unidad con su esencia,
lo conozcáis.

Luego, se os pedirá que, sintiendo y sabiendo el nombre
que ella/él/ello desee manifestar, lo DIGÁIS.
Tal vez ese nombre no vaya a figurar en los anales públicos
ni en los registros civiles.
Pero servirá para que ella/él/ello se sienta ¡por fin!,
reconocido en su verdad por alguien.
Y esto sana.

Creednos: hay montañas que suspiran por volver
a ser nombradas con verdad.
Esto os puede parecer un misterio.
Pero los que estén en ese camino, a su tiempo lo entenderán.

El niño llora hasta que lo reconocen.
También llora si lo insultan, o si le atribuyen acciones que él siente
que no son verdad, y encima las repiten, usurpando su verdadero
nombre y cambiándolo por falsedad dicha con mal ánimo.

Lo que está mal nombrado en cierto modo sufre.
En cierto modo eso es estar «MAL-DITO».
Con ánimo retorcido, en algunas épocas de la historia y en algunos
contextos se han cambiado nombres auténticos por otros, para

ocultar la verdadera naturaleza de aquello nombrado.
O para limitarla, recortarla o forzarla a encajar con
una imagen que eso No Es.
También ha habido cambios de nombre a la inversa,
para mejoría y mayor bien de lo nombrado.

La materia bien nombrada, la materia bien reconocida, suspira y
agradece el acto de amor que tiene hacia ella quien
la nombra con Amor, según su verdad.

Si esto os parece una minucia, un problema de última importancia
en este mundo lleno de dramas, es porque aún no conocéis
el peso del dolor de la materia en vuestro mundo.
Creednos, el alivio de la misma aliviaría a todos los seres
que están hechos de ella o la rodean.

En el fondo, todo son símbolos. Unas realidades
simbolizan a otras o son sus paralelas.
Quien no es capaz de reconocer la importancia de lo pequeño
tampoco será capaz de manejar los asuntos grandes.
Porque la acumulación de los pequeños detalles sin atender
provocará enormes lagunas de ceguera que darán al
traste con los otros enormes y ambiciosos proyectos.

Atender a lo pequeño, tratarlo con Amor, es estar YA EMPEZANDO.
¿A qué?
A verdaderamente, ser.

74. La muerte de los malos nombres

Los nombres puestos por los ensoberbecidos «yoes» que desearon manipular y dominar al mundo, nombrando según su capricho arrogante, arderán todos con el Fuego del cambio.
No quedarán ni las cenizas.

Pues por cada ser manipulado o mal nombrado que entre en una mayor conciencia y acceda al conocimiento de su verdadera Identidad, un nombre falso se resquebrajará como cáscara inservible.
Y la verdadera Palabra, dada a los que anden el camino de la Unidad, hará trizas los nombres fruto de la maledicencia.

La verdadera Palabra será dada a muchos, para que la usen con conciencia, verdad y justicia, y con ella rompan
los ataúdes que encierran a tantas cosas.
Pues la verdadera Palabra tanto construye como destruye.

75. Sin Unidad no hay Palabra

El poder de la verdadera Palabra no es «suyo»,
sino que procede de *Aquello que es Uno*.
Por eso, sin vivencia de Unidad, no hay verdadera
Palabra en labios de nadie.
Es imposible.

76. Variedad de semillas, variedad de caminos

El camino hacia la verdadera Palabra es sacrificado.
Exige renuncias sin fin.
Por eso, sólo los que contengan el germen de ese camino
en su verdadera Esencia serán capaces de andarlo,
porque su gozo será realizarlo.
Y sólo el gozo es capaz de sustentar un camino
y llevarlo hasta su plenitud/fin.

A su tiempo, los que tengan en sí el germen del camino
de la verdadera Palabra sabrán quiénes son, pues el germen,
como semilla que se despierta, les brotará en el interior y
les hará darse cuenta de que son uno con eso.

Cada ser humano viene al mundo con unos gérmenes
de conciencia en su interior.
La variedad en los seres humanos existe, pero no para competir,
sino para que, al fin, todo sea completo sobre la Tierra.

Que cada cual cuide sus semillas con amor.
Que cada cual cultive lo propio.
Sólo así la Creación podrá florecer con dicha, por el
reconocimiento que cada uno viva en su interior.

77. Nombrarse con amor

Sí, también a vosotros debéis conoceros y nombraros con amor.
Sin esto, todo lo demás no es posible, o es incompleto.
Relacionaos con vosotros mismos con amor.
Nombraos con amor.
Abríos a vuestra Esencia con amor.

Y como todo está unido, buscando nombrar con amor al otro,
os encontraréis con vosotros mismos y a la inversa:
amándoos os encontraréis con lo Otro.

78. La verdadera ayuda

No hay contradicción entre ayudar y ser ayudado.
Si la ayuda es verdadera, siempre es múltiple: ayudáis al otro,
y al mismo tiempo os estáis ayudando, y además estáis
ayudando a otros relacionados con él/ella y con vosotros.

No existe la ayuda de dirección única.

Si parece que es así, una de dos: o no lo estáis viendo bien,
o no es una ayuda verdadera ni bien enfocada, sino otra cosa.

79. Medicina de Rafael-1. Las manos

La Medicina de Rafael es Relación.
Decimos «la» Medicina de Rafael
no porque sea algo «suyo»,
sino porque Rafael así ES.
Es Relación.

Os damos un símbolo: *una mano abierta,*
la mano que da y que se muestra.
Éste es Rafael.

Os damos un símbolo: la Relación entre los cinco dedos
y la palma de la mano;
la relación entre todos sus huesos y músculos,
algo PERFECTO y lleno de ARMONÍA.
Éste es Rafael.

Os damos un símbolo: la Mano que cura,
la mano que da,
la mano que se da para relacionarse.

Rafael es relación.
Pero es Relación con mayúsculas.

Quien quiera entender esto que medite acerca
de la mano, de sus manos.
Que medite acerca de cómo éstas son relación pura,
y acerca de cómo, con las manos, el ser humano
se relaciona con el mundo
y con todos sus hermanos de toda especie (no sólo humanos).

80. Medicina de Rafael-2. Santificar las manos

Hay que volver a santificar las manos humanas.

Rafael es Medicina,
pero sin las manos humanas, nada puede hacer con el humano.
Pues el humano necesita a su hermano,
necesita el tacto,
necesita la presencia,
necesita el apoyo de su semejante.

Rafael es relación,
pero las manos humanas están grabadas con
programas de preferencias,
manías, resentimientos y miedos,
de modo que cada dedo tiene un deseo, un temor,
un odio o una ilusión,
y no hay en la mano orden y armonía
sino dispersión, desconcierto,
y definitivamente, bloqueo, parálisis, negación.

Por eso decimos que hay que volver a santificar las manos humanas,
no porque no sean ya santas en esencia,
sino porque la mayoría no se sienten ni actúan como tales.

Las manos de Rafael en el mundo están la mayoría CERRADAS.
Puños cerrados y crispados, con miedo a dar,
con trabas a relacionarse en términos de igualdad.
Puños cerrados y manos ocultas en los ropajes, o tras la espalda,
negándose al hermano,
rehuyendo la ajena NECESIDAD.

El mundo revienta de pura necesidad de ayuda,
pero el ser humano, dormido, se encierra en
su pequeño parapeto de posesión,
en su exigua seguridad,
y se niega a DAR.

81. Medicina de Rafael-3. El despertar de las manos

Las Manos de Rafael en el mundo son las de todos aquellos
que se abren a dar desde la correcta relación.
Éste es el verdadero y buen dar.
Por eso, éstas son Manos-Medicina.

Decimos que son las manos «de» Rafael no porque sean suyas,
sino porque a través de ellas, Lo Que Es Rafael puede actuar,
y porque la esencia de quien abre sus manos a esto
es afín con la de Aquello que es Uno, en su rostro de Rafael.

Aquello que es Rafael está llamando a las manos
humanas a despertar.
El despertar de las Manos de Rafael en el mundo dará lugar a una
eclosión sin igual de curaciones debidas a la correcta relación.
El despertar de las Manos de Rafael en el mundo traerá encuentros
insospechados,
hallazgos inesperados,
conocimientos hasta ahora desconocidos.

Pero, por encima de todo,
traerá el encuentro del ser humano consigo mismo
y con sus semejantes,
todo al unísono, todo relacionado.

82. Medicina de Rafael-4. Reunión

Ha habido pueblos de la Tierra que tuvieron conocimiento de esto,
las correctas relaciones, y lo cultivaron con esmero y amor hasta hoy.
Pero de lo que os hablamos es aún mayor.
Porque nunca hasta hoy se estaban volviendo a unir
los pedazos de la Tierra gracias a las redes de comunicación.
Esto es un símbolo de muchas cosas, y un ejercicio de POSIBILIDAD.

Rafael, el enigmático peregrino, el compañero de
Todos Los Caminos, aparecerá junto a todos aquellos que
sinceramente busquen Encontrar, Sanar, Reunir.
Como en la leyenda bíblica, en un solo acto, de un solo trazo,
unirá a los que se buscan y sanará a los enfermos
por diversos males, RELACIONÁNDOLOS.*

Pero nada de esto puede ser hecho si uno mantiene
sus manos cerradas.
Decimos que las manos de Rafael en el mundo están siendo
llamadas a despertar, pero insistimos, no son «suyas».
Rafael sólo es un eslabón entre las manos humanas y Algo Mayor,
el Todo, que busca relacionar con armonía y salud todo.

¿Qué puede hacerse con un cuerpo cuyos componentes
internos están separados entre sí por parapetos, fronteras
y precintos herméticos?
No le espera otra cosa más que la locura, la fragmentación,

---

* Se refieren a la historia narrada en el Libro de Tobías, en la que Rafael aparece como por «casualidad» en la vida de diferentes personas en dificultades como respuesta a sus oraciones, remediando las necesidades de todos a la vez.

la enfermedad y la muerte.
Así es la humanidad, un cuerpo que se cree fragmentado
y se comporta como tal.

Pero se le ofrece la posibilidad de REUNIRSE,
de experimentar la Unidad.
Rafael es esto.
Rafael es mediador con el fin de reunir lo que ha de reunirse
para *completarse, terminar y liberarse.*

83. Medicina de Rafael-5. Círculo sanador

Vuestro cuerpo físico es símbolo de mucho, pero
no lo conocéis en ese sentido.
No crece vuestro cuerpo como un robot, a base de unir piezas sueltas.
Ni crece a partir de un desorden cualquiera, como quien arroja por
descuido todos los elementos a un pozo y... ¡mira, salió un humano!
Vuestro cuerpo crece desde la unidad de UN CÍRCULO.

Por eso sólo desde el círculo y la unidad es posible
sanar lo que está enfermo.
Se terminan los tiempos de intentar sanar a nadie desde
el «yo», desde lo aislado, desde lo parcial,
porque el ser humano descubrirá que esto es imposible o,
por lo menos, incompleto.
Se cansará de obras inconclusas y de pelearse él a solas
contra el mundo.
Se cansará de intentar hacer de Hércules contra todos los elementos,
para luego caer exhausto y obtener recompensas que nunca le
satisfacen plenamente, o incluso le son amargas.

Aún hay mucha pretensión de actuar desde lo pequeño y aislado,
pero esto terminará.
La impotencia ante lo que les sobrepasa provocará la rendición
de los que aún se resisten al cambio.
Y el cambio es: de lo separado a lo unido, de los fragmentos
solitarios a la reunión.

Sólo el círculo es capaz de sanar con totalidad.
Por eso todos los círculos están siendo convocados.
Éste, el círculo que trae salud, es uno más.
Pero para que sea lo que ha de ser, ha de cumplir unos requisitos:

— Ser universal.
— Estar abierto a *todos* los caminos.
— Actuar desde el corazón, es decir, desde lo unido.

84. Los soles que ayudan

Quien alcanza el estado de ser íntegro y pleno irradia como
un sol y ejerce una influencia innegable en su entorno.
Esto es algo natural, que puede vivirse de muchas maneras.
Si uno la vive con naturalidad y sin pretender torcer el mundo
a su capricho, podrá ayudar a todo aquel que se le acerque,
buscando el calor y la luz/conciencia que irradia.

Pero hay quienes se vuelven engreídos de su potencia «espiritual»
y empiezan a querer atraer a la gente hacia sí, y a
establecer pautas de comportamiento para los demás.
Pretenden que los dormidos obedezcan o sigan dócilmente
a los despiertos, por su bien.
Sin embargo, no se ocupan de despertar a los dormidos
y ayudarles a ser soles,
sino que crean un microcosmos de seguidores dependientes
a su alrededor, girando en torno a «su» sol.

En este punto, estos soles dejan de ser lo que son y empiezan
a servirse a sí mismos, porque NO están amando
la libertad de los demás. ¿Y cómo es esto?
Es así porque están buscando influir en los «equivocados».
Quieren tener poder sobre sus mentes, sobre sus acciones,
sobre sus emociones.
Quieren cambiarlos, adoctrinarlos, reformarlos.
Justifican, pues, manipular a los demás psíquicamente
«si es por su bien» o «si es por el bien mayor».

Están olvidando que el sentido de ser *Sol que Ayuda*
es aprender la medida justa, la distancia justa para:

  – Dar calor y luz, pero sin quemar.
  – Ayudar sin incapacitar.

— Enseñar sin someter la mente ajena.
— Dar sin generar eterna dependencia.

Los soles que desean atraer a otros hacia sí y cambiar
las pautas de su vida no son soles, sino tiranos encubiertos de soles.
El verdadero sol se limita a ser.
No espera nada de los demás.
Tan sólo da porque su naturaleza es dar y eso le produce gozo.

Luz, conciencia, ayuda material, medicina de cualquier tipo:
puedes darlos para quedarte con el otro atado a ti,
o puedes darlos sin más, incondicionalmente.
Así es el Sol.

85. La dependencia justa

El bebé precisa de la ayuda de sus padres y depende
de ellos, y esto es natural.
Pero cuando el tiempo transcurre, los padres lo han
de soltar y el hijo ha de independizarse.
La buena educación consiste en ayudar al otro a valerse por sí
mismo, enseñándole a discernir y a relacionarse con
equilibrio consigo mismo y el entorno.

Del mismo modo, los Soles que Ayudan aceptan a veces tomar
en sus manos a los muy necesitados, y asumen su
dependencia inicial, pues es natural.
Pero esto sólo es adecuado si hay un propósito por parte
del necesitado de avanzar hacia la libertad personal y la realización.
Es decir, ha de saberse, ha de decirse que la ayuda es
temporal y sometida a cambios.
Y ha de aceptarse esto.

Sí, tened cuidado de no ser como los soles que crean mundos
para que los adoren, o que retienen consigo ciertos vínculos
más allá del tiempo necesario.
Pero tampoco rechacéis dar a quien no tiene, por miedo
a que os necesite mucho.
Pues, ciertamente, la NECESIDAD es muy grande en muchos,
y para eso están los soles... para dar.

86. Volverse sol

La mirada, la presencia y la irradiación de los Soles
es mucha y muy importante.
Los Soles que conocen esto buscan no influir a la fuerza en los
demás, ni censurar su camino, ni juzgar sus actos.
Y un día se retiran de la vida pública lo suficiente como para no
interferir, ni producir hipnotismos en masa, «magnetizaciones» que
alejarían a los humanos dormidos de su pequeña conciencia.
Pues saben que de ese modo sólo los arrastrarían en pos de un nuevo
sol, un nuevo gurú, una nueva religión, en lugar de volverse soles a su vez.
Pues eso es Despertar.

Los Soles justos permanecen como el sol: visibles, asequibles.
Pero lejanos.
No viven en medio de la gente, en medio de las masas,
deslumbrándolas, anulándolas.
No fomentan cultos de sí mismos, pretendiendo que lo mejor para
los demás es tenerlos ahí, pegados día y noche, siempre.

Comprenden que el niño necesita tener sus experiencias y que el
exceso de «Sol» es como un exceso de presencia de la Autoridad.
Se produciría entonces un cercenamiento de sus inspiraciones
creativas, de sus ocurrencias, de su capacidad de vivir aventuras.
Y eso lo necesita para crecer.
Saben que es demasiado fácil para un humano dormido adorar a lo
que percibe como algo impresionante, mucho mayor y potente que él.
Así que por eso se distancian.

Y algunos, al fin, cuando han crecido mucho, comprenden que su
presencia entre los humanos empieza a ser contraproducente,
y se marchan. Desaparecen de su campo de visión.
Van a otros mundos mayores, más acordes a su nueva intensidad.

Allí continúan su existencia, sin aplastar a los demás a su alrededor
por su simple e impactante presencia, sino al contrario.
En esos mundos ellos son los niños.
Son los recién nacidos. Y aprenden.
Y así está bien.

87. Medicina de Rafael-6. Del Corazón a las manos

Del Corazón de Fuego a las manos humanas,
sin pasar primero por la mente educada, así es la Medicina de Rafael.
Pues es necesaria una medicina que atienda al cuerpo sin estar
influida por una mente programada, tendenciosa.

Es más, es preciso recuperar la Medicina Instintiva, para que
forme parte del Todo medicinal junto a las demás medicinas.
Esto es también Rafael.

Si intentas pensar cómo cada músculo de tu mano tiene que actuar,
antes de moverla, no harás las cosas a tiempo, o no sabrás hacerlas.
Si pretendes controlar el fluir de la sangre en tu mano abierta, antes
de decidirte a dar, te atascarás en la imposibilidad de mover
desde el puro intelecto tu mano.

Tu mano es perfecta tal cual fue creada, y no precisa que sepas todo
acerca de su anatomía, para que ella sepa cómo actuar.
La mano perfecta está unida al cuerpo y actúa en consecuencia.

Puedes aprender muchas cosas acerca de tu mano,
y leer libros de anatomía si quieres.
Pero eso no habrá sido lo que te haya enseñado, siendo un bebé,
a abrirla y a cerrarla para relacionarte.
Ni necesitas saber de anatomía para actuar Dando.
Así es la Medicina de Rafael.

Esto no significa que aprender medicinas de rasgo intelectual,
y otros métodos establecidos y registrados en tradiciones
diversas, sea algo erróneo o ineficaz. No. En absoluto.
Tan sólo hablamos de otro tipo de Medicina.

Del Corazón de Fuego a las manos abiertas para Dar,
ésa es la Medicina de Rafael.
El resultado, a la mente, llega después.
Y como consecuencia de ese Dar, la mente también
se reordena y camina hacia su curación.

El acento de Rafael son manos que Dan al cuerpo del otro
desde un corazón ardiente.
Sin corazón que arde, no hay Rafael que valga.
Sin manos abiertas al Dar, tampoco.

88. Medicina de Rafael-7. Corazón ardiente

Un corazón que arde es un corazón vivo.
Y es un corazón abierto.

Pues donde todo está cerrado, la llama se extingue,
se sofoca, no tiene aire ni espacio.
Y sólo estando abierto un corazón puede Dar.

Abrirse a la Medicina de Rafael es abrirse a desbloquear todo cuanto
impide el arder del propio corazón, el Dar de las propias manos,
y la fluidez del camino que se recorre entre ambos.

Pero una vez que el corazón empieza a arder y está abierto, no puede
ser otra cosa que lo que es el corazón: relación con todo el resto.

Y cuando esta relación se ha activado gracias al corazón abierto,
se inician en cadena el resto de los procesos de purificación
y desbloqueo de los caminos del ser.
Todos. Tanto internos (relación con uno mismo) como externos
(caminos de relación con lo otro).
Tanto de carne densa como de energía sutil.
Pues todo está relacionado.

89. Medicina de Rafael-8. El fuego sabio

Muchos quieren seguir mapas y programas exactos
para la curación de algo o alguien.
Se esfuerzan en guiarse por pautas preconcebidas y en empujar
a la energía aquí y allá, al precio que sea, porque han leído
o aprendido que así había de ser.
Es porque piensan primero lo que debería suceder, y luego
quieren que lo real obedezca a su pensamiento.
Pero ésta no es la Medicina de Rafael.

La Medicina de Rafael es casi instintiva.
La Medicina de Rafael es como el Fuego Vivo que busca
los resquicios por los cuales pasar de manera que ayude a un ser,
sin causar estropicios, del mejor modo posible.
Y, una vez dentro, el Fuego purifica, limpia, actúa.

A la larga, el cuerpo resplandece.
Al Fuego Vivo no le importan tanto las rutas seguidas como
que la liberación se produzca, y lo haga bien.
Si el Fuego puede entrar por la puerta de atrás, pero no por la de
delante, entrará así, sin violar ninguna traba ni forzar nada.
Y si no puede entrar, no entrará. Esperará a poder hacerlo.
Luego, cuando esté dentro, consumirá las inmundicias antiguas
y acabará desbloqueándolo todo.
Pero a su tiempo.

La Medicina de Rafael no «pre-piensa», no pretende, no fuerza.
La Medicina de Rafael actúa desde el Todo, desde la relación,
y por eso SIEMPRE encuentra LA MANERA, EL CAMINO.

Y conoce los tiempos.
Por eso se produce en el momento más adecuado.
Ni antes, ni después.

90. Medicina de Rafael-9. Confianza

Rafael conoce todos los caminos.

Eso no significa que esos caminos ya estén escritos en alguna parte, y que Aquello que es Rafael los haya estudiado concienzudamente, aprendiéndolos de memoria, para luego andar por ellos sin torcerse ni un ápice de lo marcado.

Significa que Rafael es uno, en cada momento,
con el pálpito de lo que fluye.
No necesita memorizar... ¡o no tanto!
Se entrega al fluir vivo de Aquello que es más que él y más que las partes, *el Todo, lo Uno.*

Y... ¿cómo no va a saber el Todo cómo ayudar a algo?
¡El Todo es el Todo!
En el Todo está todo, incluso todas las respuestas,
los remedios, los planos, las rutas.

No hay ningún problema, pues.
Todo irá llegando. Se irá haciendo. Habrá maneras.
Y no importa que no coincidan los caminos con
los esquemas de los libros.

Por lo tanto, la Medicina de Rafael es CONFIANZA.

91. Dar fuego

Hablamos de corazones que arden y dan.
Diréis: «Dar ¿el qué?».

El Fuego del Amor Vivo.
Pero este Fuego no viene del corazón, aunque pase
por él y permanezca en él.
Viene de más allá de él.

Si el Fuego procediera del corazón, al darlo se acabaría.

Cuando das fuego a otro ser encendiendo su ramita
con el fuego de tu hoguera, no pierdes «tu» fuego.
Eso es porque el fuego no es tuyo, sólo lo cuidas
para que pueda estar ahí.

¡Ni siquiera el sol es dueño de su fuego!

92. El fuego, comunicador de mundos

El fuego no está solamente donde lo ves.
El fuego está en diferentes partes a la vez.
Por eso parece que parpadea.
Éste es su secreto.

Por eso no se extingue al darse, sino que incluso crece.

Por eso, porque el fuego es capaz de estar en diferentes
partes a la vez, comunica muchos mundos.
Y si esto es así con el fuego físico, ¡cuánto más con el Fuego
intangible y vivo, Aquel que en toda vida está presente!

Hay Fuego Vivo del aire,
Fuego Vivo del agua,
Fuego Vivo de la tierra,
Fuego Vivo del fuego... y más.

De ESE Fuego os hablamos.
De ahí procedemos nosotros, los ángeles.
De la dimensión intermedia del Fuego Vivo.

Y decimos «intermedia» porque está entre vosotros y ello.
Somos sus mediadores para vosotros.
Si nos aceptáis.

93. Hacerse imágenes

Hay muchos otros seres de fuego. ¡No somos los únicos!

También muchos humanos han llamado ángeles a otra clase
de realidades, sólo porque han sentido ciertas presencias, las han
juzgado como «bonitas y luminosas», y tienen esa idea de nosotros.

En realidad, el ángel es más abstracto que las imágenes
que el humano se hace de nosotros.
Y más inasible.
Pero el ser humano busca la poesía adecuada para
cada momento de su existencia.
Y cuando es niño prefiere lo comprensible, lo familiar.
Es lo natural.

Si hoy os hablamos de esto, es porque cuando va llegando
el Fuego Vivo a vosotros, se van deshaciendo las poesías antiguas,
y florecen otras diferentes.
Y cuando esto pasa, cuando las imágenes familiares se diluyen,
consumidas por el Fuego,
y la energía presente os empieza a parecer desconocida,
puede surgir el miedo.

Pero el miedo distorsiona vuestra percepción y
produce malas interpretaciones de lo real.
Entonces, si el miedo está presente, la ceguera empieza.
O, por lo menos, la visión deformada.

94. No temáis

El miedo no ayuda a vivir.
Estar verdaderamente vivo implica cambiar cíclicamente,
y el miedo aborrece el verdadero cambio.
Prefiere imitarlo, pintando las apariencias de algo diferente
pero cuidando mucho de que todo siga como está.

Por eso, cuando nos hacemos presentes trayendo el Fuego Vivo,
intentamos una aparente paradoja: acercarnos más a quien nos
necesita... ¡y al mismo tiempo no aterrarlo!
El Fuego que traemos provoca la incineración de lo antiguo, y surge
el pavor porque se presiente el cambio profundo, la disolución
de lo «de siempre», la desaparición de las fijaciones.
Parece que uno se sale de sí, que se pierde... y entonces
surge el miedo.

Por eso nuestras «apariciones» suelen venir acompañadas
de una eterna frase: «No tengáis miedo».
No serviría de nada nuestra visita si el miedo lo
distorsionara todo. Sería contraproducente.

95. Escuchar y traducir

Cuando decimos: «No tengáis miedo», no significa que
os demos una orden, un mandato.
Tampoco que hablemos literalmente con palabras humanas.
Significa que el ser humano está captando de nosotros
esa intención, no dar miedo, sino ayudar,
y lo traduce internamente con esa frase: «No temas».

Las palabras con las que las personas nos oyen, como por ejemplo
estas que leéis aquí, no son más que traducciones internas.
Es necesario así para hacer mínimamente comprensible algo que
ni es humano ni está codificado según lo que conocéis.

Como sucede con todas las traducciones, a veces éstas son inexactas.
Pero son aproximaciones.
Y estas aproximaciones reducen vuestro miedo.

El traductor sólo es un mediador, que ayuda a
aproximar mundos distintos.
Luego, cada mundo establece su propio contacto
a su manera, si lo desea.
Con palabras... o sin ellas.
¡Oír palabras no es tan importante!

Importa que las barreras del corazón debidas al miedo
se vayan diluyendo.
E importa porque sólo así vuestro corazón vivirá de nuevo.

96. El miedo

Lo que importa es que el miedo se diluya, porque si
pedís sanar, estáis pidiendo cambiar.
Si pedís saber, estáis pidiendo cambiar.
Si pedís ser conscientes, estáis pidiendo cambiar.
Pedís infinidad de cosas que implican un cambio interno importante.

El Fuego Vivo es esto, hace esto: purifica, renueva,
hace posible el cambio.
Somos parte de los seres que traen el Fuego Vivo al
cuerpo humano de la Creación.
El Cuerpo Angélico de la Creación es el eslabón inmediato
entre el ser humano y el Fuego Vivo.

Por lo tanto, no es que vengamos porque
pretendamos que nos necesitáis.
Venimos porque vuestro anhelo lo pide.
Pedís el Fuego sin saberlo.
Entonces, si tenéis miedo del Fuego cuando éste
se presenta, todo se hace difícil.

El miedo crea murallas.
El miedo paraliza el fluir natural de vuestros centros de energía.
O, por el contrario, lo dispara sin discernimiento.
El miedo os hace vulnerables, porque ese desequilibrio de vuestra
circulación genera rigidez y puntos débiles. Ahí se pueden producir
brechas, escisiones y fragmentaciones del ser.
Y distorsiones.
Y autoengaños... que pueden llevaros a ser engañados.
Todo por el miedo.

Pues no hay sino un solo miedo en origen y en esencia:
el miedo al cambio, el miedo a la muerte.

97. El engaño del miedo

El miedo es algo diferente que estar alerta, o atento.
Estar atento o vigilante no es tener miedo.
Es ser consciente.

La conciencia siempre os ayuda.
El miedo, en cambio, suele venir mezclado con espejismos,
o con programaciones debidas a traumas antiguos.
El perro apaleado se encoge y huye ante un hombre que alza
la mano para acariciarlo, porque cree que va a pegarle.
Así es el miedo.

Un animal que se salva de un peligro no lo hace porque reaccione
equivocadamente ante estímulos mal interpretados, sino
al contrario: porque percibe con nitidez LO QUE ES.
De otro modo, ha gastado energías en actos sin sentido.

Un animal que se pasa la vida huyendo de las manos que dan,
sólo porque alguien le pegó hace tiempo, no es un animal listo,
aunque se mantenga a salvo de todo.
Pues también se mantiene «a salvo» del cariño, de los regalos,
de la comida y de la medicina que le darían, si se dejara tocar.
Este animal resabiado se enfoca tanto en mantenerse a salvo
que muere sin haber disfrutado de muchas cosas.

A veces muere orgulloso por haber aprendido muy bien la lección
del «no te fíes de nadie nunca jamás», que lo ha mantenido
alejado de los problemas.
Es orgullo por vivir miserablemente.
Así actúan muchas personas.

En definitiva, el miedo impide ver lo real, impide ser objetivo.
Es tendencioso y acentúa extremadamente la visión de un solo
lado de las posibilidades que tenéis delante.

También es un paralizante de vuestros potenciales internos.
Temeréis sacarlos a la luz o desarrollarlos, «no vaya a ser que...»

98. Beneficiarios del miedo

El miedo sólo beneficia a los que medran gracias a la parálisis
o contención ajena, a los que ganan con las alucinaciones que otros
sufren por el miedo, con sus consiguientes errores e ignorancia,
y a los que prefieren vivir según inercias y reacciones ciegas,
sin manejar ninguna complejidad, a poder ser.

Para estos últimos, el miedo es como un seguro interno que les
impedirá meterse en líos, y les ayudará a permanecer en el
estado de permanente «no alteración» elegido.
Donde nada se mueve, no hay peligro, pero tampoco hay
que pensar, ni ver, ni saber, ni sentir.

99. El miedo y la pereza

Por eso, el miedo es un aliado de la pereza.
No porque la ayude a ser, sino porque le da argumentos
para justificarse bajo un formato de prudencia.
Pues la pereza es vanidosa y no le gusta mostrarse desnuda,
sino vestida de importancia.

Dice la pereza: «Mirad qué prudente soy»,
«Mirad cómo me libré de problemas, porque no quise
intervenir, intuyendo que sería difícil tener éxito».

Y enseñará a otros esto: «No hagas nada,
no intervengas en nada,
no actúes, no des, no te mojes.
Lo sabio es mirar, ver, sentir... sin hacer nada,
permaneciendo al margen».

Y en lugar de mostrar sus verdaderas razones (pereza ante
el trabajo que hay que realizar),
se aliará con el miedo disfrazado de prudencia, que dice:
«¡Cuidado, eso que vas a hacer tiene riesgos importantes!».

De ahí al disfraz de Gran Sabiduría hay un paso.
Es muy fácil deducir que, puesto que nada hay seguro en los
resultados de las acciones propias, lo sabio es no hacer nada,
no implicarse en nada, mantenerse al margen.

Pero eso NO es relacionarse.
¡Ved ahí, al Gran Sabio aislado!

¿De verdad tal cosa es posible...?
¿Sabiduría entre parapetos?
¿Conocimiento en un corazón cerrado?

¡Oh, mentiroso miedo!
¡Oh, vanidosa pereza!
¡Y está vuestro mundo lleno de esto...!

100. El desalojo del miedo

Si elegís desarrollaros, conocer, relacionaros,
el miedo no os beneficia.
Ni mucho menos el miedo al Fuego Vivo.

Sin embargo, ese miedo está muy metido en vuestro interior.
El miedo os habita.

Con el tiempo, ha de irse diluyendo.
No es sencillo, pero sí es posible.
Basta con quererlo, poner atención y perseverar en ello.

Se diluye el miedo iluminándolo con la conciencia.
Pon tu ojo lúcido sobre aquello que temes y observa.
Siente aquello que temes, y date cuenta.
Esto lleva su tiempo.
Pero, al fin, todo llega.

A medida que vuestro miedo disminuye, os llega más Fuego Vivo
porque teméis menos al cambio y lo recibís mejor.
Entonces el mismo Fuego os purifica y saca a la luz lo muerto,
lo viejo y los antiguos venenos, ¡miedo incluido!
Así que el proceso se retroalimenta: cuanto más Fuego,
menos miedo. Cuanto menos miedo, más Fuego...

Así llegará el día en el que, sencillamente, se terminará vuestro
espacio físico interno para el miedo.
Habrá ido creciendo tanto vuestro Fuego, vuestro Ser en el cuerpo,
que el miedo, como un *okupa* cuya guarida ha sido vaciada, limpiada
y de nuevo habitada por el dueño, no tiene más remedio que irse.

Entonces seréis libres.

101. Medicina de Rafael-10. Acompañamiento

Rafael es Medicina porque Rafael acompaña.
¿Qué significa esto?

Que permanece siempre con vosotros cada vez que iniciáis, voluntariamente, el camino hacia vuestra curación, sea éste cual sea.

Significa que Aquello que es Rafael está permanentemente a vuestro lado, supervisando vuestro camino, guiando vuestra sanación, si acaso queréis aceptarlo como compañero.

Pero escuchad, no os hablamos de un compañero individual, personal, exclusivo ni humanizado.
Estamos hablándoos de otra cosa.
Estamos hablándoos de aceptar la compañía de Dios, que, para hacerse cercana, utiliza una extensión de su cuerpo a la que podemos llamar Rafael.

Esto os puede resultar demasiado abstracto.
O demasiado despersonalizado.
Pero así es.
Todos somos cuerpo de Dios.

También vosotros podéis serlo para vuestros hermanos, si aceptáis reuniros con Dios.
Entonces, seréis «como» Rafael: acompañantes en los viajes de curación personal de cada ser,
guías en los caminos iniciáticos en los cuales,
por encima de todo,
se cura el ALMA.

Pero también el cuerpo.

102. Medicina de Rafael-11. Compañía o desolación

Sin compañía no hay más que desolación en el largo camino
de infortunio que se os antoja el proceso curativo.
Pues el proceso curativo real
os arroja a afrontar la enfermedad,
en un cara a cara a veces brutal.

No es imposible curarse así, sintiéndose solo,
pero uno únicamente se cura un poco.
Para curarse del todo hay que saberse acompañado.

No importa por quién, si la compañía existe y se siente.
Importa que la compañía sea
lo que debe ser: COLUMNA DE APOYO.
Pues el enfermo que transita en
su búsqueda de salud está fatigado,
y padece de un sinnúmero de agobios, miedos y
penurias internas y externas.

Es preciso apoyarle.
¿Entendéis?
No basta con ver, escuchar y tocar a alguien.
Hay que acompañarle.

ACOMPAÑARLE, ACOMPAÑARLE, ACOMPAÑARLE.

¿Está claro?
¿Sí?

Entonces, ¿no es obvio lo que hay que hacer?
Constituid grupos de apoyo, de compañía para el enfermo...
¡si es que tenéis VALOR para ello!

Pues acompañar al que transita por la enfermedad es delicado.
No siempre es fácil.
Ni agradable.

Buenas palabras y bellos gestos están bien,
pero sostener al sucio, al que vomita, al que apesta
o hace locuras no es tan bonito.
Tanto en lo sutil como en lo denso,
tanto en lo etéreo como en lo materialmente palpable,
la porquería, la enfermedad y el mal existen.

Entonces, lo primero que hay que hacer para poder
acompañar a alguien es APRENDER.
¿A qué?

A no tener miedo.

103. Medicina de Rafael-12. Compañía infatigable

Pero tal vez muchos de vosotros no tengáis la dicha de ser
acompañados por otros hermanos humanos.
Para algunos, es demasiado tarde o demasiado pronto para eso,
o vivís en contextos difíciles y realmente desolados, como desiertos,
lugares donde no hay corazones abiertos para acoger.

Entonces, sabed que a pesar de esto Aquello que es Uno
os acompaña.
Rafael es esto: emisario divino acompañante en
el proceso hacia la salud.
Es el compañero infatigable que permanece junto a vosotros,
desde el día en que iniciáis vuestro trayecto
hasta su fin.

Y no se irá hasta que todo se haya completado
y cada cosa esté en su lugar,
en el lugar que la salud exige,
el lugar del Bien.

104. Medicina de Rafael-13. Bien y mal

Hablamos de «Bien», y os diréis:
«¿No nos han dicho que no era posible separar de modo tajante
el bien del mal? ¿No nos han hablado acerca del fin
de la mente dual, cuya perspectiva es excesivamente pequeña?».

Os respondemos:
Existen un bien y un mal relativos, un bien y un mal
adecuados o correspondientes para cada cosa, para cada ser,
para cada momento y para cada estado.
Y para el ser humano que quiere estar saludable,
el bien es salud.

Pero... ¿qué es la salud?
Éste es el quid del asunto,
éste es el Misterio.

105. Medicina de Rafael-14. Salud

Salud es correspondencia.
¿Entre qué y qué?

Entre vuestra alma y vuestro cuerpo, entre vuestra esencia
y vuestros actos, entre vuestra intención y vuestros logros,
entre vuestra vocación verdadera y vuestra vida.

Por eso, para algunos, y en determinados momentos,
es un «bien» padecer trastornos de salud, pues les indican
algo que necesitan saber,
o porque significan un proceso de limpieza,
o porque implican andar un camino que quieren recorrer.

Para otros, vivir quebrantos en la salud es un mal.
Depende.

106. Medicina de Rafael-15. ¿Depende?

Preguntaréis:
«Pero ¿cómo pueden la salud y el bien ser algo relativo?
¿Cómo podéis decir que "dependen"? ¿De qué?».

Respondemos:
Os lo hemos dicho: en última instancia todo depende del alma,
de la esencia, de vuestra chispa interna, y de lo que cada
vivencia implique y signifique en vuestra vida.

Por lo tanto, también depende de cómo viváis cada situación,
y del sentido que le deis.
Podéis transformar el peor mal en un bien. Así es.

Sin embargo, el mal seguirá siendo «mal» en cierto sentido.
Lo que sucederá es que, en otro nivel, lo habréis convertido en bien.

De ahí que digamos que la salud y el bien «dependen».
Para algunos, una enfermedad es un acto autodestructivo
y sin esperanza.
Para otros, es un ejercicio de posibilidad para
rectificar males antiguos.
Y para otros, hasta es un bien buscado, porque quieren
acabar cuanto antes con ciertos patrones que ya no les
son adecuados. Y se purgan. Y esto se vive como enfermedad.

La salud, entendida como correspondencia y acuerdo
entre cuerpo y alma, siempre será «un bien».
Que sea aprovechada o utilizada como remedio para
un «mal» es una cosa,
pero esto no significa que la enfermedad
sea «un bien» en sí misma.

¿Entendéis?

107. Medicina de Rafael-16. Acompañar sin predicar

Entonces, los Acompañantes al modo de Rafael,
aquellos que son «como» Rafael en la Tierra,
rostros, manos y corazones de Dios para acompañar
y apoyar a sus hermanos,
han de saber todo esto.

Han de saber que para cada persona la enfermedad
tiene un sentido diferente,
y que cada persona vive de manera distinta los trastornos de la salud.
Y han de respetar cada elección humana.

No han de acompañar para forzar en una dirección, ni para adoctrinar, ni para transformar al otro en un prosélito de cualquier religión.
Han de acompañar porque desean acompañar como Dios.
Es decir, sin prejuzgar o mal juzgar.

AMANDO la libertad ajena,
amándola sin límites,
hasta tal punto que uno sea capaz de acompañar
al que acepta dejarse morir,
porque está tan cansado...
...o porque lo mata la nostalgia del hogar...
...o porque...
...¿qué?

¿Acaso vais a juzgar las razones de otro para no curarse?
¿Sois más que Dios?

Lo que Dios permite que cada persona elija en su corazón
no lo intentéis torcer vosotros por creeros superiores
a vuestro hermano. O a Dios.
Acompañadle.

108. Medicina de Rafael-17. Dar a quien pide

Muchos dirán ahora:
«Pero ¿no es lícito intentar convencer a otro de que hay muchas
razones para curarse o para seguir viviendo? ¿Acaso no es
bueno ayudar al desesperado, y hacerle salir de su depresión?».

Respondemos:
Sí, es bueno ayudar al que carece de esperanza y al que
está hundido en su depresión, pero SÓLO si él lo acepta.
¿Entendéis?

En general, el enfermo anhela curación y el desesperado esperanza,
tanto como el sediento anhela el agua limpia y fresca.
Pero os encontraréis casos en los que no es así.
Entonces, si rechazan vuestra agua, no se la impongáis.

No sólo por respeto a su libertad, sino porque además les estaréis
provocando un «mal», pues el esfuerzo que harán para vomitar
vuestra «agua», esa energía curativa que no querían recibir,
les resulta algo molesto y agotador, intrusivo.

Seres que aceptáis llevar el Agua de la Salud a los sedientos: Daos
sólo a quienes os busquen, o a los que, encontrándoos
sin haberos buscado, os acepten como acompañantes.
No hay más que decir acerca de esto.

109. Medicina de Rafael-18. Tres sombras

Muchos llaman Amor a emociones diversas o a sentimientos
románticos que proceden de percepciones subjetivas,
parciales y caprichosas.
Esto dificulta el conocimiento del Amor, porque se está esperando
sentir eso que uno cree que es el Amor.

El Amor está ahí, pero uno piensa que no está.
O que debería ser distinto.
Entonces se inquieta porque no siente la emoción del
enamoramiento... ni tampoco la lástima o la pena que se supone
que debería sentir si uno mismo fuera alguien «espiritual» y «bueno».

Todo esto obstruye la relación con el Todo.
Y, por lo tanto, dificulta la conexión con Aquello que es Rafael.

Como la Medicina de Rafael va del corazón a las manos,
muchos interpretan mal las cosas, pues malinterpretan
lo que es el acto desde el corazón.
Estas personas viven distorsiones con esto y sufren, o nadan
en perpetuos dilemas internos.
Esto es porque, por «corazón», interpretan el sentimiento parcial,
romántico, o de pena por los seres que están en apuros.
Y por manos que dan y sanan, interpretan manos que evitan
al otro todas sus dificultades (o lo intentan).

Los «hijos» de Rafael que viven estas distorsiones quisieran
borrar de la faz de la Tierra, de un plumazo, todo dolor,
toda dificultad, toda enfermedad.
Llegarían a quitar todas las piedras del suelo, repasándolo milímetro
a milímetro, para que nadie pudiera tropezar con ellas.

Y arrancarían todas las malas hierbas del mundo para que
nadie se enredara nunca, ni se pinchara, ni se envenenara.
Claro que luego se encontrarían con un problema: y es que
al principio molestan unas cosas, luego otras... y al final
todo puede llegar a ser sospechoso.

Así, muchos viven en el desasosiego, porque sienten
que hay demasiado dolor, demasiada enfermedad y
demasiadas cosas que hacen daño a la gente.
Su atención quiere dirigirse hacia todas esas cosas e
intenta deshacerlas, luchar contra ellas, quitarlas del medio
para que nadie sufra, nunca más, por nada.

Así, su energía se dispersa por todas partes y se fragmentan miles
de veces, intentando abarcar y sacar adelante todas las cruzadas
personales en las que se embarcan para luchar contra la
enfermedad y el dolor ajenos.
Mantienen batallas en muchos puntos y permanecen así,
enzarzados, atrapados en diferentes frentes.

Mientras tanto, otros aspectos de su ser sufren de inanición
porque se quedan apartados, al margen, desatendidos.
Y otros aspectos no pueden soportar semejante encono
contra lo que a veces incluso ¡parece que enseña!

Entonces... ¿cómo discernir?
Muchos intentan juzgar con claridad dónde está lo bueno
y dónde lo malo, y se hunden en la perplejidad,
en las dudas y en el caos interior.
Sufren enormemente porque parece imposible desterrar lo sucio,
lo enfermo, lo deteriorado de su vida o las vidas ajenas.
Este mundo se les antoja un caso de enfermedad sin remedio,
un infierno sin solución.

Una de las sombras de Rafael es la DISPERSIÓN.

La otra, la angustia o ansia por separar tajantemente lo blanco
de negro, lo válido de lo inválido, lo bueno de lo malo,
lo puro de lo impuro, lo sano de lo enfermo.

Y otra, aún, la pena o FALSA COMPASIÓN.

110. Miguel y Rafael unidos-1. Justicia y compasión

La falsa compasión es un parapeto que impide
el paso de la curación real.
Muchos de los «de Rafael» están heridos a causa de esto
y viven continuos dilemas internos.
Compadecerse o no compadecerse, ésa es su cuestión.

Os hablamos con símbolos, os hablamos con ejemplos:
imaginad que encontráis un mendigo que os pide dinero,
y, sintiendo lástima de él, le dais algo.
Podría suceder que el mendigo os estuviera mintiendo,
que fuera un profesional del engaño
pero, utilizando la pena que os ha suscitado,
os ha manipulado como ha querido.
¿Es esto la verdadera compasión? Os decimos: no.

Imaginad que tenéis un vecino o un amigo que se queja, pero que no
os parece que tenga motivos para hacerlo. Viendo su vida aparente,
opináis que se queja de vicio, o lo juzgáis diciendo que no hizo lo
suficiente para salir de sus apuros, que actuó mal en esto o aquello,
que tiene su merecido porque fue mala persona o que se encuentra
en la miseria por vago o por caradura.
Y no le ayudáis.
Cerráis vuestros oídos cuando le oís quejarse, e, incluso, empieza
a molestaros su presencia porque sus quejas continuas
os cuestionan por dentro, os incomodan.
Y lo esquiváis.

A lo mejor vuestro vecino realmente vive una profunda necesidad y
no supo hacer las cosas mejor, ni pudo. Pero no os parece un
«pobre», no os parece desgraciado, porque no lo veis bajo un puente,

o viviendo en un país en guerra, y pasáis de largo. No le ayudáis.
¿Es esto la verdadera compasión? Tampoco.

Ambos casos planteados ¿qué tienen en común?
Que hablamos de personas que han sido juzgadas por otro humano,
en un tendencioso y parcial juicio. No hablamos del verdadero
Juicio, de la Justicia que procede de la mirada objetiva y limpia,
sin programaciones ni preferencias.

No podréis ayudar verdaderamente mientras juzguéis así al otro.
Ni sabréis, tampoco, lo que es la COMPASIÓN VERDADERA.
Pues vuestra compasión depende de vuestro juicio, y vuestro juicio
no es tal sino prejuicios, sentencias, dogmas, preferencias.

Donde no hay verdadero Juicio, la compasión verdadera
NO PUEDE manifestarse.
Miguel y Rafael SIEMPRE van de la mano.

111. Miguel y Rafael unidos-2. Humildad y coraje

Las apariencias os engañan porque tenéis creencias previas.
Vuestra mirada hacia el otro está llena de lo que, antes
de que él hable, ya opináis de su existencia.
Sois mal juzgadores constantes, sentenciáis sin cesar y
lo hacéis desde la ceguera, la mirada sucia o la ignorancia.

Así, hagáis lo que hagáis, os es difícil acertar, actuar según lo real.
Vivís en vuestra imaginación de lo que es, esquivando lo que ES.
Por eso hay tanta frustración, desesperación y necesidad en el mundo.

Y por eso, para actuar como Hijos de Rafael hacia vuestros hermanos, debéis pasar primero por un proceso sanador interno personal.
Éste consiste en una PURGA que ha de limpiar vuestros ojos,
para que por fin podáis ver el mundo tal y como es.

Pero abrirse a esta limpieza interna requiere estar dispuesto a
despojarse de muchas creencias, opiniones y preferencias previas.
Esto implica reconocer la propia ignorancia y, además, estar
dispuesto a pasar temporadas sin «saber», navegando entre
la confusión y las dudas naturales que surgen cuando
todos los esquemas antiguos se resquebrajan.

Por lo tanto, la Medicina de Rafael sólo la podrán manifestar en el
mundo los HUMILDES, dispuestos a desnudarse de todo cuanto creían
saber, y los VALIENTES, los que se disponen a cruzar las ordalías que
supone descubrir cuánto no se sabía...

Sirve lo mismo para la Medicina de Miguel: sin humildad y sin
coraje, nadie puede manifestar la Justicia verdadera en el mundo.

Rafael y Miguel se dan la mano y se unen
en todo proceso de curación.
Amadlos y seréis amados por ellos.
Es decir, amad la justicia, amad la compasión, y habitarán en vosotros.

112. Medicina de Rafael-19. Aislamiento

Medio mundo necesita al otro medio, pero ninguno se ve de verdad.
Uno se imagina al otro, y viceversa.

El que da no sabe lo que da, o da con error y no acierta.
El que no da siembra angustia y desesperanza a su paso.
El que recibe no siempre recibe con acierto,
ni sabe vivir eso como lo que es.
Todo es desajuste... porque casi nadie VE lo real.
Todos se juzgan.

Apenas hay compasión verdadera en el Mundo.
Un ser realmente compasivo es un milagro.
La falsa compasión lo impregna casi todo, o surge
la cerrazón, el ser despiadado,
pues no hay término medio en la mayoría,
vivís en la dualidad extremista.
O sentís pena, o sentís rechazo.

Así, muchos concluyen que, puesto que es difícil discernir
y realizar una ayuda correcta,
es mejor no dar... nunca. Y aislarse.
Y hacen de esto su orgullo, su bandera, e incluso enseñan a otros
sobre lo muy necesario que es no tener nunca compasión
ni sentimientos por el sufrimiento ajeno.
Pero éstos yerran.

113. Medicina de Rafael-20. La pena

El que vive la verdadera compasión siente lo que ES en verdad.
No se deja manipular por engaños ajenos, porque no tiene reparos
en ver todas las caras de la verdad, incluso las desagradables,
o las que no le otorgan un rol de «salvador» ni de ser superior
respecto al otro. Pues esto es una tentación: ayudar para
sentirse «mejor que el otro»...

El que vive la falsa compasión se engañará muchas veces.
Le pedirán con mentiras y será manipulado, y,
sintiendo pena, se lo creerá, y dará.
Luego, se desengañará y se sentirá estafado, y, disgustado,
se cerrará a dar más...

Compasión es «sentir con el otro».
Y, por lo tanto, es sentir la verdad de lo que él siente,
no su engaño o impostura.
Insistimos: la compasión auténtica NO es sentir PENA.
La pena siempre es un engaño o autoengaño,
hija de una visión parcial.

Nosotros no sentimos pena de nadie.
Precisamente por eso podemos ayudar.
En cuanto alguien siente pena por otro, ya no está sintiendo
lo real con objetividad, pues no hay ningún ser digno
de lástima en su esencia,
aunque sí hay muchos seres que sufren, y mucho. Eso sí es real.

Pero estáis acostumbrados a ayudar sólo si la lástima os zarandea.
La verdadera ayuda no es esto.
La verdadera compasión no parte de emociones zarandeadas
y de sentimientos subjetivos
sino de ver/sentir/saber LO QUE ES.

114. Medicina de Rafael-21. Proyecciones lastimosas

¿Cómo puedes ayudar al otro si sólo ves un lado
de su realidad, y te da pena?
La pena que por él sientes te influirá en una dirección limitada.
No serás capaz de ver otros aspectos de su ser, otras posibilidades.
La pena, como una venda en tus ojos, te dirá
que el otro es un ser «pobre»,
y tu mirada, ESO IRRADIARÁ hacia él.

Entonces, de ti no recibirá más que conmiseración
disfrazada de consuelo,
pero se sentirá desgraciado por dentro, aunque sea
consolado aparentemente,
porque le llegará de ti tu pobre juicio, tu etiqueta
de que es digno de lástima.

Revestís al necesitado con etiquetas de «pobre y desgraciado»,
y esa energía proyectada les cae encima.
Muchos luego la asumen y la viven,
hundiéndose más por dentro,
perpetuando inconscientemente el papel de perdedores.

Otros se rebelan ante esto,
rechazando luego por orgullo y amor propio cualquier ayuda ajena.
Pero esto tampoco es realista ni les beneficia,
pues quien tiene necesidad la tiene,
y el orgullo y la separación del resto tampoco son la solución.

¿Quién puede Dar?
Aquel que no siente lástima,
aquel que es capaz de mirar al otro y,

sintiendo su sufrimiento, su enfermedad o su pobreza verdaderas,
ve también su REALEZA, su grandeza y sus potenciales.
Es decir, aquel que lo ve TODO.

Ése, el de ojos limpios y sentimientos reales,
es el verdaderamente compasivo.
Ése es el que siente con el Otro,
el que siente al Otro
y SABE.

Y como sabe, se abre al don de lo Mayor,
y es capaz de canalizar hacia la persona necesitada
aquello que le ayude mejor,
porque en su mente ya no hay etiquetas
ni prejuicios, ni lástimas, ni penas, ni sentencias.

Los de Rafael no os tenemos pena.
Y los otros que verdaderamente os ayudan, tampoco.
Nosotros vemos en vosotros todo lo posible,
todo lo que fue y todo lo que es.

Por eso estamos abiertos a cualquier camino,
a cualquier gesto,
y no irradiamos hacia vosotros una mirada de condescendencia
que os marque como eternas víctimas.

Si os miráramos diciendo: «¡Pobrecitos!», nunca levantaríais cabeza.
Tal es el poder de la mirada que irradia,
tal es el poder de la contundencia
de una sentencia emitida desde un colectivo hacia otro.

Pero así actuáis muchos, diciendo: «Pobres»,
hacia medio mundo que sufre.
No los ayudáis así.
Ved mas bien TODO LO QUE SON.
Mejor sentid lo que verdaderamente hay.

115. Medicina de Rafael-22. Chascos

Si queréis ayudar de verdad, entrad en lo real.
Abríos a cambiar vuestros esquemas de ver, sentir y saber.
Habrá quien quiera cambiar, y ser ayudado.
Habrá quien no quiera.
Y habrá hasta quien os engañe porque incluso se engaña a sí mismo,
diciendo que quiere ayuda, cuando no la quiere de verdad.
Ése, al que ayuda, a escondidas lo sabotea.

Sed prudentes.
Buscad la verdad no aparente, mirad con ojos limpios
al otro ser humano que os pide ayuda.
Quien cree de antemano que ya sabe no está oyendo
ni viendo lo que verdaderamente hay.
Por eso os lleváis tantos chascos.
La realidad que se os ha escapado, al final,
en la superficie se manifiesta y os golpea.

116. Medicina de Rafael-23. Sembradores de angustia

Ante este panorama algunas personas hacen del escepticismo
y de la cerrazón personal su meta y su «virtud».
Se envanecen de no dejarse manipular por nadie.
Desengañadas ante la dificultad de ayudar, cierran
todas sus puertas al Dar.
Guardan su corazón bajo cerrojos, no los vaya a
traicionar sintiendo pena.
Son como alguien que se enorgullece de no haber tenido
nunca problemas, porque ni siquiera salió a la calle.
Su sabiduría es ficticia, incompleta.

El que no da nunca por orgullo y cerrazón se siente
por encima de los problemas del mundo,
o dice que no le atañen, que no son su problema.
Así, se cierra a lo real igualmente, porque pierde la
visión de una parte de lo que es,
pues no quiere ver lo que sufre.
Sólo ve lo que le interesa.

Ése es ciego o tuerto que ve a medias, pero cree que ve bien.
Pasa de largo ante los que le piden,
no sólo cerrándose a la oportunidad de saber,
sino también dejando a su paso un rastro de seres desolados.

Así, de igual modo que existen los sembradores de consuelo y ayuda,
existen los que siembran más dolor, más desesperanza, más
sufrimiento, porque con sus actos lo que manifiestan es que no
existe aprecio en este mundo para los que pasan dificultades.

117. Medicina de Rafael-24. Eslabones rotos

Verdaderamente, los que sufren MOLESTAN a la mayoría.
O, por lo menos, resulta molesto su sufrimiento,
su enfermedad, su dolor.
Por eso son sistemáticamente rechazados en tantos
corazones que permanecen cerrados,
o que se abren sólo a los brillantes seres cuya
presencia nunca incomoda.

También sucede así en la llamada «vida mística» de muchos: eligen
sentir y buscar sólo a los luminosos y apacibles seres, codearse
únicamente con los puros y alegres, con lo saludable y «elevado»...
Muchos empezaron sintiendo a los enfermos, a los depravados,
a los «muertos», a los desesperados.
Luego, se tomaron su proceso espiritual como si fuera una carrera
en la que tuvieran que ir ocupando posiciones de poder ascendente,
o logrando mayores y mejores influencias.
Con rechazo y hasta con asco, se esforzaron en desprenderse de
todo SENTIMIENTO hacia lo sucio y enfermo, y se cerraron
a percibirlo más, o a prestarle atención.
Llegaron a enseñar a otros a mirar sólo hacia la luz, sólo hacia lo
agradable y bello, y dijeron: «Ésa es la vía hacia la salvación».

Así, llegaron hasta algo relativamente «alto», que, sin embargo,
ya estaba desconectado o SEPARADO de lo más bajo.
Con lo cual no es lo Alto, pues *lo Alto de Dios es
inseparable de lo Bajo.*

Éste no es el verdadero misticismo.
Tampoco es «ascender»,
ni unirse a la Divinidad,

pues lo Uno mora en todo y en todas partes, y no puede
vivir con plenitud en el corazón de quien rechaza al
rostro feo y sucio de la Creación,
pues, orgulloso de sus «avances» espirituales,
o temeroso de perderlos por haber mirado hacia
la enfermedad, le da la espalda.

Así, quien hubiera podido ser la mano tendida
de Dios hacia el caído,
un eslabón humano entre Abismo y Altísimo,
se ha convertido en un ser volátil que, al huir de
una incómoda parte de la Creación,
ha rechazado, sin saberlo, a LA UNIDAD.

Éste no puede sanar nada.
Para la Medicina, es un ser inútil, porque fuera de
la Unidad no existe verdadera Medicina.

118. Medicina de Rafael-25. Nacimiento a la medicina

Os hemos dicho que la verdadera Ayuda parte de ver/sentir todo lo
que el otro es, y no de la pena o falsa compasión.
Entonces os preguntaréis:
«¿Cómo podemos ayudar, si no hemos llegado a ese estado de
ser tan perfecto, si no vemos todo, si no sentimos todo, si somos
todavía tan tendenciosos y limitados? Sentimos lástima, y entonces
¿eso es un impedimento para ayudar? Si las cosas son así, más vale
que no hagamos nada aún... esperemos a ser perfectos».

Os hemos hablado desde el ideal, para cuestionar los métodos
erróneos y las creencias llenas de falsedad encubierta.
Pero hay una manera de ayudar a pesar de la limitación personal,
y es ayudar desde lo Mayor.
Para eso hay que abrirse a lo que es más que vosotros en este
momento, volverse receptivos a otra perspectiva más grande,
no la de vuestra pequeña personalidad puntual, que mira
el mundo desde un poro de la enorme piel global.

De hecho, ayudar desde lo Mayor es la única manera de ayudar,
puesto que siempre habrá algún tipo de limitación en el camino.
Esperar a ser «perfectos» para actuar en cualquier aspecto
es NEGAR LA ESENCIA DE LA VIDA.

Si el bebé opinara lo mismo, ¡no querría ni nacer!
¿Para qué, si va a empezar la vida en un estado de
dependencia hacia los adultos, incapaz de realizar las cosas
más básicas, y con tanto aprendizaje por delante?

Para Vivir con mayúsculas hay que ser humilde, es decir, asumir la
realidad, las propias limitaciones relativas a la etapa de desarrollo de
cada uno, y al mismo tiempo las múltiples opciones que
uno ya tiene para empezar a actuar, sentir, moverse,
dentro del contexto real en el que se está.

Claro que aceptar esto es una cuestión de elección personal.
Habrá quien se rebele contra su realidad y no asuma ser (aún)
ignorante respecto a ciertas cosas, y, enfurruñado, se niegue
a dar un paso, no sea que se equivoque, pues no tolera la
imperfección o la vivencia de la necesidad en su ser.

Y habrá quien se entusiasme con lo que es y con lo que tiene, sea
poco o mucho, y con ello, disfrute.
Así son muchos recién nacidos: vienen llenos de esperanza
a pesar de lo mucho que han tenido que luchar para nacer,
y a pesar de las limitaciones que los envuelven.
Incluso los hay que nacen en medio de la guerra,
porque creen que aun y así nacer merece la pena.

Por eso se os ha dicho que para alcanzar la Vida Plena hay
que nacer de nuevo, ser niños de nuevo, porque sólo con
su radical apuesta por la vida es posible gozar de lo REAL,
sea como sea, sea lo que sea, dure lo que dure.

Ahora bien: imaginad que sois niños en ese sentido, pero
sumándole la experiencia que tenéis como adultos, y los
conocimientos procesados gracias a vuestros actos y larga vida,
además de una mayor independencia física (comparada con
la que teníais al nacer).

Esto es lo que se os propone.

119. Medicina de Rafael-26. Ayudar desde lo Mayor

¿Y cómo se ayuda desde lo Mayor?
Abríos al otro, y abríos a percibir su realidad.

Desde vuestra escasa percepción, veréis las cosas
de una manera pequeña.
Tomaos un tiempo y un espacio para ser receptivos a lo Mayor, y
pedid esclarecimiento ante la cuestión que os plantea el otro.

Tiempo y espacio: sin dedicar esto a la receptividad y a la
interiorización, no es posible ningún verdadero cambio, porque
seguiréis corriendo de aquí para allá, despistados con
las apariencias y los reclamos externos.
Mientras tanto, vuestro Ser Interno entenderá que seguís
sin aceptar que conectarse con LO QUE ES MÁS que vuestra
pequeña personalidad sea algo importante.

Cuando dedicáis un tiempo de vuestros días y un espacio de vuestro
contexto a lo interior, a la apertura hacia Algo Más, todo entiende
que estáis dispuestos a daros cuenta de las cosas.
Entonces os llegarán las señales, los movimientos,
el «darse cuenta» progresivo.

120. Medicina de Rafael-27. Cambios en quien ayuda

En ese tiempo y espacio de silencio, invocad claridad acerca del acto más correcto que podáis hacer, según vuestra SITUACIÓN REAL y la situación real del otro.

Tal vez os lleguen percepciones acerca de cómo ayudar al otro...
¡O tal vez os lleguen percepciones acerca de vosotros mismos!
Muchas veces, uno se imagina cosas respecto al otro que no son reales o están desenfocadas, y la ayuda empieza cuando uno mismo se deshace de las propias proyecciones, imaginaciones y apegos a ser lo que creéis que sois, o a ver al otro como «eso» que creéis que es.

Entonces, si en lugar de recibir claridad respecto al otro,
la recibís sobre vosotros mismos, sabed que es de lo más normal...
¡y no luchéis contra ello!
No consideréis que el espacio de petición de ayuda ha funcionado mal, porque queríais saber cómo actuar hacia el otro y, sin embargo, estáis siendo cuestionados vosotros.
Es al contrario.
Si esto sucede, la petición de claridad está funcionando como debe ser.

Quien desea ayudar al otro ha de estar preparado
y abierto para CAMBIAR ÉL MISMO.
Siempre es así.

¡Ay de los ayudadores que pretenden seguir siendo tal y como eran,
o que se aferran al control de su cambio interno,
intentando que la relación con el ser al que ayudan no les afecte,
o lo haga sólo un mínimo!
Éstos caerán con todas sus carpetas de apuntes al suelo, y sufrirán toda clase de colapsos debidos a la acumulación de procesos de transformación personal que han refrenado u obstaculizado.

Pues es IMPOSIBLE pretender ayudar (verdaderamente)
y no ser continuamente CUESTIONADO.

121. Medicina de Rafael-28. Energía del cambio

El que ayuda ha de saber que maneja la energía del cambio.
El otro pide ayuda, y esto implica buscar un cambio.
El que ayuda acepta jugar ese papel de ayudador para el cambio.
Entonces, si se dispone a retransmitir esta energía instigadora del cambio para el otro, ¿acaso pretende no ser tocado por ella?

Si emites una vibración... ¿crees que no pasa a través
de ti y te toca, afectándote en cierto grado?
Todo lo que emites pasa a través de ti y toca tus fibras internas.
Todo.

Es imposible ser instrumento y pretender no resonar
con la música al mismo tiempo.
Por eso, los que ayudan han de saber que su vida
estará jalonada de perpetuos procesos de cambio.
Lo cual, en verdad, es una enorme AYUDA PARA ELLOS.
Es como una garantía de que no permanecerán como
muertos, fosilizados.

Ya os lo hemos dicho: no existe la ayuda de una sola dirección.
Si es verdaderamente ayuda, si es verdaderamente relación, ambos seres cambian, interactúan, y se mueven al compás... aunque cada uno lo haga en una dirección.

122. Medicina de Rafael-29. Imaginaciones mutuas

La «pequeña mente» se dispara ideando soluciones
para paliar problemas ajenos.
Pero la percepción de estos problemas a menudo
responde a imaginaciones acerca de lo que el otro es.

Para que la ayuda sea eficaz, uno debe abrirse a otro
modo de percibir, y preguntar a lo Mayor.
Para eso, como os decimos, necesitáis entrar en vuestro interior y
buscar espacios de soledad y silencio.
Eso es *fundamental*.

Sin esto, lo poco que podáis hacer serán aciertos
como por casualidad.
Habrá muchas acciones erradas, sin puntería, que desgastarán
vuestra energía y ánimo, y que pueden crear incluso
más confusión en vuestra mente.
En esa situación, tampoco el otro puede recibir a través
de vosotros lo que verdaderamente necesita.

El otro, el que pide ayuda, a menudo también está desenfocado
respecto a su situación real y la del «ayudador».
Cree que necesita cosas para sanarse que a veces no son lo que
realmente lo curarían.
Su propia confusión interna a menudo es la que genera su estado de
dificultades sin fin, porque no atina con la solución a sus problemas,
y a lo mejor pide agua cuando en realidad necesita sol.

En otras ocasiones, el que pide ayuda tiene mucha claridad
acerca de lo que de verdad necesita y es realmente
objetivo con sus necesidades, pero se confunde al imaginar

lo que otra persona es, o puede hacer por él.
Entonces pide de manera injusta a quien no puede darle
lo que él quiere, o incluso pide a quien no quiere dar.
Esto le genera frustraciones y la sensación de estar en un mundo
que no le responde, donde no encuentra lugar, ayuda ni acogida.

Así que, de igual modo que el ayudador ha de estar dispuesto
a cuestionarse, también el que pide ayuda ha de asumir
que tal vez las cosas no son como él cree.
Y habrá de estar abierto a cambiar su modo de pedir,
o a quiénes pedir.

123. Medicina de Rafael-30. Necesidad y riqueza

Hay mucho sufrimiento en el mundo debido al desencaje de percepciones entre los que necesitan algo y los que pueden darlo.
Son dos mundos que se buscan y que sufren constantes decepciones y desencuentros, o incluso luchas.

Os vamos a poner un ejemplo de esto, una visión
acerca de un colectivo:
todo Occidente, toda la civilización Occidental, puede vivir un encontronazo con lo real respecto a este asunto.
Pues los que tienen suficiente sienten que esto no es verdad, y viven endeudados para cubrir supuestas e imaginarias necesidades que aún ansían satisfacer.
Y los que no tienen lo suficiente para sobrevivir miran hacia ellos y perciben otra cosa. Los perciben llenos de abundancia, ricos, capaces de dar.

Entonces, los necesitados piden ayuda a los sobrados, y a menudo no reciben lo que quieren, o la ayuda que esperan.
Reciben conmiseración envuelta de limosnas.
O, a veces, no obtienen ni limosna ni nada.
Incluso reciben miradas huidizas. Los «ricos» los esquivan.

Otras veces logran ayuda real, pero a lo mejor esa ayuda
no les gusta, porque están tan deslumbrados por los
caros juguetes de los occidentales y por sus superfluas «necesidades» que relacionan ayuda con tener también ellos eso.
Son como niños encaprichados con el juguete de su hermano y se sienten agraviados en su amor propio: «¿Por qué tú sí tienes eso y yo no puedo tenerlo?».

No ven la ansiedad sin fin que esos «juguetes» generan
a sus hermanos, y no entienden que los «ricos» se
empobrezcan con deudas para costear más «juguetes».

Luego, ofuscados con ese agravio, algunos necesitados buscan
erróneamente la solución a sus necesidades, endeudándose a
su vez con el fin de conseguir algo que no les paliará sus carencias.
Sin saberlo, imitan la enfermedad que tiene atrapado
al hermano «rico» en su angustia.

La paradoja es que el «rico» a lo mejor no lo es tanto en otro nivel
del ser, y el que aparentemente no tiene tal vez sí tiene mucho.
Esto significa que TODOS tenéis necesidades y necesidad de ayuda.
Y TODOS tenéis algo que dar.

124. Medicina de Rafael-31. Lucha de mundos

Medio mundo está realmente necesitado y vive situaciones
de miseria enormes, y se encuentra con que el otro medio,
el que sí tiene, siente que no tiene y cierra sus puertas al dar.
«Lo siento, no te puedo dar nada, porque lo que me gasté en mis
vacaciones me dejó a cero...» o «el coche nuevo que me compré...»

Esto resulta ofensivo para quien no tiene ni qué comer,
o no le llega ni para pagar la renta de su vivienda. Se dice:
«¿Cómo me dice éste que no tiene, cuando se permite lujos
con los que yo ni siquiera puedo soñar?».

Las heridas entre mundos distintos se reproducen cada día,
y llegará un punto en que la masa colectiva de sufrimiento
de los que no tienen y necesitan alcanzará, sublevada, a la masa
colectiva de los que sufren porque, teniendo, creen que
no tienen (o no tienen lo suficiente).

La situación se asemeja a la de un cuerpo en el cual las células
de las piernas, hambrientas y extenuadas, pidieran más sangre
y más glucosa a los órganos ricos de más arriba. Y éstos, enfermos
debido a un enajenamiento y espejismo, sintieran que no tienen
qué dar... y trataran a las células de las piernas como
a enemigas o amenazas para su gordura y abundancia.
¿Qué creéis que puede pasar en un cuerpo así?

Los que tienen y creen que no tienen se defenderán del asalto de los
que no tienen pero que ven en ellos su despensa, su solución.
Y los «pobres», sublevados ante la defensa del «rico», lucharán desde
su perspectiva de lo que es real: el otro «tiene», pero se niega a dar.

Pero muchos, antes, habrán abandonado toda esperanza y se habrán
entregado a la inevitable muerte física, a la extinción.

Medio cuerpo muere... y un órgano, mientras, acumula sustancias,
aterrado por lo que sucede alrededor, diciéndose: «Que no me toque
a mí. Debo acumular más y más, porque mira los que viven en la
periferia, en las extremidades, que se están muriendo de miseria».

Todo esto es un problema de percepciones erradas
que producen incapacidad de comunicación.
No ven, los que pasan necesidad, la *miseria interna* del Occidental
«rico», que aun manejando tanta riqueza material, se siente atrapado
por el ansia de tener más, y llega a estar convencido de que
realmente NO TIENE. Y lo vive. Vive angustiado por su no tener.
No ven que el «rico» necesita ayuda, tanto como ellos,
sólo que es una ayuda de otro tipo.

Así se da un conflicto entre angustias, una lucha entre
diferentes versiones de lo real.
Dos mundos se imaginan mutuamente.
Se buscan y no se entienden.
El dolor crece, y llegará a su punto crítico.
Entonces, irremediablemente, como un absceso, reventará.
Es lo natural.

125. Medicina de Rafael-32. Imaginarse o relacionarse

El mundo, como os decíamos, está lleno de los
«velos de la imaginación».
Se os ha hablado de esto muchas veces en diferentes tradiciones.
Esto no significa que el mundo sea imaginario, sino que
muy a menudo vuestra idea de las cosas sí lo es.

Las relaciones entre seres humanos se intentan vivir reiteradamente
a través de estos velos de la imaginación. Las personas, envueltas
en ellos, tratan de entrar en contacto las unas con las otras,
pero rara vez la comunión se produce, porque no se relacionan
sino con lo imaginado de uno mismo y del otro.

Vivís en un mundo de imaginaciones.
A veces son compartidas. Otras veces no, y chocan.
Se desatan peleas entre versiones de lo real,
entre imaginaciones distintas.

Esto hace imposible la verdadera relación.
La Medicina de Rafael busca deshacer este tipo de
imaginación en todos aquellos que buscan acceder a lo real
y relacionarse con certeza y plenitud.
Pues un mundo sin relaciones es un mundo MUERTO.

126. Medicina de Rafael-33. Dar y recibir

En realidad, todos necesitáis y todos podéis dar.
Pero en la práctica, en cada contexto y tema, hay personas con
mayor facilidad o aptitudes para una cosa u otra.
Unas veces pediréis ayuda, otras veces la daréis.
Por eso, daos cuenta de cómo son ambos lados del pedir/recibir,
para no juzgar ni al que pide ni al que da, y para aprender
a fluir con las relaciones.

Pues relacionarse es esto: fluir entre el dar y el recibir.
Pero se trata de fluir de tal modo que ya no pienses si das o recibes.
Te has liberado de eso.
Vives ajustado a lo real, sin luchas ni dudas.
Vives como respiras: exhalando y tomando con naturalidad.
Andar hasta vivir así, ése es el camino.

127. Medicina de Rafael-34. Paraísos artificiales

Paraísos encerrados en sí mismos,
y humanos que se miran el ombligo satisfechos,
sintiéndose por encima de las «vulgares masas»,
ha habido y hay muchos.

También los hay que no tienen tal sentimiento de superioridad,
pero viven desconociendo la diversidad que,
más allá de sus fronteras, se cuece.
Ignoran que su pequeño paraíso no lo es todo.
Tal vez vivan sin alimentar sombras traidoras,
pero han olvidado que esas sombras igualmente
existen en otras partes del mundo
y que tarde o temprano todos los elementos se encuentran
unos con otros en el universo.

Creen muchos que su camino solo les atañe a sí mismos,
que basta con atender al propio interior y a la propia gente.
Pero luego, la historia les demuestra lo contrario,
y se suceden los encontronazos.

Los paraísos aislados se ven asaltados
y sus habitantes no entienden qué pudo haber fallado,
ya que sabían tanto,
su visión era tan grande y tan ambiciosa,
y su pensamiento tan puro.

Falló que olvidaron que Todo está Relacionado,
y que esto es real hasta las últimas consecuencias.
¡Está relacionado con vosotros también lo que no veis ni conocéis!
Que no tengáis noticia de algo no significa que no exista.

¡NO CONSTRUYÁIS SOBRE LO FALSO!
Construir reductos separados,
desde la seductora idea de que pueden
permanecer artificialmente aislados,
como lugares donde encerrar «lo bueno» y mantenerlo
a salvo de «lo malo»,
termina generando un empobrecimiento interior,
endogamia o desgracia.
Para que haya salud, ha de haber relación.

Una sociedad es como una célula que rechaza o
elimina de sí todo cuerpo extraño
si no es capaz de reconocerlo como útil o familiar.
Separaos con miedo del resto del mundo, rechazadlo,
y éste entenderá que sois sospechosos y extranjeros,
y os tratará como a tales.

Todos los mundos acaban por encontrarse.
La locura, el dolor y lo desagradable,
en la puerta del que los esquiva, terminan por presentarse.
No vivís aislados por más que lo creáis así.
Aprended a relacionaros con todo tipo de realidades.
No os aisléis de lo feo ni de lo doliente.

Podéis vivir en solitario,
podéis vivir en la paz de un lugar tranquilo,
pero si permanecéis conectados *desde el corazón* al resto
no estaréis nunca solos.
Entonces, aunque viváis físicamente solos,
encontraréis en medio del Todo vuestro lugar.

Pero ¡ay de quien se separe por sentirse superior al resto!
Su juicio hacia la «inferioridad ajena» será como
una sentencia que los demás,
absorbiéndola en sí mismos, realizarán.
Entonces, reaccionando según ello,
se alzarán tarde o temprano contra el entronizado,
porque detestarán su «superioridad».

No os aisléis por miedo.

Ninguna huida enseña, sólo posterga.
La huida os puede servir para tomar un respiro, o para ganar tiempo,
pero si después no vais más allá de eso... desastre.
Todo lo cerrado se pudre al cabo del tiempo,
o la sociedad lo agrede y extermina,
porque lo siente inútil.

Decimos esto porque en tiempos de caos,
la tentación de muchos será soñar una realidad aparte
en la cual poder vivir aislado de ese «horrible mundo»
lleno de malas noticias.

Hay otro modo de buscar el lugar idóneo para vivir
la paz y el contexto ideal.
Para ello se precisa de un corazón limpio,
de una visión que se atreva a despojarse de los velos
imaginados que encubren lo real.
Entonces, uno será capaz de ver con objetividad
las relaciones con el entorno
y elegirá con acierto lo que para él sea idóneo.
Sabrá establecer relaciones equilibradas,
porque no actuará según espejismos acerca de lo que
los otros son, o el entorno es.

Y entenderá que el bienestar y la plenitud surgen de ser capaces de
vivir la diversidad y el equilibrio en un contexto social manejable,
más que de huir... o de planificar macroproyectos que «demuestren»
al mundo lo muy avanzados que «nosotros» somos.
Para que «aprendan» esos humanos tan «atrasados espiritualmente»...

Desde luego, si uno desea ser Uno con el Corazón
Dador del Universo,
con la Vida de toda la Vida,
¿cómo podría querer cortar relaciones con el resto,
escondiéndose por miedo?

¿Para qué querría uno constituir una pseudosociedad artificial
donde no entrara nadie que no cumpliera un perfil exigido,
por miedo a que «contamine al resto»?
Todo eso son desenfoques.
Proceden del exceso de miedo albergado en el interior.

Pero quien ha hecho a su Corazón uno con el Fuego del Amor
siente el ímpetu de buscar a quien lo necesita, para dárselo.
Pues donde hay Fuego no hay Miedo. No cabe más.

Entonces, ese ser humano, esté donde esté,
ya viva en una cueva solitaria o en plena ciudad,
unirá su corazón al del resto y Dará, Dará y Dará...
a quien lo necesite.

Y verá lo que hay. Esté donde esté.
Y escuchará lo real. Esté donde esté.
Y su acto será justo. Esté donde esté.

Ninguna percepción real procede del miedo dominador.
Ninguna relación plena se puede vivir con
el miedo como manipulador.
Ninguna sociedad puede prosperar, por brillante y
«espiritual» que parezca,
si se fundamenta en el «separarse» por miedo
a la inmundicia, locura y agresividad ajenas.

Por eso los Paraísos, entendidos como lugares separados
y llenos de fronteras y barreras aislantes
NO EXISTEN.

El Paraíso Real está AQUÍ, en medio de todo.
Si no lo llegáis a vivir aquí,
en ningún otro sitio lo hallaréis, nunca.

Se os pudrirán todos los pseudoparaísos que halléis,
y os encontraréis, una vez más, con la frustración o el desengaño.
Eso es porque aquel paraíso era algo Ilusorio. Imaginado.
Y lo real al final se manifestó, rompiendo las máscaras.

128. Medicina de Rafael-35. Avalokitesvara reunido

Avalokitesvara se reúne de nuevo en el corazón que arde.
No más fragmentos rotos, no más desquicie interno.

El pensamiento se colapsa cuando intenta resolver
por sí mismo el sufrimiento del mundo,
queriendo anticiparse al conocimiento que sólo surge del Acto Justo.
Y únicamente el Corazón de Fuego sabe «cómo» actuar.

Del infierno no se sale calculando,
pues si fuera tan predecible, sería fácil salir de él.
Entonces no sería infierno,
pues parte de la esencia del infierno es la tortura,
la dificultad desesperanzadora.

El Corazón de Fuego ACTÚA,
y su llama sagrada todo lo unifica.
Desde el Fuego Vivo, todo es conocido.
Incluso el infierno.

Sigue el pálpito del Fuego Vivo que baña a todo el Universo,
sigue el ritmo del Corazón Divino,
y eso será tu hilo de Ariadna en cualquier lugar,
por retorcido y oscuro que sea el laberinto.

Desde el conocimiento del Corazón, todo es posible.
La cabeza tal vez no lo sepa antes.
Lo sabrá después. Pero no importa.
Importa que sea hecho.

Importa que el fuego del Amor llegue adonde hace falta,
que el agua viva llegue adonde hay sed,
que el aire puro llegue a quien se asfixia,
y que la tierra pacífica acoja a quien se halla exhausto.

Mil caminos desde un Corazón de Fuego.
Mil manos desde un Corazón que Arde.
Mil gestos que son un ACTO.

Es el eterno darse... sin pensarse...

Del Corazón de Fuego a las manos abiertas,
esto os dicen los de Rafael.

129. Medicina de Miguel-10. La Espada

La que escribe pregunta:
«Si el símbolo de la Medicina de Rafael es la Mano Abierta, ¿qué símbolo es adecuado para la Medicina de Miguel?».

Respondemos:
«La Espada».

Te hablamos de la Espada de Miguel.
Que quede claro: esto es un símbolo. Esto es un dibujo.
Esto es un signo.
MIGUEL ES UNA ESPADA.
Todo Miguel lo es.

Es Espada de conciencia/luz que hiende las tinieblas.
Las conoce porque las penetra.
Es Uno con ellas.

Aún no podéis entender bien esto.
Si lo entendierais, dejaríais de ver a Aquello que
es Miguel como lo veis.
Es imposible conocer aquello de lo que uno está
o ha estado siempre separado.

El mundo aún no está preparado para el verdadero Miguel.
Le tiene miedo.
En lugar de eso, prefieren a un Miguel de juguete.
Pintan «Migueles» como una especie de guerrero medieval
que nunca se ha contaminado.

Miguel conoce las Tinieblas.
Por eso es capaz de discernir entre éstas y la Luz.
Por eso es capaz de liberar de las redes tenebrosas más insidiosas a quien está dispuesto a poner luz/conciencia sobre sus adherencias.
Por eso la Tiniebla no lo atrapa, porque salió de ella.

Los de Miguel conocen bien el Infierno.
Han visto cara a cara el rostro de la Tiniebla.
Los ojos de la Tiniebla y los de Miguel se han encontrado
y se han reconocido.

Por eso los de Miguel no tienen ninguna duda en elegir.
No se engañan.
No se andan con rodeos.
Por eso son contundentes.
Y asustan a muchos.

130. Medicina de Miguel-11. Conciencia

No llames a Miguel si no deseas ser consciente.
Sin conciencia, no hay Medicina de Miguel que valga.
Ninguna atadura se deshace realmente sin poner
sobre ella conciencia.

Miguel no es un rompecadenas para perezosos.
Miguel no es un salvador para los que no quieren ver.
Si Miguel viene, hay visión de lo tenebroso.
Aflorarán las sombras y lo peor de un tema saldrá a la luz.
Precisamente porque se ha pedido sanar algo, sucede esto.

Miguel incide en el problema y lo muestra.
La visión a veces es repugnante.
Uno se hunde o se desespera, si no está templada
esta visión con otras medicinas.

131. Medicina de Miguel-12. Caídos

Las medicinas necesitan actuar unidas.
Por eso ningún ángel es, o actúa, solo o separado del resto.
Si quien os habla lo hace, o lo pretende, ¡desconfiad!
O no es ángel o es ángel «caído».

Caído significa que pretende estar separado.
Caído es tendencioso, desenfocado.
Es sombra de lo que puede Ser pero, aquí y ahora, no es.
Es distorsión. En ello, o en vosotros, o en ambos.

No es fácil esto.
Sabemos que muchos imagináis que toda visión angélica
viene desde mundos perfectos.
Pero no siempre es así.

132. Medicina de Miguel-13. Estados visionarios

Para ver lo Perfecto, uno mismo ha de estar equilibrado, perfecto.
Normalmente veis distorsiones, sombras o fragmentos
incompletos de nosotros.
También aquí. (La que escribe no ve «perfectamente»...)

Sin embargo, la perfección no se alcanza en poco de vuestro tiempo.
Su camino es de andadura laboriosa.

Entonces, mientras tanto, lo que importa es que los mensajes
angélicos, o sus visiones, aunque no sean perfectos os acerquen
a la plenitud, os desvelen, os ayuden.
Si no es así, no os valen de nada por bellos que sean.
Da absolutamente igual quién los diga o lo
deslumbrantes que parezcan,
todo lo que no ayuda acaba molestando, ocupando, embarullando.

Éste es Miguel: no importa si la verdad es amarga.
Si quien pide su ayuda está dispuesto a poner
conciencia sobre sus sombras,
las verá aunque le den arcadas.
Verá incluso el daño y la perversión agazapados
en los mundos que llama «superiores»,
aunque eso le resulte aterrador,
y descubrirá que a veces el ser humano es engañado.

Por eso, a Aquello que es Miguel, lo temen incluso ángeles,
si acaso pretenden actuar al margen de lo Uno.
Algunos incluso lo detestan.

133. Medicina de Miguel-14. Lo necesario

Otras veces, la Medicina de Miguel os conduce al éxtasis,
porque os hace conscientes de vuestra grandeza oculta,
o de la maravilla del Amor que sustenta al mundo.

Pues la conciencia no tiene tendencia.
Lo muestra todo, ¡no sólo lo enfermo!

La Medicina verdadera equilibra.
Quien necesita de lo amargo, lo tiene.
Quien necesita de lo dulce, lo recibe.
Quien necesita ver su miseria, la percibe.
Quien necesita reconocer una virtud, la siente.
Así es.

134. Medicina de Miguel-15. Mirar que desvela

Nada de la Medicina de Miguel puede ser verdaderamente
hecho sin poner en ello conciencia.
La Espada es conciencia.
NO ES UN ARMA.
No entendéis aún esto.

Miguel no es un guerrero que lucha «contra» algo.
Miguel VE.
Y con su mirada, abrasa todo cuanto NO ES.

Por eso, casi siempre, está ciego en muchos.
Permanecen cerrados los ojos de Miguel
en la mayoría de las personas,
porque, si los abriera, el mundo no lo soportaría.
Demasiada conciencia/luz.
Demasiado desprendimiento a la vez.
Demasiada Tiniebla hay todavía...

¡Pero todo llegará!
Cuando el bebé está formado, y preparado para nacer,
la Espada actúa
y corta el cordón umbilical que unía
al recién nacido con el mundo antiguo.

También Miguel mata a todo aquello
que ya no tiene sentido de ser,
y que está pidiendo renacer.
Lo mata MIRÁNDOLO.

Todo su ser es mirada.
Todo su ser es espada,
porque toda su esencia es CONCIENCIA
encaminada a penetrar en lo más hondo de la no conciencia.
Miguel desvela.

135. Medicina de Miguel-16. Tres espadas

Es por eso por lo que os hemos dicho que la
Medicina de Miguel para hoy es el Juicio.
El Juicio es posible porque hay un DISCERNIMIENTO.
El discernimiento procede de la conciencia aplicada a algo.

La Espada también es símbolo del Juicio,
porque la Espada es incisión,
conciencia que incide en lo que estaba oculto,
enmarañado y ofuscado.

A través del Juicio, muchas cosas se desvelan.
El Juicio saca todos los aspectos que necesitan iluminarse a la luz.
Por eso el Juicio equilibra, sana y pacifica.
Ésta es la Primera Espada.

Sólo después del Juicio otra Espada, la que corta, puede actuar,
porque entonces ya no daña a lo que ha de vivir,
ni destruye nada que no deba morir.

El Nuevo Ser se desprende de lo viejo,
y Miguel corta lo inservible.

En primer lugar va el Juicio.
Luego viene la separación de lo que ya es como piel muerta.
Ésa es la Segunda Espada.

Sin este orden, es imposible actuar con Justicia.
Quien usa un arma sin juicio, daña.
La Espada de Miguel no es un arma para luchar,
pero puede destruir.

La Tercera Espada no es algo separado de uno
mismo, sino uno mismo.
La conciencia despierta de quien es como Miguel
se vuelve espada
y corta tanto como une.
Esto es un misterio.

Pero nadie podrá Ser Espada sin haber vivido, primero, el Juicio.
Por eso aún no es el momento de que Miguel abra
los ojos del todo entre vosotros,
y, con plenitud, mire al mundo.

Lo mataría demasiado pronto.
Cada cosa tiene su tiempo.

136. Medicina de Miguel-17. El fin del mundo

Las Espadas se alzarán en su día.
Las Espadas son consciencias.
El Círculo de las Espadas Ultimas cortará el mundo en dos
al mismo tiempo que lo unirá.

A un lado, quedará lo que ha de vivir.
A otro lado, lo que ha de morir.
En todo, la Unidad.
Entonces el parto habrá tenido lugar
y el Nuevo Mundo aparecerá.

Pero para esto aún falta mucho de vuestro tiempo,
pues no se hará sino cuando sea justo.
Así que no os engañéis: el Juicio del Mundo
no ha empezado, siquiera, aún.
Todo esto no son más que preludios.

137. Miguel y Rafael unidos-3. Humanos con raíz

La Medicina de Miguel y la Medicina de Rafael son una,
así en la Tierra como en el Cielo.

Miguel y Rafael buscan sus raíces en la Tierra.
Son los humanos que aceptan permitir que,
a través de ellos,
la Medicina Angélica llegue hasta lo más profundo.

Las conexiones entre Arriba y Abajo se cortaron
en los humanos hace mucho,
pero han de volver a rehacerse.
Eso sí, todo será hecho de un modo nuevo.
¡Nada de imitar a lo viejo!

138. Miguel y Rafael unidos-4. La Mano y la Espada

Toda Medicina reúne.
Se trata de reunir para *resolver.*
En la reunión todo se revisa.
La Medicina unida de Miguel y Rafael es Juicio y Relación,
y por eso es curación, consuelo y liberación.

Sin liberación verdadera el consuelo es ficticio, no dura,
porque las marañas vuelven y las tinieblas siguen siendo dominantes.
Pasa el consuelo superficial y queda el hombre, de nuevo, desolado,
inerme ante sus fantasmas
que la dulzura le había ocultado, por un momento, de la vista.
Por eso, la Espada de Miguel es una con la Compasión de Rafael.

La Relación que es Rafael lleva la Espada de Miguel
adonde es necesaria.
La verticalidad de Miguel se une con las redes
multidireccionales de Rafael,
y entonces no hay rincón sin Medicina,
ni curación incompleta.

La Mano se une a la Espada,
y cada dedo es conciencia que ilumina las tinieblas.

La Espada sirve a la Mano
y entonces la Mano no sólo da,
sino que también libera los caminos de marañas,
confusión y suciedad acumulada.

Repetimos que *la Espada es conciencia/luz.*
Surge con la liberación, y en la liberación.

Y al mismo tiempo es la luz que libera,
luz/conciencia.

La Mano tendida para ayudar necesita de la Espada,
y la Espada necesita a la Mano entregada.
En ocasiones una va antes;
en otras, después,
según vuestro cómputo de tiempo terrenal.

Lo que importa es que la liberación se viva,
que la curación se produzca
y que el consuelo efectivo llegue a quien lo está necesitando.

El Fuego Vivo busca dónde hay necesidad
para colmar el hueco que espera ser colmado.
La medicina busca a lo enfermo.
La conciencia busca a la tiniebla.
Y viceversa.
Así es siempre.

139. Miguel y Rafael unidos-5. El tiempo justo

La conciencia que desvela deshace las imaginaciones
que entorpecen el vivir la Relación Verdadera.
La Espada ayuda a vivir lo real.

Y la relación del corazón a las manos,
del centro a las partes,
lleva la Espada más allá de donde ésta, por sí sola, llegaría.

La conciencia de Miguel no permite la pena, la incinera.
La mirada de Miguel destruye las falacias.
Miguel ayuda a los de Rafael a alcanzar la Compasión Verdadera.
Rafael ayuda a los de Miguel a sentir con el otro.

Pues una sombra de Miguel es la impasibilidad,
olvidar que los seres humanos sienten,
actuar sin tener en cuenta el tiempo real de un humano en concreto
y poner demasiada contundencia en actos fuera de tiempo.
Entonces la Espada de Miguel no se vive como ayuda,
sino como algo despiadado, destructivo sin más.

Pero si la contundencia de la Espada es una
con la Compasión Verdadera,
el acto es justo, compasivo y perfecto.
La ayuda ha sido verdaderamente hecha
y el ser ayudado descansa.

La sombra de Miguel tiene que ver con el desajuste temporal.
Lo que en un momento es justo, en otro es injusto.
Por eso, para ser Medicina de Miguel,

lo que es e implica el tiempo ha de entenderse.
Hay que ser uno con el tiempo.
Hay que comprender todos los tiempos
y adaptarse a ellos.

El Miguel perfecto actúa con precisión en el tiempo justo.
La Relación de Rafael le ayuda en esto,
porque sólo cuando todas las relaciones están bien alineadas
el acto puede ser preciso y justo.

De la vivencia de la Relación surge
la experiencia de Unidad,
y de la Unidad surge la visión certera,
incluida la comprensión del tiempo.

Sin Unidad no hay Juicio.
Sin Unidad la Espada sólo es agresiva,
en lugar de bálsamo liberador.
Miguel y Rafael van juntos SIEMPRE.

140. Arder es servir

De hecho, todos los Ángeles están unidos.
Y así lo desean, y la Unidad cuidan,
LOS QUE SIRVEN A LO UNO Y MÚLTIPLE
en la labor de cuidar a toda existencia
y servirle en su camino hacia la plenitud.

Los Ángeles o actúan como Uno, o no sirven,
sino que «se» sirven a sí mismos.
Devoran la Luz/Fuego Vivo que les es dada,
o la utilizan al margen de los planes unitarios,
de manera tendenciosa.

Eso no produce sino más enfermedad,
tanto en sí mismos como en el entorno:
mundos separados, pseudoparaísos,
divergencias dolorosas.
Eso son nuestras sombras,
las sombras del Cuerpo Angélico de la Creación.

Sólo la Unidad da la perfección.
Sólo la Unidad hace al Ángel arder verdaderamente.

ARDER ES SERVIR.
Así somos.
Esto es cierto.

141. Creación y desprendimiento

Crear es desprenderse.
No existe verdadera Creación sin desprendimiento.

Lo Uno Creador se desprende de aquello de lo que está lleno
y lo da al mundo externo, manifestándolo.
Tal como el pintor se desprende de su riqueza interna y,
sacándola fuera de sí, da al mundo una obra;
tal como el tejedor se desprende de los hilos y de sus ideas y,
materializando una tela con ellas,
la saca lejos de sí para darla a otros;
tal como el escritor saca sus voces fuera de sí y,
desprendiéndose de ellas,
las vierte en obra que caminará a su aire por el mundo...

Así es lo que llamáis «Dios/a», la Conciencia Creadora
de Aquello que es Uno.
Es desprendimiento puro.
Es generosidad sin límites.
Es Dador/a.

142. Esterilidad

Sin desprendimiento no existe la creación.
El que quiere crear pero no desea desprenderse
lucha contra sí mismo,
aborta sus frutos y no les permite formarse
porque, para que éstos crezcan,
ha de dejar que algo fluya y salga fuera de sí.

La esterilidad procede del aferrarse,
del acaparar, de la codicia
o del miedo a vaciarse.
Hay muchos miedos ocultos
detrás de una vida estéril.

A veces siente miedo de desprenderse de su plenitud
el ser que está lleno,
porque cree que, si lo hace,
se desgastará, se quedará sin nada,
o dejará de ser lo que cree que es.

No conoce la verdad sobre el desprendimiento,
y es que, en realidad, dar no te gasta,
sino que te expande.

Pues cada creación de la que uno se desprende
lleva consigo parte de la esencia del creador,
con lo cual,
la esencia del creador llega mucho más lejos
con cada desprendimiento y donación de sí mismo
que al mundo entrega.

Por eso Aquello que es Uno está en todas partes,
pues su Esencia Creadora está presente en toda su obra.

Así es, y por eso se dijo
que «Dios está en todas partes»
y que «todo es sagrado».

Hay un Centro sin centro,
hay un Corazón que palpita en millones de átomos-corazones
y, al mismo tiempo, Todo es Uno.
Esto es un Misterio.

143. Creación y generosidad

Un escritor no debería preocuparse
de quién leerá todos y cada uno de los libros con su obra impresos,
ni tampoco un pintor debería agobiarse
intentando controlar quién verá su obra
a lo largo del tiempo.

Si así lo hicieran serían creadores enfermos,
divididos contra su impulso de dar
y de desprenderse.

Actuarían como árboles frutales que,
una vez han dado manzanas,
se resisten a desprenderse de ellas, a dejarlas caer libres,
y se sobrecargan,
dañándose a sí mismos a causa de sus miedos.

De estos creadores hay muchos.
Son aprendices de *lo Uno Creador*
y no siempre encuentran el camino correcto
para vivir la creación.
Pero, por lo menos, crean.

Peor actúan los que pretenden crear
pero no quieren desprenderse,
ni siquiera internamente, de nada.
Éstos ni siquiera crean.

Son árboles enfermos incapaces de dar fruto.
Se convierten en tesoreros de su propia savia
y la acumulan con miedo y avaricia,
por si acaso se gastara.
Creen que acumularla es ganar poder.

En realidad, *el Poder es Dar.*
Si no puedes dar, no puedes nada.
Si puedes dar, es que estás verdaderamente vivo y pleno
y vives en ti la Eternidad: continuidad.

Pero éstos que se niegan a desprenderse
y que retienen el don de la vida interna
que por su ser fluye
hacen que la savia se les pudra en los vasos.
Eso les genera sufrimientos sin fin
y desviaciones de todo tipo.

Es preciso dar.
Ésa es la naturaleza de la Creación: donación,
generosidad, desprendimiento constante.

144. Los estériles que manipulan

Los que se niegan a dar
y por eso viven la esterilidad,
los que retienen su vida por miedo a esto o aquello,
cuando sienten a fin de cuentas el ansia de crear,
(pues es innata a todo hijo de lo Uno Creador),
¿qué hacen?

Os lo diremos: obsesionarse con controlar
los actos y creaciones ajenos
para que sean los demás
quienes creen lo que ellos quieren ver a su alrededor.

Así pervierten la naturaleza del acto de crear
y en lugar de vivirlo como desprendimiento de sí,
como don de sí mismos,
lo viven como MANIPULACIÓN
de lo ajeno.

Sus mentes maquinan así:
«Haz tú lo que secretamente querría hacer yo,
pero que no pienso hacer para no darme,
para no tener que arriesgarme,
no sea que pase esto o aquello».

Así, estas conciencias buscan el control constante
del mundo a su alrededor,
e intentan sin cesar que todas las aguas
corran hacia su cauce.
Siguen reteniendo su savia creadora,
¡y aún anhelan más, la que corre dentro de otros!

Sólo hay un pronóstico para tanta ceguera e insania
y es el colapso interno
y finalmente la AUTODESTRUCCIÓN,
pero no sin antes haber generado
mucho daño y sufrimiento alrededor.

Es su ignorancia la que les hace vivir las cosas así,
confundiendo crear con manipular.
Viven en el autoengaño y la sugestión,
creen que por el hecho de que otros hagan su voluntad
aunque sea hipnotizados o engañados,
ellos ya están creando o aportando algo al mundo.
Se sienten satisfechos de «sus» logros
y no ven su energía enferma, obstruida, putrefacta.

Se convierten en árboles vampiros de otros frutales,
como un naranjo que intentara que un pino
diera naranjas por él.
¡Enfermedad y enfermedad...!
Todo por su olvido enorme
de la verdad acerca de crear.

Algunos han olvidado que fueron creados.
Se tienen por «dioses» creadores
y, cegados por la imagen que tienen de sí mismos,
no saben ver lo Mayor más allá...

Por eso no son capaces de encontrar en su interior
la impronta o huella de la Esencia Creadora Original,
que les indicaría,
con su sola presencia,
la ETERNA Y SAGRADA TENDENCIA: DAR.

145. El impulso de la primavera

Repetimos: sin desprendimiento no hay creación.
Quien quiera crear habrá de dar algo de sí al mundo,
ya se trate de materia, palabras, obras o gestos.

El crear tiene muchos rostros;
no todo son «obras de arte» tal y como vosotros las entendéis.
La vida entera de un creador es creación.

Cuando despierte en vosotros la memoria de la creación,
no podréis sino tender a crear.

Obedeced a este impulso interno,
sed como el árbol sano
que cuando siente en él la primavera,
sencillamente se da
y permite a la savia fluir a su aire,
aunque luego sus frutos
vayan a parar muy lejos de sí mismo.

146. Envejecimiento natural

El árbol sano no se gasta por el hecho de fructificar.
El envejecimiento natural es otra cosa
y no procede de crear,
sino del paulatino desgaste de la materia densa,
y esto es natural.

Ni siquiera los montes permanecen intactos.
Así ha de ser
para que exista renovación en las formas
sobre la Tierra.

Si las formas densas duraran para siempre,
el escenario se colapsaría
y no dejaría lugar a lo nuevo.

No seáis avariciosos
y permitíos envejecer a su debido tiempo
para que otros puedan venir
y con la materia que otros dejan al marcharse
hacerse un cuerpo de carne.

Todos sois cuerpos engendrados desde otros cuerpos,
alimentados con polvo y tierra procesados por otros seres,
nutridos con elementos nuevos mezclados con lo muerto y antiguo:
animal, planta, humano...

Millones de minúsculas vidas os dan su materia
gracias a su muerte.
No maldigáis la inevitabilidad de envejecer y morir
porque eso es lo que os permite vivir hoy,
aquí y ahora.

Quien maldice a la muerte y lucha contra ella
está atentando contra su propia vida.

Entended más bien que la Eternidad es otra cosa;
no es la permanencia en la forma,
sino la fluidez a través de las formas.
Ése es el sentido de la vejez natural
y de la muerte.

Hay otra vejez y es la que procede
del desgaste desequilibrado,
del no saber cómo vivir correctamente.
Ésa es otra cuestión.

Se puede vivir mejor,
se puede envejecer equilibradamente
pero no se puede vivir eternamente
con la misma forma densa, carnal,
ni siquiera vampirizando a otros
o forzando lo natural.

La forma ha de cambiar
acompañando de manera natural
al cambio interno.
No os aferréis a la forma,
o estaréis aferrando una máscara,
porque lo que os sirvió durante un tiempo
no os sirve en otro momento diferente.

Un cuerpo sin cambios termina siendo un disfraz.
Lo que un día sirvió luego no vale más.
Vivir es cambiar.
Así es.

147. A los «dioses» enfermos

A los llamados «dioses» creadores que se volvieron estériles
por su ansia de retenerlo y controlarlo todo,
les decimos: recordad a *lo Uno Creador*
y afrontad que vuestro miedo a perder si dais
es una desvirtuación.

El miedo os engaña
y el fin de ese camino es el colapso,
la congelación, la detención,
o la implosión destructiva hacia el interior.

A los creadores enfermos
que luchan contra su impulso de dar
y crean, pero no saben soltar lejos su obra,
les decimos: no temáis, soltad.
De otro modo el temor os hará acumular lo creado
y esto constituirá a vuestro alrededor
un mundo asfixiante
del cual no sabréis salir al fin.

Os convertiríais en vuestros propios carceleros,
encerrados dentro de vuestra creación,
y generaríais hijos (creaciones) sufrientes,
nunca libres,
doblegados, atados...
buscando su liberación a cualquier precio
pues un día u otro
el esclavo se harta del tirano.

Hay «dioses» que perecen amurallados
en el mundo sin ventilar que ellos mismos crearon,
negándose a darle libertad.

Sus propias obras les darán muerte
y los obligarán a mirar la verdad,
lo quieran o no.

Pero no es necesario vivir tanto sufrimiento
y tanto dolor...
No, si el recuerdo se despierta
de nuevo en ellos.

Por eso les decimos:
¡RECORDAD!

148. Hijos del Dios Verdadero

Y finalmente hay Hijos del Dios Verdadero
que no lo han olvidado.
Éstos sí se le parecen cada vez más
y se comportan como tales.

El árbol sano se parece al árbol que le dio la vida
(desprendiéndose de ese fruto o semilla en su día),
y sigue el mismo camino: DAR,
fructificar,
sembrar el mundo de conciencia/luz.

Todos sois Hijos de Dios,
es decir, Hijos de la Conciencia Creadora
de *Aquello que es Uno*,
pero no todos actuáis como tales
ni todos os parecéis a ello.

Muchos sois espejos empañados,
imágenes destrozadas
o engendros rehechos en desorden,
como monstruos que sin recordar su forma
se han pegado los órganos de cualquier manera
y los han cosido unos a otros sin conocer
ni respetar su verdadero sentido.

Muchos imitáis sin saberlo
a esos «dioses» intermedios,
hijos de Dios olvidadizos y arrogantes
que no quieren crear,

ni desean la libertad ajena
y se dedican a manipular,
seducir, trampear, sugestionar.
Son sombras de la divinidad.

Nuestro deseo es que el Espejo de la Creación
vuelva a ser lo que es en esencia:
reflejo de la Conciencia Creadora.

Y esto es por una razón:
porque sólo siendo la verdadera esencia,
sólo viviendo en la verdad,
es posible gozar... y crear.

149. Reparadores del tejido de la Creación

Somos servidores del Flujo Creador,
del Fuego que teje los mundos,
y por eso así os hablamos hoy.

Tanta enfermedad y distorsión debidas a la retención
y a la manipulación engañosa
generan dolor, sufrimiento y tortura.

Se colapsan las matrices de cierta esfera de la Creación
porque el Fuego Vivo no circula por ellas,
o lo hace con dificultad.

Ahí vamos nosotros,
a ayudar a reparar y sanar eso.

Pero todo mal no procede más que de la ignorancia;
por eso es nuestro cometido recordar
una y otra vez la antigua verdad:
Crear es Dar.

Así, quien quiera podrá elegir.
Sin opción no hay elección.

Ésta es la alternativa que hoy os presentamos:
¡volveos al Creador
que mora en vuestro interior!

Prestad atención a la Esencia Creadora
que palpita en vosotros.
Ella os enseñará.

150. Átomos amados

Aquello que es Uno ama a su Creación
y cuida de que no le falte detalle.

La deja fluir lejos de sí,
para que siga su camino libremente,
pero no puede por menos que responder a ella,
a su voz,
si acaso ésta lo llama
o lo busca,
pues están unidos por siempre.

La obra lleva en sí una parte
de la Esencia Creadora Una,
no son conciencias separadas.

Sois átomos creados,
eternamente amados.
Aquello que es Uno, Creador/a,
es consciente de sí,
de todas sus partículas.
Vosotros sois parte de su Ser,
de su Cuerpo.

Y si una célula se queja,
su Conciencia la VISITA.

Por eso os decimos:
Átomos amados de Dios,
abríos a su Presencia,
pues cada una de vuestras voces,
peticiones, anhelos, etcétera,

la están llamando
a MIRAROS.

Y esa mirada es ENCUENTRO.

Átomos amados del cuerpo divino,
volveos hacia el rostro
del Amor que os responde.
¡Vosotros, aún sin saberlo, le habéis llamado!

151. Adorar

Tal como en vuestro mundo se reconoce a un creador por sus obras
y éstas, en ocasiones, generan admiración hacia esa persona
y una cierta veneración,
así todo lo creado se asombra
intuyendo la grandeza de lo Creador.

Por eso desde esa admiración
se pasó a la adoración.
Y de ahí surgieron ciertas distorsiones
que ordenaban a los hombres adorar a Dios,
como si Aquello que es Uno lo necesitara.

Éste no es el sentido de adorar.
«Ad-orar» es ORAR HACIA,
es volver la atención hacia la Esencia Original,
hacia lo Mayor,
y esto procede del reconocimiento.
Nada más.

No se puede obligar ni ordenar hacer esto.
La admiración surge de manera espontánea
y ella, por sí sola,
ya es «ad-oración».

El canto es «ad-oración»,
y lo es la poesía,
y la palabra bien dicha,
y los gestos con arte,
y cualquier forma de CREACIÓN,
es decir, de DONACIÓN, de desprendimiento,
de entregarse a la fluidez siendo uno con el Fuego Creador.

Eso es adoración,
¡aunque uno no crea en Dios!

La «ad-oración» surge de la admiración,
del reconocimiento de LO QUE ES,
y de la EXPRESIÓN de esto.

Así, cualquier arte es «ad-oración».
Especialmente si se alcanza
el mayor Arte de todos:
VIVIR en verdad.

No tiene sentido mandar adorar a ningún «dios».
Es absurdo.
Ya «ad-oráis a Dios».
Hacerlo conscientemente, gozándolo y recreándoos,
o hacerlo sin darse cuenta, ésa es otra cuestión.

Todo «ad-ora» a Dios en un momento u otro...
TODO.

152. Habitar el nombre

Habitar el nombre es vivir del todo la esencia que,
de uno mismo,
puede ser contenida en vuestro nombre,
según la verdad de vuestro nombre
y según su capacidad.
Vivir esto es algo grande.

Pero no os asombréis por esto,
porque lo verdaderamente grande sucede
cuando vuestro nombre
es cambiado y ampliado,
de modo que podáis llegar a contener
en él a toda vuestra creación,
a vuestra esencia divina al completo.

Eso es lo verdaderamente grande
y a eso estáis llamados.

153. Invocaciones, nombres de lo mayor

Hay algunos nombres que no pueden ser conocidos por los humanos,
sino sólo por nosotros.

Nosotros somos quienes en su momento los pronunciamos
para invocar el descenso de lo Santo,
porque el ser humano no puede nombrar o invocar
aquello que sobrepasa su entendimiento
sin deformarlo.

No basta con conocer sonidos, ritmos, pautas, letras.
Eso en sí mismo no es más que piel vacía.
Ha de existir resonancia en lo íntimo,
entendimiento profundo de lo nombrado.

Viene lo que llamas,
pero lo que llamas no siempre es lo que tú crees que llamas.

Por eso se dijo que el verdadero nombre
de Dios nadie podía decirlo,
ni siquiera nosotros.
Y es verdad.

Sólo aquellos que están muy cerca de su grandeza
son capaces de decirlo sin distorsionarlo,
y esto son «altas esferas», por así decirlo.
No las que vosotros conocéis,
ni las que nosotros, ahora, podemos manejar.

Y en todo caso, estar muy cerca tampoco basta,
aunque sí aproxima mucho.

Escuchad: en realidad no existe un Nombre de Dios
porque tal nombre debería contener al Misterio,
y *Éste, no puede ser dicho,*
sólo «*SER-LO*».

154. Ser el Misterio

Por eso, quien quiera conocer el Verdadero Nombre de Dios,
sólo tiene un verdadero camino para ello:
ser habitado por el Misterio,
«SER-LO».

Esto en sí mismo es un Misterio.

Ved: la Llama Sagrada todo lo une,
con ella y en ella podéis unir al Todo en vosotros.
Eso sí,
en la medida de vuestra capacidad.

La Creación no es más que un tejido entre esferas,
un collar de conciencias entretejidas,
un tapiz de diversidades alentadas
y unidas por el Fuego Santo.

Por eso la Creación no es distinta o
está separada de lo Creador.
Estáis en SU cuerpo.
Somos SU cuerpo.

El cuerpo de la Creación es el cuerpo de la Esencia Creadora.
En esencia no hay diferencia.
En vosotros está.
Por eso podéis «SER-LO».

Cuando viváis esto no sentiréis la necesidad
de saber ningún nombre,
porque eso que añorabais o que os parecía tan lejano,
eso que queríais acercar a vosotros

gracias al uso de las palabras,
lo sentiréis EN vosotros
de inmediato y SIN DISTANCIA.

Ahí toda carencia se colma
y toda sensación de necesidad se esfuma.
Ahí empieza el verdadero Ser.

Buscad el camino del Ser
y no os defraudará.
Buscad sencillamente SER,
pues todo, en esto, está contenido,
en Ser.

155. Ser somos

Pero veréis que el Verdadero Ser no es «ser uno mismo»
como alguien separado del resto
o «independiente».

Eso es ser como un planeta que aún cree
que sigue «su» propio rumbo,
un rumbo desconectado del resto del sistema solar
o de una galaxia.

Eso es semiser,
porque la consciencia enfocada
en el sólo sí mismo
no abarca todo LO QUE LO UNO ES.

El Verdadero Ser del que os hablamos
es «Ser-con», «Ser unido-a».
Es...
SOMOS.

Ser Unidad,
Ser parte de lo Uno
es SER.

Hasta ahí, aún falta.

156. El Camino del Ser

Entonces, el Camino del Ser
es el Camino de la UNIDAD.
No hay otro.

157. Kamael, la fuerza

Venimos en nombre del *Puro que Ve a Dios*.
Él es la Fuerza.
Somos la Fuerza.

Algunos le llamaron Kamael
pero este nombre ha sido oscurecido
con diversas confusiones,
pues la Fuerza, en cierta esfera terrestre, cayó.
Por eso no se la comprende bien.

Decimos: la Fuerza sólo puede proceder
del Puro que Ve a Dios.
Somos esto,
venimos desde Él.

158. Medicina de Kamael-1.
Ver y ser

¿Quién es Kamael?
La Fuerza.

¿Qué es la Fuerza?
Lo que actúa desde la perfecta limpieza y en ella,
sin tendencia ni personal intención.

Por eso decimos: es del Puro que Ve a Dios de quien hablamos,
porque ver a Dios es un estado de SER
más que un modo de «ver».

Ver a Dios es incompatible con ser falsedad;
es SER VERDADERO.

Si no eres verdadero
¡jamás verás a Dios!
Tu suciedad empañará tu percepción
y te hará ver sombras de lo real,
confundirte, malinterpretar,
aunque te hayas
aproximado a lo real.

Pero aproximarse no basta para ver: «Esto es esto».
Se ve bien, o se ve a medias.
El Ver que procede del Ser
es el más alto grado de visión.
Este Ver sólo se alcanza, decimos,
siendo VERDAD.

Por eso se os dijo:
«Los Puros verán a Dios».

Se quiso decir: los limpios.
¿Y quién es limpio?
No el que se lava todo el rato,
no el que no se ensucia,
sino el que permanece *siendo lo que ES,*
el que es su esencia de modo perfecto.

Limpio es puro,
puro es perfecto según su naturaleza.
Cada uno ha de ser puro a su modo,
chispa perfecta según su esencia.

Kamael es Fuerza
porque es el Limpio que Ve a Dios.

Entended esto
y sabréis lo que es la Fuerza.

159. Medicina de Kamael-2. Verdad y perdición

Para ser la Fuerza no se precisa nada más
que vivir en la verdad,
volverse verdadero.

La mentira os aleja de la Fuerza,
porque la mentira es medio ser,
medio ver, medio decir...
Medio... medio... y al final ni carne ni pescado,
nada.

La mentira es alejamiento de lo real.
Entonces, ¿qué clase de fuerza puede vivirse
en una situación así,
que ni es ni no es?

Si vivís en la mentira
se pierde vuestra energía
regando la estructura falsa de vuestra semivida,
como el agua que se escapa por una vasija agujereada
o como el caudal que se desperdicia
yendo por un cauce inútil
que no lleva a ninguna parte
ni sirve a vuestro verdadero ser.

Eso es perder energía,
PERDERSE.

Pero sólo se pierde energía cuando uno la entrega a lo falso,
a una mentira.
Como la mentira no tiene cimientos ni consistencia,
os deja con pérdidas y una estéril vacuidad.

160. Medicina de Kamael-3. Volver a casa

Estáis perdidos
porque habéis perdido vuestra verdad;
vivís como separados de vuestra real Esencia.

Si os volvéis verdaderos os encontraréis
y no estaréis más perdidos, sino a salvo,
en casa,
sea donde sea que estéis.

Porque estar en casa es SER.

161. Medicina de Kamael-4. Ser o no ser

Mentir es ocultar.
Mentir es empañar.
Mentir es dar pistas falsas
o seguirlas,
pues tan malo como mentir a otro
es mentirse a uno mismo.

Eso es condenarse al No Ser.
Eso es precipitarse hacia el sufrimiento,
hacia la media vida,
nunca hacia la plenitud.

Y vuestra esencia interna agoniza con esto,
porque vuestra esencia interna, chispa de Fuego Vivo,
aborrece la constricción
a la que la falsedad la obliga.
Eso es para ella mordaza, y es VENENO.

La mentira os contamina.
Vivís en un mundo contaminado
porque actuáis llenos de mentira.

Entre las mentiras que reconocéis
y las que ignoráis por estar autoengañados,
la proporción de falsedad es tal
que podemos decir que no vivís en verdad
sino que soñáis que vivís en un mundo imaginado.

Y si este sueño fuera recreativo, tendría sentido,
como quien juega a «ser» otra cosa
pero no se engaña.
Sin embargo, os creéis vuestros «falsos seres»
y los defendéis con uñas y dientes.

Vuestra mentira os hace débiles
porque os impide Ser,
y eso os convierte en seres sufrientes.

No os estamos acusando.
Sólo os mostramos algo.
Éste es Kamael.

162. Medicina de Kamael-5. Jugar, tipos de sueño

Jugar es jugar;
mentir es otra cosa.
Podéis jugar cuanto queráis,
pero ¡no mintáis!

El niño que juega no miente,
sólo simula situaciones en las que aprende
y se entrega a ellas concentrado,
con total sinceridad.

Pero vosotros no jugáis,
sino que mentís.
Adoptáis la falsedad
y os entregáis a ella sin reservas.

Eso es la llamada «matrix»,*
la estructura creada por lo falso
entre innumerables semiconciencias unidas.

Y decimos «semi» porque NO están despiertas.
Hay una relación entre el mentir y el dormir.
Quien sueña simula, vive lo imaginado,
pero eso no tiene por qué ser mentir
aunque puede serlo.

---

* Aluden a la película *Matrix*, aunque no quieren decir que ésta tenga un significado literal. Se refieren a una metáfora de lo ilusorio, pero con una connotación dañina, a diferencia de las «ilusiones» de un niño inocente que juega.

Urboreas

Existe un juego con la fantasía que usa lo real
y busca la pureza del ser,
aunque emplee apariencias adaptadas
a la pequeña comprensión de alguien.
Eso es lo normal, es adecuado.
A un niño no se le puede explicar el mundo sino con cuentos.
Todos vivís cuentos porque no podéis, aún, entender lo real.
Pero esto no es mentir, sino estar aprendiendo.

Pero existe un sueño, un juego, que busca perpetuar lo falso
y oscurecer, de paso, a lo real,
¡no sea que la realidad le pise sus planes!

Este sueño alimenta la falsedad y le construye monumentos.
No desea desprenderse de ella,
y quiere, además, que todos los demás sigan ciegos,
fijos en lo falso,
para que el falso sueño no se desmorone,
carente de energía que lo sustente.

Eso no es aprender, sino ser vampirizado
por lo falso
o vampirizar a otros en su nombre.
Es de este «sueño» del que os decimos
que vuestro mundo está contaminado.

El sueño del niño que aprende es puro,
aunque sea limitado.
Por eso los que son verdaderos niños, en su sueño,
pueden ver a Dios.

163. Medicina de Kamael-6. Fuerza y limpieza

En realidad no se puede hablar de la Fuerza
intentando definirla;
sólo se puede mostrar en qué condiciones ésta puede actuar.

Ni siquiera el Acto de la Fuerza
es el acto que pensáis.
Ya os lo hemos dicho: la Fuerza, en cierta humana esfera, cayó;
por eso, por lo general, la interpretáis de otra manera.

El fuerte no es que actúe,
el fuerte es acto porque ES.
Le basta con su presencia,
porque la intensidad del Puro que Ve a Dios
ya es acción,
ya es Fuerza actuando.

Pero el Puro que Ve a Dios no puede ayudaros
mientras elijáis mentira frente a verdad,
pues su Medicina es Fuerza
que actúa en lo real.

Si no sois nada real
la Fuerza no tiene dónde apoyarse,
y pasa sin más, sin interactuar con vosotros,
porque estáis en otra dimensión,
en el mundo de lo falso.

La Fuerza os resbala.
Está ahí, pero no la veis.
Está ahí pero no la sentís.

Urboreas

No os hace efecto
porque lo real va por un lado
y vosotros por otro.

No se puede hacer nada, pues,
con el que elige ser falso.
Se precisa aunque sea un átomo de verdad en alguien
para que la Fuerza actúe ahí.

Quien tenga un átomo de verdad
y esté dispuesto a ser más y más verdadero,
ése puede invocar a la Fuerza y pedirle su ayuda,
que no es otra cosa que LIMPIEZA de la falsedad,
y eso es curación profunda.

Limpiaos de vuestras mentiras,
y lo que a ellas se agarra como un parásito
o como pátina oscurecida
por si solo caerá.

Kamael es fuerte porque ES Verdad;
por eso a todo Kamael se le encomienda
la Medicina de Limpieza más potente,
porque sólo quien es verdadero
puede acertar y arrancar lo dañino,
esto es: lo que NO es Verdad.

164. Medicina de Kamael-7. Lo real

El mundo necesita la Medicina de Kamael
pero no la entiende bien.
Creen muchos que se trata de espadas que cortan cabezas,
de guerreros que destripan a los malvados,
de justicia sin piedad.

Pero la Fuerza no es eso.
La Fuerza permanece en todas las cosas e impregna LO REAL.
Por eso no la conocéis,
por vuestro alejamiento de lo verdadero.

Así, cuando comprendáis lo que es la Divina Fuerza,
cuando la «veáis»,
seréis uno con Kamael
y os habréis hecho uno con su Medicina: la Verdad.

Sólo entonces, curados de vivir en lo falso,
podréis ser hijos de Kamael,
actuadores en la Tierra de su brazo.

Y os decimos que lo que este brazo mueve
nadie lo puede torcer ni cambiar,
porque hablamos de un movimiento verdadero,
hablamos de un acto... real.

Y lo real es lo real,
aunque esté oculto u ofuscado.
Es inamovible.
Lo que ES, ES.

165. Medicina de Kamael-8. Perversión

Cuando os decimos que la Fuerza cayó
en cierta esfera de la creación,
no queremos decir que ésta, en sí, dejara de ser lo que es,
porque la Fuerza ES.

Lo que queremos decir es que la vivencia de
la Fuerza se pervirtió en ciertos seres.
Es decir, según ciertos modos de vivir, la Fuerza se desvirtuó,
dejó de ser virtud para ser una versión falseada de ella misma.
Eso es «per-versión».

Pero ahora os hablaremos de la caída:
toda perversión es caída en mayor o menor grado.
Toda pobre o deformada versión de LO QUE ES en vosotros mismos,
o en otros seres,
es caída.

Por eso, todos estáis caídos o lo habéis estado.

De no ser así, estaríais SIENDO
y no estaríais aquí leyendo esto... sino en otro estado de Ser.
Esto no son letras para seres que son y viven ya la plenitud,
sino para seres caídos que piden levantarse.
Y como anhelan esto, la ascensión,
les mostramos atisbos de lo real.

Así pues, Kamael ayuda a ascender...
¡como todo el Cuerpo Angélico!,
pues os ayuda a Ser Verdaderos.

166. Ascender, ¿qué es?

La ascensión no es despegar los pies del suelo
y marcharse a otra parte.
La ascensión es ocupar el verdadero espacio,
desarrollar el total potencial de vuestro ser.
Ascender es LLEGAR A SER.

Eso implica crecer tanto hacia abajo como hacia arriba,
porque,
si no estáis enraizados...
¿qué os sostendrá mientras crecéis?
Si no os alimentáis también de lo de «abajo»
estaréis desequilibrados, incompletos, anémicos.

Habéis de ser como el árbol.
Por eso su símbolo, en todas las Tradiciones,
es Sagrado.

167. Partir de la Tierra

Partir de la Tierra sólo se hace de una manera: Transformándose.
De otro modo, aunque parezca que os vais,
os seguís quedando atados a esta esfera
porque la necesidad interna de completaros
y las cuerdas que os atan a lo terrestre
os impelen a permanecer.

Si partís de verdad, será porque os habréis transformado.
Esta transformación se realiza a través del
crecimiento y desarrollo natural,
según lo que es ser terrestre:
precisáis energía «de abajo» y energía «de arriba»,
por decirlo de algún modo.

Eso es vivir de verdad en la Tierra.
El árbol que ha crecido hasta su plenitud florece.
Luego, sus flores son fecundadas y da fruto.
Después el fruto madura y se dispone
a abrirse, a entregarse, a morir.

Sólo entonces, cumplida su razón de ser,
alcanzada la plenitud,
el «árbol» se puede marchar... dejando el mundo
sembrado de sus semillas/luz.

Toda partida de la Tierra que uno pueda
imaginar y no contemple esto
no es verdadera transformación y crecimiento,
sino un intento de trasplante a otro lugar,
o ser cortado, truncado sin más.

El trasplantado necesitará continuar el desarrollo de todos modos.
El cortado querrá empezar otra vez, de nuevo,
porque anhelará alcanzar la plenitud.

168. Transformarse, ser crisálida

El cambio de forma verdadero sólo acontece
cuando la crisálida se ha completado,
y esto se alcanza de manera NATURAL.
Aquí, o en cualquier otra parte, así es.

Nada ni nadie puede lograr que una crisálida
se salte etapas de su desarrollo.
O se forma del todo, o sólo es un feto a medias,
aún inviable para vivir por su cuenta,
y manipular este desarrollo con métodos artificiales
puede generar monstruos.

Nadie mete las manos en el vientre de una madre
para colocar él mismo las células del feto que se forma.
Tampoco ningún jardinero abre cada día la tierra
para hurgar en la semilla que germina.

Ser crisálida es entregarse al fluir de la Fuerza en ti.
O confías y te entregas, o no puedes transformarte.
Ninguna crisálida logra su transformación a base de autocontrol
o de programación intelectual de ningún tipo.
Ninguna crisálida puede diseñar a la carta su transformación
ni forzarla a cumplir un calendario según su capricho.

Ser gestado requiere entregarse.
Es la Fuerza, unida al saber corporal, la que hace el trabajo.
Tú puedes cuidarte,
pero nunca sabrás cómo se realiza exactamente el cambio,
porque el Misterio lo impregna.
Es más:
SIN MISTERIO NO HAY GERMINACIÓN.

169. Gestación y Misterio

El Misterio es el elemento *desconocido* que permite LO NUEVO.
Si no surge lo Nuevo, no hablamos de transformación,
sino de otra cosa.

Para dejar que el Misterio actúe, pues,
hay que asumir cierta ignorancia como parte del proceso.
Si quieres saberlo todo,
si quieres desentrañarlo todo,
serás como el que disecciona semillas cuando germinan
y las estropearás.

Si eres crisálida, déjate en paz.
Sin quietud y sin aceptación del silencio
no puedes ser gestado
por las fuerzas del universo que, unidas,
son la Fuerza.

Así, es la naturaleza la que os puede enseñar mejor que nadie
qué es transformarse
y cómo lograrlo.

Estudiad su «libro», observadlo y tomad nota,
porque no sois distintos de un huevo, una semilla
o un embrión.

Si queréis vivir algún día la ascensión, pues, recordad esto:
Ascender es transformarse,
y para transformarse hay que recordar lo que es ser natural
y serlo.

170. El mercado de la ascensión

Os intentarán vender métodos tecnológicos y fascinantes,
incluso implantes de aceleración,
para salir del capullo cuanto antes
o para diseñaros las alas según vuestro capricho.

Nosotros os decimos: ¡tened cuidado, no sea que os deformen!
Que no os haga creer la manipulación foránea
que sois independientes y capaces de volar ya por vosotros mismos,
cuando en realidad dependeríais de sus «implantes»...
y deberíais acudir periódicamente a revisión
y al recambio de «piezas»,
o, incluso, pagar religiosamente impuestos por ello.

Cuando entendáis lo que es Ser Naturales
no os acuciará ningún miedo
ni tampoco tendréis prisa.

No caeréis en la tentación de ser manipulados
para acabar antes, o para «ser mejores»
según lo que se supone que es «mejor».
Sólo querréis ser lo que sois verdaderamente en esencia.

Si comprendéis lo que es Ser Natural,
sabréis que de igual modo que un feto necesita nueve meses,
una crisálida de luz gestando a un inmortal
tarda... lo que tarda...
en COMPLETARSE.

Cuidaos, alimentaos, estad en vuestro lugar,
sed limpios, vivid en la verdad
y todo os llegará.

171. Programarse

Algunos se preguntarán: «¿Por qué Ser Naturales,
si parece que se acaba antes o se logra más retocando lo natural
con añadidos tecnológicos o manipulaciones recién inventadas?».

Decimos:
¿Conocéis vuestra plenitud?
¿La habéis experimentado?
Entonces... ¿cómo sabéis que unos arreglos desde fuera
os harían «mejores»?

¡Tantos seres se añaden manipulación sobre manipulación,
programa sobre programa,
decreto sobre decreto...
intentando «mejorarse»...!

En lugar de eso, más les valdría limpiarse,
desbloquear lo que traba sus canales internos,
desatarse incluso de decretos y juramentos.

Parecen sacos amordazados,
pero creen que lograron la quietud y el control de su vida
sólo porque ya nada puede casi moverse en ellos.

Sin embargo, la energía reprimida tarde o
temprano revienta las costuras
y se desparrama, ahora sin orden ni control.
Entonces surge el asombro y la desesperación,
pues uno se creía a salvo, controlado,
y sin embargo todo ha explotado.
Desastre.

172. Amar la naturaleza

Muchos son como semillas que, cuando van germinando,
se ven rodeadas de mercaderes
que les ofrecen nuevos diseños de crecimiento
o les inducen a ser «esto» o «aquello».
Pero ellos no atienden a la esencia real
que late oculta en el germen de esa semilla.

Y no les importa,
pues lo que quieren es vender su producto
o rediseñar el mundo según su idea de cómo debería ser.

Pero la semilla que quiera ser árbol pleno
tendrá que desarrollar el propio potencial,
limpiamente y sin injerencias de éstas.
Deberá confiar en su germen oculto,
lo cual implica *asumir el Misterio*.

Otros muchos ya germinaron,
pero son como árboles mil veces retocados,
grabados, llenos de andamios,
de microchips, de lazos,
de desvíos y metálicos canalículos,
o simplemente bonsáis.

Y hay quien ve esto deseable,
o incluso bello.
Si sois de éstos nuestro discurso no os gustará.

Sólo si amáis a la naturaleza en su esplendor
y consideráis que tal cual es, ya basta,
el camino que os presentamos os resonará como el vuestro
y lo amaréis.

Y así está bien,
porque sólo el amor puede sustentar el camino de la transformación.
Sí. Sólo el amor.

173. Mercaderes endiosados y verdaderos padres

Ved: sólo el ser natural es libre,
independiente de los «técnicos»,
de los que suministran «piezas».
Y tal y como es en la energía,
así es en la mente.

El drogadicto, o el dependiente,
adora al suministrador como a un «dios».
He ahí muchos falsos dioses:
¡no son más que mercaderes!

En cambio, quien elige ser natural,
aunque mientras sea niño dependa de sus padres,
tarde o temprano puede alcanzar una independencia.

Entonces ya no ve más a papá-y-mamá que suministran,
lleno de ansiedad.
En lugar de eso puede vivir el *amor/amistad* con ellos
y, si lo desea, ir y venir de su lado a voluntad.
Eso es libertad.

Y la verdadera Mamá, y el verdadero Papá
se regocijan con la plenitud y libertad del que fue su niño
y se alegran de verlo ir y venir por el mundo,
porque así vive lo que es.

Por eso os decimos que nada iguala a un embrión natural
que se desarrolla y que, alcanzada su plenitud,
da lugar a un nuevo ser capaz de moverse por sí solo,

de crecer y cambiar de manera armoniosa,
y de reproducirse a su vez,
si lo desea.

Y lo deseará hacer de un modo u otro,
porque eso es ser natural.

Ser natural lo abarca TODO.

174. Medicina de Rafael-36. Compartir el dolor

Quien es Rafael ha sido todo lo que es.
Por eso puede sanar, porque lo comprende todo.

Por eso también decimos que Rafael es Relación.

El aislamiento no es Rafael.
Rafael es compartir incluso el dolor.

Quien es Rafael comparte todo y está en todo;
por eso la mezcla fluye y la curación se produce.

Si la Medicina pretende mantenerse aparte,
sin mezclarse con lo enfermo, no actúa y permanece inerte.

175. Medicina de Rafael-37. Destrucción de murallas

Cuando las murallas que aislaban se desmoronan,
hay agitación, alteración, caos,
e incluso puede surgir dolor y sufrimiento,
porque muchas cosas hasta ahora obstruidas
y enmudecidas se liberan.

Rafael licúa las murallas de piedra más duras,
deshace las fronteras,
disuelve las trabas ocultas.

Pone en contacto las diferentes partes para que se mezclen
y se libere su movimiento detenido, su impulso retenido,
su gesto reprimido.

Esto es difícil de vivir en un primer momento;
es como la fiebre.
Pero, a la larga, con la mezcla,
cada cosa encuentra su lugar,
y los impulsos y fuerzas desatados se apaciguan,
encontrando todo un nuevo equilibrio
que ya no procede de la represión y el aislamiento,
sino de la COMPRENSIÓN.

Rafael es comprensión profunda,
y ésta jamás puede surgir del aislamiento,
del no diálogo, del no encuentro.

Encontrarse es Rafael,
¡encontrarse de veras!

Rafael es la oportunidad de curación que surge en el encuentro.
Rafael es el milagro de la reunión.
A esto llamamos Rafael,
a quien es y actúa esto de un modo puro.

176. Medicina de Rafael-38. Elegir la unidad

Somos uno en Rafael
y él nos lleva a todos hacia lo Uno y Eterno.
Todos estamos siempre juntos.
Los que servimos a la Unidad así somos,
así es.

Porque somos servidores de la Unidad lo decimos
e insistimos:
vamos y venimos siempre todos, unidos;
que nos percibáis a unos o a otros es otra cuestión
que depende de cuál es vuestra mayor necesidad
en un momento dado.

Vosotros también os movéis juntos,
pero no siempre lo sabéis.
Y aun sabiéndolo, no siempre lo notáis.
Y aun notándolo, no siempre lo queréis.

Dentro de la Unidad que Es,
hay quienes viven actuando al margen de esto
o incluso en su contra.
Sed conscientes de que así son las cosas
para entender mejor cómo funciona el mundo.

También es así para los ángeles.
No todos sirven a lo Uno.
Hay quienes actúan con tendencia,
queriendo favorecer a unas partes de la creación más que a otras
y decidiendo esto «por sí mismos».

Pero sólo creen que las favorecen, porque,
desde la separación y la preferencia,
¿cómo puede un cuerpo estar sano
ni recibir verdadero beneficio?
¿Acaso te ayuda quien te separa del todo?

Algunos pretenden ayudar a una parte
separándola del resto,
tratándola como si fuera más digna que las demás
y enseñándole que los demás «son menos».

Pero éstos yerran,
pues conducen, a la larga,
a una deformidad del Cuerpo de la Creación,
a la pérdida de la armonía.

Y donde empieza el desequilibrio,
la salud desaparece.

177. Rafael y Kamael unidos

Así pues, desconfiad de quien os ofrece un
privilegio «sólo para vosotros»
asegurándoos que sois elegidos por ser mejores
y que los demás no merecen tanto.
Aunque lo digan ángeles... es mentira.

En cambio,
sí es cierto que no todos podéis vivir todo al mismo tiempo.
Para cada vivencia hay un momento,
cada cosa tiene su lugar.
La comida que a un adulto beneficia
a un bebé recién nacido lo puede matar.

El adulto es llamado o «elegido» para ingerir la comida adulta
y experimentar las vivencias adultas,
mientras que el niño es «elegido» o llamado a las que le son propias.
Todo tiene un orden natural, y así está bien.

Por eso, no todos son elegidos para lo mismo,
¡pero no se trata de que unos seáis «mejores» que otros,
ni más valiosos o dignos!

¡Ay de quienes venden la idea
de que no todos están llamados a ser adultos,
o de que los bebés «son inferiores»!
Su error es su caída,
y de ésa, os aseguramos,
les va a costar mucho levantarse.

¿Por qué?
Porque están convencidos de que se hallan en lo alto.

Sólo puede levantarse quien se reconoce postrado en el barro.
El que está lleno de lodo y paralítico,
deforme y ciego,
pero se cree y se pretende santo,
sano y hasta «superior», ése
sufrirá más que ninguno,
porque vive una durísima paradoja interna:
hay en él realidades que luchan entre sí,
mentiras que impiden que le llegue la medicina.

Su ser grita: «¡Estoy enfermo!»,
pero él proclama: «¡Estoy bien, y soy superior!».
Entonces... ¿qué ocurre?

La mentira aleja la curación
porque impide el reconocimiento de lo real.
Por eso, Quien ES Rafael es verdadero
y cura desde lo real.

He aquí: Rafael y Kamael están unidos POR SIEMPRE.
Todos lo estamos,
pero hoy os hablamos de ellos:
Auténtica Relación y Verdad son una misma cosa,
eternamente.

De ahí radica la FUERZA de toda MEDICINA:
de la pureza,
del reconocimiento de lo real,
y del tratamiento desde lo verdadero
a través de *una RELACIÓN*
entre *Medicina-Médico y Enfermo.*

178. Medicina de Rafael-39. Los tres pilares de la Medicina

Tres pilares constituyen la relación medicinal,
sin la cual ninguna Medicina es completa
ni, por lo tanto, del todo verdadera:
enfermo, médico y Medicina,
y van en este orden de importancia.

Con «enfermo» nos referimos a quien se reconoce como tal
y está dispuesto a sanarse,
pues hay muchos enfermos que no se reconocen tales
o no quieren curación,
y entonces no forman parte de los tres pilares de la curación,
pues se mantienen separados.

Con «médico», aludimos a todo aquel que presta su ayuda
al que se la pide para sanarse.
Esto también tiene su profundidad.

Y «Medicina» es la energía/relación
que surge entre ambos y el Todo.

179. Medicina de Rafael-40. Medicina es relación

Para entender lo que es la Medicina hay que entender las relaciones.
Incluso una píldora medicinal es relación,
fruto de relaciones,
y es dada a través de una relación.

Pero la verdadera Medicina es la relación,
no la pastilla.
La pastilla sólo es una parte de ésta
(y esto ni siquiera es cierto siempre,
pues no todas son lo que dicen ser, curativas).

Tampoco es un gesto la Medicina,
ni un canto,
ni una oración.
Eso son sólo partes de ella.

La Medicina es inseparable de la RELACIÓN.
Meditad sobre esto y entraréis en la Puerta de la Medicina total,
la que procede de TODO LO QUE ES,
la que puede fluir a través de las mil relaciones
y llegar a vosotros
o a otros a través de vosotros
cuando estáis plenamente relacionados
con el Todo.

Es decir, CONSCIENTEMENTE relacionados,
y abiertos a esto,
dóciles al SER.

180. Ángeles caídos

Os decimos a veces que no todos los ángeles sirven a lo Uno.
Esto es un dicho adaptado a vuestra comprensión,
pero ahora vamos a hablar más sobre ello.

Hay ángeles cuya esencia no brilla
o no lo hace con pureza
porque están desencajados del estado de Unidad.
En esto es en lo que radica toda «caída».

Reconoceréis al ángel caído porque es tendencioso
o pretende mostrarse como «individuo» separado
del resto del Cuerpo Angélico.
Otros actúan en facciones,
pero se pretenden igualmente separados.

Vuestro entendimiento limitado así ha captado
las cosas por mucho tiempo:
nos visteis como individuos separados,
seres alados que iban y venían...
pero es tiempo de rectificar esto:
no somos individuos.

Una cosa es percibir un mundo de separación
porque uno vive en la limitación y está dormido,
y otra cosa es fomentar esta visión
de manera sediciosa, deliberada o caprichosa
por parte de quienes «saben» la verdad.
Y eso es lo que han hecho muchos.

El Cuerpo Angélico es Uno,
pero, como todos los cuerpos,
vive diferentes estados

y algunos son sombríos,
pues existe en él la LIBERTAD.

También vive el crecimiento, el movimiento y los cambios,
pues *lo eterno no está exento de pálpito*.

Adquirid discernimiento con esto,
e invocad con conciencia.
Si lo hacéis desde el anhelo de la Unidad,
desde su reconocimiento,
a vosotros lo unido vendrá.

181. Caídos: el cuento del rey desnudo

Estad atentos a las presencias que os hablan
o inspiran de diferentes maneras,
ya se llamen a sí mismas angélicas o no.

Decirse ángel no siempre significa serlo en pureza
y potencia perfectas,
tal como tampoco decirse «ser humano» siempre
significa serlo en verdad,
plenamente,
sino que muchas veces sólo significa
ser una sombra de esto.

Los humanos dormidos tendéis a considerar como intachable
a todo ser que os parece que tiene más poder que vosotros,
y a ése le llamáis «superior».

Os cuesta imaginar que esos «seres superiores» se equivoquen,
que no sean infalibles,
o, lo que es peor,
¡que actúen deliberadamente con engaño o malicia!

Pero el ser humano ha de despertar y dejar
de ser ingenuo como un niño.
Ha de crecer y volverse adulto,
y al mismo tiempo ha de ser un niño verdadero.
Ahora es un niño con «mañas»,
un niño maleducado,
torcido por las presiones del mundo de la mentira.

El ser humano ha de aprender a ver las cosas como lo que son
y dejar de esperar,
de los seres «invisibles» que parece que ostentan cierto «poder»,
fiabilidad total y conductas intachables.
Ha de dejar de deslumbrarse por cualquiera
que se ponga el traje y la corona,
y diga: «Yo soy tal o cual».

El ser humano ha de ser como el niño listo del cuento,
que veía al rey desnudo donde los demás
hombres y mujeres del pueblo,
cargados de programación mental, miedos y pretensiones,
negaban la evidencia
y se decían que el rey estaba ricamente vestido.

Ese cuento es un símbolo de ciertos poderes
que tomaron asiento en vuestro mundo hace mucho.
No sólo son «reyes» físicos,
sino también poderes del mundo llamado «invisible».

Queda muy bien decir que están «vestidos»,
pero es que *estáis enseñados para verlos así,*
para deslumbraros debido a su luz engañosa,
porque os han dicho que si los veis así, sois muy «espirituales»
y habéis alcanzado grandes logros en el camino.

Pero en realidad, he aquí una paradoja:
¡el verdadero REY sí está DESNUDO!

La diferencia con el rey del cuento
es que éste no pretende estar vestido,
ni fomenta la falsa visión en los demás,
ni adoración obligada alguna,
sino al contrario.

Por eso el verdadero REY
es amigo de los niños,
porque quien es de verdad un niño lo ve tal cual,
y la Verdadera Realeza se alegra por ello.

Aquí, nosotros mismos nos quitamos del «pedestal»
donde desde hace siglos nos habéis encumbrado,
y no pararemos hasta romperlo en pedazos.
¡Basta de adorarnos!

No somos más que vosotros
y venimos a serviros,
a ayudaros a volver a lo Uno,
desde lo Uno.

Os mostramos un atisbo del rostro sombrío de los ángeles.
Así nos liberamos,
así os liberamos,
porque no hay diferencia:
vuestra libertad es la nuestra.
La *VERDAD NOS LIBERA.*

182. Medicina de Miguel-18. La Espada y la Lanza

La Espada ha de descender del Cielo,
pero no lo hará si al mismo tiempo no brota,
de la Tierra,
la Lanza.

La Espada de Miguel es una
con la Lanza de la Tierra.
Esta última ha recibido diversos nombres
que ahora no importan.
Importa que brote, que salga,
que rompa las estructuras que la aprisionan
hasta que vea la luz.

Sí, hemos dicho «romper».
Hay una cierta violencia en el nacer,
en el despertar,
en el germinar.

Es la Sagrada Violencia sin la cual
el Nuevo Mundo no puede
llegar a ser.

Éste es Miguel.

183. Medicina de Miguel-19. Caos y orden naturales

Ha de haber unidad entre la fuerza de la Tierra
y la fuerza del Cielo.
De otro modo el nuevo ser no es sino un amasijo deforme,
un hijo contrahecho,
alguien desequilibrado.

Y lo desequilibrado no parará
hasta enderezarse,
completarse,
reordenarse,
porque si no, no tendrá paz.

Su propia guerra interior le incitará a buscar curación.
Su vida será caos
mientras no alcance el verdadero orden,
la armonía natural.

Escuchad: hay un Sagrado Caos
y hay un caos que engrenda dolor.
El primero es fértil,
permite a los seres vivir
y desarrollarse sin traumas.
Es un caos «Matriz-ial»
no exento de un orden natural.

El segundo caos es el desorden,
entendido como lo antinatural,
lo tergiversado,
lo perverso,
lo deformado.

Cosas fuera de lugar,
estridencia, saturación,
energía incapaz de alimentar
ni de sustentar otra cosa
más que dolor,
enajenación,
sofoco.

Discernid en qué caos vivís
y si éste os sustenta o no,
y seréis capaces de discernir también
qué es, verdaderamente, el Orden,
el Sagrado Orden Natural
inherente a la Creación.

184. Miguel y Kamael unidos-1. Violencia sagrada

Os hemos hablado de la Espada y de la Lanza.
¿Qué es la Espada?
La Espada es Verdad.

Miguel la trae porque Miguel es conciencia,
y donde la conciencia está despierta,
la Verdad se ve, se sabe, se es.

¿Qué es la Lanza?
También es Verdad,
pero fijaos:
ambas no están exentas de contundencia.

Estamos hablando de Verdad que marca
un antes y un después,
de Verdad que separa
lo que es de lo que no es,
Verdad que discierne,
Verdad que aclara,
Verdad que, finalmente,
libera.

La Violencia de la Verdad:
poco se os ha hablado de ella,
y cuando ha sido así,
normalmente es malinterpretado
por los que siempre buscan la guerra,
«su» guerra.

La Violencia Sagrada ha de volver
porque es necesaria
en el acto de nacer.

Se corta el cordón umbilical de un tajo
y se destruye la placenta
porque ya no sirven más.

La mujer se abre sin poderlo evitar,
el bebé aprieta,
la fuerza que empuja en el nacer
es tan liberadora
como violenta.

No os asustéis de la violencia verdadera,
aquella que surge para separar
el trigo de la paja,
lo inservible de lo útil,
lo falso de lo que es.

Hay que desengañarse,
y eso es desagradable.
Ha de morir la falsa ilusión que os encadena.
Eso es violencia.

Abrir los ojos también lo es
si una persona siempre fue ciega,
pues la luz,
de repente, parece que hiere.

Sin embargo, esto es un bien
y la violencia se desvanece
a medida que la Verdad
y la Nueva Visión se abren camino
en ese ser.

Pero para discernir qué violencia es sagrada
(pues sirve a la Verdad),
y cuál es destructiva y enferma,

habéis de saber qué es la vida,
pues la Verdadera Violencia
sirve a la Vida Verdadera.

Y... ¿qué es la vida?

Si no sabéis discernir entre lo que ha de vivir
y lo que ha de morir,
más os vale no ejercer violencia alguna,
porque será injusta.

185. Medicina de Miguel-20. Violencia o no violencia

Tenéis un conflicto con la violencia
porque no la reconocéis como parte de todo lo que es,
y ha de ser.

Por eso condenáis a la violencia
a estar y ser en vuestra sombra.
Habéis entregado a la violencia
en brazos de la locura,
del desenfreno,
del desequilibrio,
y luego decís: «¡La violencia es mala!».

Es normal, porque la habéis empujado a ese rincón,
vosotros la hacéis así.

Habéis olvidado la Violencia Sagrada,
la sagrada fuerza que se impone
con contundencia
para terminar lo que no se puede prolongar más
sin que dañe a lo que ha de vivir.

Habéis desterrado, con ello,
incluso la autodefensa,
la justa autoprotección
frente a la agresión.

Por eso, la violencia ciega
que a la sombra habéis desterrado
os es desconocida
y os asusta.

Pero os está buscando,
porque toda sombra busca a su amo
o a quien la desterró
al rincón de lo «indigno».

La violencia vuelve
y en la sombra crece.
No son tiempos para decirse
que sólo la «no violencia»
logrará ayudaros.
Ya no es así.

Es demasiado tarde,
la sombra ha crecido excesivamente
y lo amontonado, por su propio peso,
va a desmoronarse y extenderse
como mancha de aceite.

O recuperáis la Sagrada Violencia
de la autodefensa,
de la protección de la vida,
de la férrea vigilancia de los límites
de vuestra «casa»,
o la sombría violencia,
en su acercarse implacable,
os barrerá.

Entonces lloraréis, ingenuamente,
porque creísteis que ser pacíficos
significaba ser siempre sumisos,
y que si no hacíais nada,
ni respondíais al agresor,
al tirano,
al irrespetuoso,
éste... se iría.

¡Gran autoengaño!
Veréis, si miráis bien,
que no suele ser así.

ÁNGELES DE LO UNO

Hay un espacio para la no violencia,
y otro para la Violencia Sagrada.
Si, por no hacerse violencia,
la mujer preñada cierra las piernas,
mata a lo que ha de nacer.
Ésa es la PEOR violencia.

Si por no molestar al que le daña,
el herido se deja golpear por segunda vez,
tal vez no lo cuente.
Eso es tremenda violencia,
pues permitís un asesinato,
y que sea el vuestro no lo hace mejor.
¿Entendéis?

La violencia INNECESARIA es dañina,
es injusta,
y genera más violencia.

Pero hay que saber ver
que a veces
es necesaria.

Cuando la violencia que la sombra acumula
se desparrame en vuestro mundo,
¿qué haréis?

Lleváis demasiado tiempo dormidos,
creyendo que lo único válido siempre
es no responder, dejar pasar,
mirar hacia otra parte.

La DEFENSA HA DE VOLVER.
Os hablo a vosotros, guerreros.

Éste es Miguel.

186. Miguel y Kamael unidos-2. Contundencia

Éstos son Miguel y Kamael unidos:
la Conciencia, Verdad y Fuerza
ejercidas con contundencia.

Por eso son limpieza, son despertar,
pero también son FINAL.

Los de Miguel y Kamael están siendo llamados a actuar.
La NECESIDAD llama,
el hueco espera ser colmado,
la esencia de Miguel y Kamael es reclamada
por la realidad actual.

Pero ¿qué es contundencia?
Es el acto que no se detiene en lo innecesario.
Si ha de ser inmediato, lo es.
Si ha de ser lento, lo es.

Contundencia Sagrada es no entretenerse
y persistir en la fuerza aplicada a un acto.

La contundencia ha de volver,
ha de aprenderse de nuevo,
porque se confunde contundencia
con una especie de fea violencia,
fruto de la «im-paz-ciencia».
No nos referimos a esto.

Cuando Miguel y Kamael van unidos
no se puede hacer nada para prolongar

más allá de lo necesario
un final.

Son acto justo,
y por lo tanto, si algo ha de morir ya,
o hasta lleva retraso,
muere DE INMEDIATO.

Pero sin justicia no hay beneficio.
Actuar esto sin ser justo es desacato, asesinato,
en definitiva: daño.

Entonces preguntaréis: «¿Cómo saber...?».
Os decimos: sólo desde la Unidad sabréis.
Desde vuestro único punto de vista, «separados»,
no sabréis discernir,
porque os faltará perspectiva
tanto del espacio
como de los elementos en juego,
como del tiempo.

Por eso Miguel y Kamael no pueden ser tales
sin estar DESPIERTOS.

187. Miguel y Kamael unidos-3. Alimentar los ojos

La visión de Miguel y de Kamael ha de volver.
Los ojos humanos han de abrirse a lo mayor,
o seguirán luchando en guerras sucias
en lugar de defender la vida inocente,
que es la que viene y nace, límpida,
desde la Unidad.

Es difícil comprender bien esto.
Sólo os damos un atisbo
para reflexionar e ir abriendo camino
a la futura comprensión
o darse cuenta.

En realidad, hasta que lo veáis por vosotros mismos
no lo veréis verdaderamente.
No basta con que señalemos en una dirección
si vuestros ojos no están abiertos.

Alimentad vuestros ojos
y éstos un día se abrirán.
¿Y cómo se alimenta un ojo?
Pues con VERDAD.

El ser humano participa de la mirada del ángel
si acaso se ha desarrollado lo suficientemente
y ya no vive separado.
Ése es el estado verdadero.
Ésa es la verdad que os hace crecer.

La verdad abre los ojos a los ciegos.
Ciego es el que vive en las sombras,
el inconsciente.

188. La espada de Arturo

Hay una leyenda en vuestro mundo
que habla de una espada profundamente clavada en una roca,
esto es, en la Tierra.
Sólo quien fuera capaz de extraerla
sería coronado rey.

Éste es el significado:
sólo quien se hace UNO CON LA TIERRA
y con su sagrada fuerza
es capaz de extraerla.

Por eso el joven Arturo,
por el que casi nadie apostaba,
pudo hacerlo: porque era un verdadero hijo de la Tierra.
Estaba unido a Ella,
y por lo tanto,
no encontró resistencia
ni oposición.

Fue la Tierra la que le dio las armas,
y fue la Tierra la que lo coronó.

189. La coronación de un rey

La fuerza sagrada que corona
asciende desde la Tierra.

Sucede como con la floración:
cuando la corola de la flor se abre
el Cielo te puede tocar,
pero no antes,
no a la inversa.

El Cielo siempre está ahí
y te nutre y acaricia,
lo mismo que la Tierra,
pero cuando la flor se abre...
es la plenitud.

Eso es ser coronado.

190. Falsas coronas

No esperéis coronas descendiendo del Cielo
como por arte de magia
si antes
no os habéis profundamente enraizado,
si no lleváis mucho tiempo
siendo uno con la energía profunda,
creciendo con ella,
y dejándola ascender
por vuestra columna.

¡Ay de aquel que se crea
que una corona reluciente
viene a posarse en su cabeza
como regalo de algún ser superior,
sin haber sentido el ascenso
de la energía telúrica previamente
por todo su CUERPO!

No basta con pensarlo,
hay que sentirlo.
O se siente o no se siente.
Si no se siente, es que no es tal,
pues la fuerza sagrada
que asciende de la Tierra
es precisamente contundente.

El que acepte la corona luminosa
como llovida desde lo alto
sin haber sentido su cuerpo traspasado
por lo de abajo,
ése se ha ENGAÑADO.

Esa corona no es tal,
aunque parezca de oro o de luz,
sino que es un artefacto
de DOMINACIÓN.

Su mente no será más suya
salvo que a la corona renuncie.
Y esto será difícil,
pues la falsa corona,
a la mente,
sugestiona, seduce, atrapa.

La falsa corona se defiende
alimentando al ego sin medida
para cegar todo residuo
de visión equilibrada.

Cuando el «coronado» se lo cree
y acepta el pseudorregalo,
el trato es hecho
y el pacto es firmado:
será esclavo para siempre
del poder que lo ha «coronado».

Entonces la única liberación vendrá por la renuncia.
Observad si a una riqueza estáis apegados
y sabréis si os libera
u os domina.

191. Verdaderas coronas

La verdadera corona
nadie la puede dar,
sino que es la culminación de un proceso,
es un FLORECIMIENTO.

Luego, eso sí,
el Cielo RECONOCE a la flor abierta
y la proclama reina.

La verdadera corona,
cuando se abre, LIBERA
y da verdadera vida
a todo el ser.

Ése es el eterno florecer
de los humildes...

192. Ser rey

La espada de Arturo es una con la Lanza de la Tierra.
La Lanza asciende de la Tierra, y hacia lo alto apunta su flecha.
La Espada del Cielo desciende.

Arturo unió lo que asciende con lo que desciende
en sí mismo;
por eso pudo ser JUSTO.

Por eso también, en ese momento,
supo su identidad,
porque sólo cuando los mundos se unen
en uno mismo
esta revelación se da.

Por eso se convirtió en rey,
porque rey es quien REÚNE
a lo diverso en uno mismo
de manera natural.
¡Eso es reinar!

Las demás coronas son adornos,
imposiciones, contratos,
cuestiones pasajeras.
El rey natural,
una vez que lo es, lo es.

Tarde o temprano
los demás seres lo reconocen,
pero no porque éste se otorgue importancia
o se imponga al resto,
sino porque YA está unido a todos.

Del rey natural emana Unidad,
serenidad,
integridad...
¡Eso es soberanía!

193. La balanza sagrada

Ésta es la Iniciación de la Balanza Sagrada:
a un lado la compasión,
en el otro la justicia.

Que en vuestras manos no pese más una cosa que otra:
tan llena esté una mano de compasión para dar
como la otra de justicia para actuar.

Dar y actuar son una misma cosa,
pero sus rostros son múltiples.
El dar de la compasión es irradiar desde el corazón
tanto como ACOGER en el corazón.

194. Acoger en el corazón

Quien dice que da y que es compasivo,
pero no acoge al otro DENTRO de su corazón,
no sabe lo que dice,
y no está viviendo la verdadera compasión,
pues ésta no parte del dar desde la separación,
sino del dar desde el «dejar entrar».

Cuando dejas entrar al necesitado
hasta el corazón de tu casa
y allí le das un plato de comida,
estás siendo compasivo,
pues en ese momento,
estando el otro *dentro* de tu espacio,
puedes comprenderlo y ser uno con él.

Ya no le estás dando desde la separación,
ya no le estás dando desde un pedestal
o desde una barrera que dice:
«Yo tengo más, tú tienes menos»,
o «Yo soy mucho, tú eres poco».

Ese dar es el dar de HERMANOS del corazón,
es un dar de camaradería,
es un dar que ACOMPAÑA,
que reconforta, que APOYA.
Ése es el dar que verdaderamente
hace falta en vuestro mundo.

Quien te da de ese modo
no te marca con el sello de «desgraciado»,

«pobre» o «incapaz»,
sino que lo hace desde la certeza
de que tan sólo existe una diferencia
debida a las circunstancias.

Dad así y no os equivocaréis.
Dad desde el acoger.
Dad desde el corazón abierto a abrazar el dolor del otro.

Cualquier otro dar se equivoca en algún punto
y perpetúa la «inferioridad» del que necesita,
aunque ésta sólo permanezca en su sentimiento,
en su interior.

195. La balanza sagrada y la hospitalidad

Pero para saber a quién acoger en el corazón de tu casa,
a quién dar comida junto al fuego de tu hogar,
hay que aprender el sagrado discernimiento,
pues hay ladrones que se disfrazan de mendigos
y que, inspirando pena,
entran sólo a merodear,
planeando cómo robar vuestro tesoro,
vuestro fuego o parte de él.

No seáis ciegos:
la compasión no está reñida con la justicia,
sino al contrario.
Ser ciego es ver únicamente con un ojo.
Tan ciego es el que sólo quiere ser compasivo
como el que sólo quiere impartir justicia.

La compasión del acoger en vuestro hogar
ha de ir unida a la justicia del discernir
y del actuar, si es preciso
para proteger vuestro sagrado espacio interno
de los asaltadores sin escrúpulos.

Por eso, quien quiera ser verdaderamente compasivo
habrá de aprender igualmente a ser justo,
y habrá de empuñar tanto la *cazuela* de comida para darla
como la *espada* para defender el Sagrado Hogar
y a quienes se benefician de su calor y protección.

Así, los ladrones son vistos antes de que entren,
o, en caso de entrar, se los expulsa sin tardanza,
y el Sagrado Fuego permanece abrigado,
cuidado, perfecto,
alimentando a quienes a su vera se reúnen
y lo cuidan con dedicación.

196. El deseo del fuego del hogar

No existe hogar sin fuego,
y sin esto, no hay posible compasión ni dar,
pues la compasión surge del Fuego Sagrado del Hogar
que desea servir a la vida y dar de sí a otros.

Éste es un modo de irradiar específico:
el modo del Fuego de Abajo,
el Fuego en la Tierra,
el Fuego que da desde la cocina
exquisitos y calientes alimentos
no sólo a su dueño
sino a otros,
cuando la hospitalidad se manifiesta,
generosa.

197. El fuego de abajo

Hay diversos fuegos que podéis vivir en vuestro interior,
y cada uno tiene su modo de dar.
Habíamos mencionado el Irradiar desde el Corazón,
o el Fuego del Centro.
Ahora os hablamos del dar del *Fuego de Abajo,*
que también irradia hacia el exterior,
aunque de manera indirecta.

La esencia y función del Fuego de Abajo
es diferente a la de los otros:
primero sustenta y da calor y vida a su dueño,
luego sirve para *cocinar,*
pero también puede dar calor, alimento
y comida a otros
si lo desea,
pues la hospitalidad nunca es impuesta,
sino elegida.

198. Hospitalidad

La hospitalidad está unida al discernir
para dar desde la compasión y la justicia.
Hospitalidad sin compasión es mentir
(alardear, comprar al otro, hacerse publicidad...).
Hospitalidad sin justicia es locura suicida,
abrir la puerta a los que, sin escrúpulos,
buscan vampirizar, robar o destruir sin más.

Si os amáis, no permitiréis ni la mentira
ni el desvarío autodestructivo en vosotros.
Y si amáis a vuestras relaciones,
tampoco permitiréis esto,
porque un hogar destruido a nadie sirve,
un fuego disperso o apagado es desastre,
HAMBRE y FRÍO
tanto para el dueño como para los familiares.

199. Ángeles de la Tierra

¿Quiénes somos los que os hablan
en estos últimos mensajes?
Nos vamos turnando,
empiezan unos y siguen otros,
pues nuestras voces proceden de lo Uno
y en ellas se encadenan unos ángeles y otros.

¿Habéis reconocido en los recientes mensajes
el sabor de la Medicina de Rafael?
¿Habéis reconocido la Medicina de Miguel?

Ahí han estado, pero todos somos un CÍRCULO
eternamente unido,
y entrelazada a esa enseñanza
intervino también la nuestra,
la de los *Ángeles de la Tierra*.

Somos los conocedores
de los secretos de la ENCARNACIÓN.
Por eso somos *Ángeles de los Hogares,*
y servimos a la Tierra
cuidando de sus Fuegos;
por eso la conocemos y los conocemos.

Hablamos unidos a la Tierra
y desde aquí irradiamos su voz al mundo.
Damos voz a la *Señora de la Casa,*
pues ella volverá,
y con ella su enseñanza
acerca de la Sagrada Hospitalidad que surge
del Fuego del HOGAR.

200. Ángeles de la Tierra: el hogar

Hogar, hogar, hogar...
Todos queréis sentir el calor del hogar
¡pero muy pocos comprendéis lo que esto es!
Hogar, hogar, hogar...
Todos queréis volver a casa,
¡pero no conocéis lo que esto es!

Los Ángeles de la Tierra cuidamos su fuego
y velamos por los Sagrados Hogares
que, unidos al Corazón del Universo,
en este mundo palpitan, llameantes, vibrantes,
con una intención:
ser y dar vida a sus dueños,
pero también
ACOGER y dar calor, apoyo y alimento a otros seres,
que no pueden ni saben cómo alimentarse sin ayuda,
porque no son aún adultos,
o porque están enfermos,
o porque se hallan prisioneros
de tantas esclavitudes aún...

Pues ¿sabéis qué es ser esclavo?
No ser dueño del propio fuego,
no tener hogar,
vagar errando y dependiendo
de tramposos salarios
que en lugar de daros calor
os lo quitan,
y en lugar de alimentaros
os extenúan.

Urboreas

¡POR LA LIBERTAD,
QUE VUELVAN A BRILLAR LOS FUEGOS DEL HOGAR!

¡POR LA LIBERTAD,
QUE REGRESE LA SAGRADA HOSPITALIDAD!

Llamadnos y acudiremos.
Si no tenéis aún vuestro Fuego del Hogar,
os ayudaremos a preparar el terreno
para encenderlo.

Y os ayudaremos a cuidarlo
si acaso ya está en vosotros,
pues ¡tantos dueños duermen
y son INCONSCIENTES
de su propio fuego!

Vienen entonces los ladrones y los tramposos
y les roban el fuego, o se lo compran por cuatro baratijas.
Y el dueño dormido, ingenuamente,
aún cree haber hecho un buen negocio...
¡Qué desastre!
¡NUNCA VENDÁIS VUESTRO FUEGO!

201. Medicina de Uriel-1. Llama que arde

Si habéis leído los anteriores mensajes
acerca del Hogar, el Fuego y la Hospitalidad,
ahora os decimos: esto es la Medicina de Uriel,
que es quien conoce los Secretos del FUEGO ENCARNADO.

¿Quién es Uriel?
Os damos un símbolo:
la *llama que arde en la materia*
sin consumirla, ni destruirla,
sino vivificándola.

Os damos otro símbolo: el fuego que da calor y vida
en el centro de un hogar
sin destruirlo o quemarlo por eso.

Es de ese fuego del que hablamos,
del fuego que sostiene a la vida
y que hace posible que seáis chispas encarnadas
sin que, por esa razón, se destruyan vuestros cuerpos,
sino al contrario.

¡Pero hay aquí un largo aprendizaje!
Esto es un Misterio que a muchos resulta extraño,
lo relativo acerca del Fuego Encarnado.

202. Medicina de Uriel-2. Concretarse

El Fuego, el Fuego, el Fuego Sagrado...
El Fuego que llamea en la materia, animándola,
pero —insistimos— sin consumirla ni destruirla por eso.

Esto último es importante,
pues no os hablamos de un incendio
ni de un fuego descontrolado,
sino de algo CONCRETO.

Encarnarse es Concretarse,
eso es, ni más ni menos.
Uriel LO sabe.

203. Medicina de Uriel-3. Portador del misterio

Es imposible, sin embargo,
penetrar en los misterios de Uriel,
y su Medicina es la más enigmática de todas
incluso para nosotros,
sus otros hermanos del *Círculo de lo Uno*.

Pues ¿adónde va el Fuego,
dónde prende y llevando qué misterio dentro?
¡Nadie lo sabe!

Uriel es el PORTADOR DEL MISTERIO.
Por eso su voz no ha sido bien comprendida
ni bien oída tantas veces...
pues de hecho... ¡ni habla!

Su voz es su palabra
y su palabra en realidad es un acto:
traer al Mundo al Fuego Encarnado.
Él ve dónde ha de ser, Él es enviado para esto.

Uriel viene a incendiar el mundo
pero no en un acto destructivo,
sino en un gesto dulce
y al mismo tiempo *masivo*.

Uriel es enviado a restituir la Llama Sagrada
en los corazones de los Hogares, primero,
y a avivarla, después.

La Enseñanza del Hogar por eso vuelve,
por eso también regresa el poder a la Tierra,
a la Señora de la Casa
pues Uriel es su guardián, mensajero,
protector y COMPAÑERO ETERNO.

204. Medicina de Uriel-4. Los siete tiempos del fuego

Nosotros, los de Uriel,
venimos cuando se nos llama
a desbrozar el terreno
y a PREPARAR la Tierra primero
para poder encender en ella
la Sagrada Hoguera.

Esto es un proceso,
esto es el primer paso
y lleva un tiempo.

El segundo tiempo es aquel
en el que se os TRAE el Fuego Sagrado.

El tercer tiempo es aquel
en el que debéis aprender a CUIDARLO,
protegerlo y conservarlo puro,
vivo y fresco en su esencia.

El cuarto tiempo es aquel
en el que se os ofrece la posibilidad de COMPARTIRLO,
y entonces sois iniciados
en el Arte de la Hospitalidad.

El quinto tiempo es aquel
en el que comprendéis lo que es COCINAR
para sostener y alimentar
(¡y no para envenenar!),
por el bien de la vida.

El sexto tiempo es aquel
en el que aprendéis a GESTAR,
y éste es un misterio aún mayor
del que no podemos todavía hablar.

El séptimo tiempo es aquel
en el que recordáis lo que es CREAR.
¡Ante esto sólo es posible el Silencio!

205. Medicina de Uriel-5. Unión de los siete tiempos

Estos siete tiempos se reúnen en el Sagrado Fuego
y se viven simultáneamente,
en cierto grado y en determinados niveles,
pues es imposible verse prendido por el Fuego Sagrado
sin vivir en cierta dosis cada uno de estos tiempos
y sus enseñanzas.

Lo que ocurre es que no podéis ser conscientes de todo a la vez,
necesitáis irlo viviendo a través del tiempo.
Por eso el proceso de volverse Hogar Vivo del Fuego Sagrado
es progresivo y lento en este mundo terrestre
(y así ha de ser),
aunque no en otros mundos.

A ellos podéis acceder
para ser guiados en la dirección de vuestro esplendor,
para desarrollaros y crecer siguiendo vuestra mejor imagen,
es decir, *a Imagen del Fuego Mayor.*

Para los siete tiempos recibís ayuda y enseñanza
si lo pedís y os abrís a ello.
Nosotros, los de Uriel, ahí estamos.

Ésta es su Medicina:
la Medicina del Fuego Sagrado Encarnado,
el mayor misterio de todos
para los seres humanos.

206. Medicina de Uriel-6. Vida, materia y fuego

Pero para recibir y comprender bien la Medicina de Uriel
hay que estar unidos a la Tierra
y eso implica aceptar ser uno con la materia.

De otro modo nada de esto tiene sentido:
¿para qué hablar del fuego a una vela que no quiere arder?
¿O cómo va a arder una chispa que no desea unirse a la materia?
¿Para qué hablar de cocinar a quien no quiere
comer ni dar de comer?
¿Y gestar...? ¿Y...?

Estar encarnados es asumir en uno mismo el fuego y la materia
de manera indisoluble y perfecta.
Estar encarnados es NO preferir lo uno sobre lo otro
y darse cuenta de que no tiene sentido, de hecho,
arder sin materia,
o ser materia sin fuego.

Si hay VIDA no hay diferencia,
luego *no puede haber preferencia.*

Quien diga: «Prefiero el fuego»
está faltando a la vida
y separando de sí a la materia
que le permite encarnarse y vivir AQUÍ.

Quien diga: «Prefiero la materia»
está rechazando al fuego y recortando la vida
que lo hace ser y vivir AQUÍ.

207. Medicina de Uriel-7. Vivir aquí

La clave está en el aquí.
Aquí es la vida de carne y fuego,
no hay otra.

No la hay, no,
no la busquéis...
pues todo verdadero Fuego Vivo
que sintáis o que encontréis
está unido de manera indisoluble a la Materia,
eternamente, siempre...

Lo creáis o no, así es.
Lo que sucede es que no lo soléis ver así
porque os falta perspectiva,
os falta campo de visión.

Pero todo llegará,
y un día veréis arder las llamas sagradas
por encima de vuestras cabezas
tanto como veréis a toda materia terrestre
flameando en lo alto.

Entonces comprenderéis que todo es uno
y que así como el Fuego Sagrado está en Todo,
es imposible para la Materia vivir sin ser por él animada
y en cierto modo consumida...

¡Pero esto es lo que os da miedo, consumiros!

208. Medicina de Uriel-8. Consumirse hasta el fin

Os hablamos de la consumición de lo caduco,
porque el Fuego Sagrado renueva y purifica.
Cuando él os prenda dejaréis atrás lo viejo sin remedio;
es de este «consumirse» del que hablamos.

Entonces literalmente os consumiréis de deseo de arder más y más,
y este consumiros os hará despojaros de las trabas,
los inútiles pesos, las ofuscaciones, los sufrimientos...

Al fin, lo consumido dejará paso a lo Eterno
y entonces sólo el gozo os habitará,
pues ARDER ES GOZAR.

Éste es el camino del éxtasis sagrado,
de esto os hablamos.
Éste es Uriel.

209. Medicina de Uriel-9. Escuchar a la Tierra

Pero ¿qué «dice» Uriel?
Esto: «Dejad hablar a la Tierra,
prestadle oídos a ella,
a la Señora,
pues la Materia MANDA
tanto como el Fuego».

210. Medicina de Uriel-10. Dignidad e importancia de la materia

No se puede prender una hoguera sin tener en cuenta la Materia,
pues ésta determina la clase de llama que obtendréis.
La Materia también manda en la cocina que hagáis,
pues por muy habilidosos que seáis cuidando el fuego,
si no conocéis a la Materia y sus cualidades
mal podréis cocinar nada alimenticio y sabroso:
hay que conocer los materiales
para cualquier acto que construya, cree o genere vida
(gestación inclusive).

La Materia manda, sí.
El dolor de vuestro mundo y su sufrimiento se deben en gran parte
a que habéis silenciado a la Materia
y habéis puesto sobre su boca una mordaza.

Y habéis hecho lo mismo con la Materia que es Tierra...
Como posáis sobre ella vuestros pies
creéis que eso os da derecho a imponerle cualquier cosa
sin siquiera CONOCERLA primero
ni consultarle, abriéndose a su visión.

Sois en eso tan imprudentes y ciegos
como el que se pone a hacer una casa sin conocer los materiales,
o el que cocina con cualquier cosa,
sin saber siquiera si algo se puede digerir o es venenoso.

Así, muchos pueblos destruyen todo a su paso
porque ni conocen a la Materia ni la quieren conocer.
Han hecho oídos sordos a la voz que asciende bajo sus pies
o que vibra calladamente en sus sufridos y saturados cuerpos.

Sois pueblos enfermos.
Por eso a vosotros nos dirigimos,
a aquellos que negáis a la Materia la importancia y el señorío
y sin embargo la utilizáis y la explotáis sin cesar.

Pero os decimos: ¡no sois tan materiales como creéis!
¡Ni sois verdaderamente amantes de la Materia!
En verdad no tenéis NINGÚN AMOR por ella,
tan sólo CODICIA.

Creéis que amáis a la Materia porque buscáis el dinero,
cuando éste casi ni siquiera es (hoy) algo «material».
Pero la primera Materia que hay que amar
es la Tierra y vuestro cuerpo;
el resto de lo material procede de ahí y se le asemeja.

Si amarais a la Materia verdaderamente, la conoceríais,
y entonces no viviríais como vivís,
desoyendo vuestra propia sustancia física,
ni convertiríais el mundo material
a vuestro paso en campo devastado
o en una hoguera destructiva y descontrolada.
Sois como niños que están destrozando su casa.

211. Medicina de Uriel-11.
El retorno de la Señora de la Casa

Pero ella, la *Señora de la Casa*, la Madre, regresa,
y a los niños díscolos los va a meter en vereda,
no porque no los ame como a los otros,
sino porque están cometiendo un desastre.

Los va a sacar de su cocina,
les va a arrebatar los fósforos de las manos,
y les quitará el mando que sostenían,
pues va a poner orden en su casa
y a enseñarles las consecuencias de sus actos insensatos.

Los niños no es que sean «malos», sólo ignorantes,
pero en su ignorancia se creyeron magos
y en su ilusión se volvieron prepotentes.
Tanto que... ¡cerraron la puerta a la Señora
para manejar los asuntos domésticos a sus anchas!

Expulsaron a la DUEÑA,
desoyeron a la MADRE
y se atrincheraron en la casa,
haciendo en ella mil disparates.

Pero esto se acaba,
su propia locura ilusa se consume por sí misma,
pues no tiene consistencia ni sustancia.

Los niños arrogantes y locos se envenenan
porque no saben cocinar;
están quemando las estancias
porque no conocen el fuego;
han socavado los cimientos porque juegan a ser arquitectos

sin tener NI IDEA;
han desmontado la mitad de las paredes;
han desbaratado las camas;
han destrozado las ropas del hogar,
y han llenado todo de porquería.

La Señora de la Casa lo sabe
y se arma para regresar,
porque no sólo sus propios hijos atrancaron las puertas
sino que, además,
atraídos por la locura de los niños imprudentes
que se creyeron magos sabios,
también muchos oportunistas llegaron
y en lugar de Casa-Hogar,
hay ahí un caos estéril y destructivo.

Entonces, la Señora clama al Cielo, diciendo:
«¡Ved lo que han hecho estos niños,
mirad en qué se ha convertido mi Casa!

»Por unos momentos les dí mi confianza,
pero no han hecho más que desoír mis consejos.
Y no sólo eso: cuando quise hacerme oír
o entrar de nuevo en mi dominio
me cerraron las puertas y se ensañaron conmigo,
insultándome y golpeándome.

»Pero esto no puede seguir,
no va a seguir,
porque es MI CASA
y ha de servir a TODOS mis hijos,
¡no sólo a ellos!

»Ellos van a recibir de mi mano no un castigo,
sino una CORRECCIÓN:
lo que se les prestó les será arrebatado,
lo que se les confió será dado a otros,
y a partir de ahora,
en lugar de mandar a sus otros hermanos
pasarán a servirlos y a trabajar para ellos

hasta que aprendan
cómo las cosas deben ser hechas.

»Ayudadme, pues,
Ejércitos del Cielo y de la Tierra,
Guardianes del Hogar,
a volver a mi Casa
y a instaurar en ella un orden nuevo,
porque el error crece y el sufrimiento
de muchos me llama.
¡Ya basta!».

212. Medicina de Uriel-12. La respuesta del Fuego

Y os aseguramos que cuando la Señora de la Casa
clama con fuerte voz,
las potencias celestes y terrestres la escuchan
y acuden
porque es la DUEÑA,
porque es la Amada del Fuego Sagrado.

¡Si la Materia se queja,
el Fuego lo acusa y la Llama Sagrada se mueve
siguiendo esa tendencia!
Pues así como el Fuego afecta a la Materia,
también el cambio en la Materia afecta al Fuego.

¡Ay, ay de vosotros,
los que habéis olvidado que también la Materia manda!
¿Creéis que quedan sin consecuencia las blasfemias contra ella,
los desacatos cometidos hacia su esencia?

Pues no, nunca,
pues Fuego y Materia están unidos,
y *si la Materia grita, el Fuego la escucha
y actúa*
EN CONSECUENCIA.

EL FUEGO SAGRADO DOMINA,
EL FUEGO SAGRADO MANDA,
pero siempre lo hace
en UNIÓN con la Materia...
pues es ¡su Amada!

213. Medicina de Uriel-13. El pecado contra la Materia

El pecado contra la Materia es tan importante
como el pecado contra el Espíritu,
pues ambos están unidos y son indisolubles.

Humano, no atentes contra tu cuerpo,
no atentes contra tu casa,
no destruyas tu tierra,
no blasfemes contra la Creación,
pues es sagrada.

Presta oídos a la Materia,
empieza a amarla de veras,
y empezarás a conocerla.

Entonces, ella te guiará tanto como el Fuego Sagrado
y teniéndolos en cuenta a AMBOS,
serás capaz de adecentar en ti el espacio necesario
para construir la Hoguera Sagrada
y contener el Fuego Vivo
sin ser destruido.

Serás entonces vivificado,
serás entonces alimentado y sanado.
De eso estamos hablando,
ésta es parte de la Medicina de Uriel,
y es tan verdad esto para el interior del ser humano
como para su exterior, en el mundo terrestre.

Así como es dentro es fuera:
quien atenta contra su salud

tampoco reconoce bien la materia externa;
quien desoye la voz de su cuerpo
mal puede oír el agobio de lo que destroza a su paso,
ni el llanto de los cuerpos ajenos,
ni comprender el resto del mundo material.

El pecado contra la Materia es muy grande en vuestro mundo,
y por eso no sólo hay tanto sufrimiento en él,
sino que la balanza de muchas cosas
se ha desequilibrado peligrosamente.

Pero recordad: pecado significa «falta, error».
Procede de la ignorancia y no es más que eso.
No os decimos esto para culpabilizaros o cargaros con ningún peso,
sino tan sólo para indicar: «Abrid los ojos y vedlo».

Tanto error reiterado
ha puesto mucho peso en lugares INCORRECTOS
y los platillos van a invertirse pronto
si nada lo remedia...

Esto no sería un castigo,
sino tan sólo la eterna búsqueda del equilibrio
en vuestro mundo,
agobiado por excesivos pesos
que producen determinadas tendencias,
que a su vez producen sufrimiento.

214. Miguel y Uriel unidos

La Medicina de Miguel es una con la Medicina de Uriel
en el punto en el que la Justicia actúa,
es decir, cuando la conciencia se aplica a un problema que es,
en este caso, el pecado contra la Materia.

Justicia no es castigo, Justicia no es venganza.
La Justicia no busca la inversión de los platillos de la balanza
ni que los niños díscolos paguen con llanto y horror sus pecados.
La Justicia busca que se den cuenta y RECTIFIQUEN sus errores,
la Justicia busca que se haga LA PAZ.

Miguel enciende la conciencia dormida
y ésta siente, ve y reconoce a la Materia.
Ya no puede desoírla más,
ha de escucharla, ha de prestarle atención.
Empieza entonces el camino del amor a la Materia,
y es la luz del Espíritu la que guía esto.

Miguel enciende la llama de la Justicia
y alerta contra lo que no puede ser más,
pues está generando un desequilibrio estéril,
la destrucción de lo que ha de vivir, un daño perverso.

Los de Miguel actúan con su ser-Espada y sólo luego los de Uriel
encuentran el espacio libre, limpio y disponible
para encender las Hogueras Sagradas
con el Fuego que traen.

Miguel y Uriel están unidos por siempre
junto con todos los demás en el Sagrado Círculo,
pero en vuestro mundo, primero, ha de venir Miguel.

Sólo después podrá actuar Uriel,
sólo después podréis recibir la Medicina
que a través de él os es transmitida:
¡Encarnación, Encarnación, Encarnación!

215. Medicina de Miguel-21.
La ira de la Señora de la Casa

Los de Miguel también acuden junto con los de Uriel
cuando la Señora de la Casa llama a los Ejércitos Sagrados
pidiendo su ayuda para regresar
y deshacer la tiranía de los niños enloquecidos.

Acuden todos en realidad, todos los guerreros,
pues hay Guerreros de Miguel,
de Uriel, de Rafael, de Kamael, de...
y de...

Pues aunque haya rostros del Cuerpo Angélico
que os parezcan más marciales que otros,
para cada Medicina se precisa un poder de protección
y de apertura de caminos,
y ahí actúan diferentes rostros del ser guerrero.

Y mediará Miguel entre la Dueña y los hijos desobedientes
intentando que el sufrimiento de éstos sea el menor,
que no se inviertan tanto las tornas
que se genere otro daño igual,
o un desequilibrio peor.

Los de Miguel y su Justicia
atemperan la ira de la Señora
tanto como reprenden a los niños ignorantes.

Cuando la Conciencia de Miguel se abre
en aquellos que la aceptan,
se dan cuenta de sus errores y desacatos,
y no pueden dejar de llorar...

Entonces, regresan a la Tierra arrepentidos,
y vuelven hacia ella sus oídos y su atención
como niños avergonzados.

Y la Señora, entonces,
agradece la ayuda de Miguel,
que contuvo su mano en el correctivo,
pues por un momento pensó incluso en «des-terrar-los»,
dejarlos SIN TIERRA para que aprendieran...

216. Medicina de Miguel-22. Caín, los sin tierra

Y si la Tierra rechazara a sus hijos, sería mucho peor.
¡Ya es bastante malo que ellos la rechacen a ella!

El destierro total sería excesivo y contraproducente,
pues un hombre sin Tierra
es un demente aún peor,
un maldito cuyo destino será, eternamente,
ser perseguido,
o sufrir tal necesidad que lo empuje hacia el robo.

Sería repetir la maldición de Caín...
y ésa...
ésa os aseguramos que no ha de volver
y que aún se ha de rectificar
pues hasta que Caín recupere su conexión con la Tierra
seguirá demente,
explotador, torturado internamente
y al fin siempre asesino.

Caín ha de restituir en su lugar a Abel,
ha de resucitarlo.
Abel ha de liberar su resentimiento hacia su hermano
y ambos han de comprender por qué pasó lo que pasó,
y por qué entró en escena la envidia.

Caín y Abel son dos rostros de lo mismo,
Caín y Abel viven en vuestro interior
tanto como en vuestro exterior.

Hasta que Caín y Abel vuelvan a caminar
dentro de cada hombre juntos de nuevo
la humanidad no tendrá paz.

La Conciencia de Miguel busca iluminar esto,
estad atentos.

217. Rafael y la Señora de la Casa

Rafael y sus guerreros acuden también al reclamo de la Dueña
y la ayudan enseñando a los niños rebeldes
y enloquecidos a ser compasivos,
tanto como ayudando a la Señora a discernir
sobre la verdad de cada niño,
pues el Corazón de la Madre, aunque a veces
se llene de indignación,
no puede evitar conmoverse con sus hijos.

Por eso en ocasiones se deja abusar por algunos de ellos,
debido a una compasión sesgada, carente de discernimiento.

Rafael la ayuda en esto, pues su luz irradia compasión perfecta,
y quien irradia enseña.
Nada engaña al corazón abierto, vivo y radiante
que tanto da como acoge,
pues a quien has dejado entrar en tu hogar de manera consciente
lo conoces mejor que a quien sólo ves en la calle,
o a quien saludas desde la distancia.

Por eso, en ocasiones, la compasión de Rafael
parece más dura que la justicia de Miguel...

218. La iniciación de la balanza sagrada

Os hablamos de la justa compasión,
que discierne y por eso corta de cuajo los engaños,
y de la justicia compasiva,
que intenta atemperar la dureza
con la que se realizan las rupturas.

Miguel y Rafael se funden en uno en la Balanza Sagrada.

Ésta es la enseñanza que nos es dada para vosotros:
en una mano la Compasión,
en otra mano la Justicia.

Ved de sentir igual de llena una mano que otra,
cuidad de que su peso sea el mismo
y actuad así, con las dos manos llenas de amor.

Pues Compasión y Justicia son dos rostros del amor eterno
que puede irradiar vuestro fuego interno
en cualquiera de sus rostros.

La Iniciación de la Balanza Sagrada se da a todos aquellos
que eligen libremente y con conciencia
SERVIR en el mundo
a la Vida
desde la Unidad.

Pues servir es actuar...
y el acto es...
esto: *desde el Fuego Eterno a vosotros,*
y de vosotros al exterior.

Que vuestras manos den y actúen según la Balanza Sagrada,
que vuestros brazos sean prolongaciones
de la Justicia y la Compasión en el mundo.

Así, el amor lucirá en vuestro AQUÍ
en uno de sus rostros más olvidados
(¡y tan necesario!):
el del Equilibrio.
Sed justos.

Hemos hablado.

219. Medicina de Uriel-14. Santa materia

Os decimos que la Materia manda tanto como el Espíritu
para que nos entendáis desde vuestro mundo.
En realidad, en cierto modo el Espíritu lo es todo
y domina sobre todo,
pero precisamente por eso no es algo separado de la Materia.

Veréis, la Materia es lo que es porque quiere.
La Materia no es más que Espíritu que quiso encarnarse
y se concentró adoptando una forma más pequeña,
más delimitada, más densa.

La Materia no es un subproducto, un desecho,
una «defecación de Dios», un error absurdo o un «mal».
Ese tipo de pensamiento os enferma y enferma al mundo;
ya basta de eso.

Recordad: la Materia lo es por su voluntad.
La Materia aceptó serlo.
Se trata de energía concentrada,
de aceptación del ser en determinada y CONCRETA dirección.

Materializarse es concretarse.
Materializarse es delimitarse
para manifestar en el mundo una cualidad,
una función.
Sin esto, vuestro mundo no es.

También vosotros os habéis materializado,
también vosotros os habéis delimitado
y habéis venido con una intención: concretaros,
haceros PRESENTES en este mundo,
AQUÍ y AHORA.

Eso no os convierte en subproductos despreciables,
en errores que precisan ser arrojados al vertedero
o barridos de la existencia.
Sois dignos hijos de Dios,
sois chispas que desean encarnarse... ¿o no?

Chispas que merodean la materia deseando ser concretas,
deseando actuar en este aquí, en este ahora,
eso es querer encarnarse.

Pues bien: toda la Materia es producto del hálito divino,
todo cuanto veis y tocáis es su energía que adopta un rostro u otro.
No la despreciéis.
No convirtáis en algo vulgar y profano lo que es SAGRADO.

Comprenderéis que si la Materia es lo que es porque aceptó serlo,
es pecado ir contra su esencia
y despreciarla como a algo sin valor.

La Materia se entregó
para que muchos seres tuvieran la posibilidad
de experimentar un mundo de densidades diferentes.

Pero su generosidad ha hecho que otros la tomaran por ESCLAVA.
Ser paciente, ser lenta y ser dócil no significa eso,
pero así lo interpretáis muchos.

¡En lugar de agradecerle su donación constante, la insultáis,
actuáis como si la voluntad inicial que la hizo
formarse no fuera sagrada,
y pretendéis imponerle cualquier capricho
o deseo humano sin consultarle!

Os decimos esto: escuchadla.
Agradecedle su generosidad.
Consultadle como a Maestra en el Arte de la Manifestación,
en el Arte de la Materialización,
en el Arte de la Encarnación.

Conocedla.
Conoced a vuestra Materia.

220. Medicina de Kamael-9. La Espada

Hay una Espada que destruye,
pero ésta no se da sino a quien ha alcanzado el amor,
es decir, a quien conoce el amor y actúa según él.

A los *fuertes que deseáis Servir*, os decimos:
una Espada os será ofrecida para empuñarla,
pero no antes de que hayáis conocido el amor
y seáis uno con él.

No se da la Espada a quien es frívolo,
ni al que es propenso al enojo,
ni al que tiene tendencia a ser «justiciero»
(entendido como pasar cuentas, juzgando los actos ajenos),
pero tampoco se le da a quien da la espalda
a la necesidad ajena.

Se da la Espada a quien muestra en su vida diaria
que es el amor lo que recorre sus venas,
a quien acepta serlo y manifestarlo en el mundo.

Sabedlo: tanto mayor sea vuestro amor,
tanto mayor será la Espada a la que accedáis
y mayor capacidad tendrá ésta para actuar,
pues desde el Espíritu sólo se presta lo más peligroso y potente
a quien se sabe que va a intentar no usarlo
salvo cuando sea justo y estrictamente necesario,
pero también a quien no dudará en usarlo
si la necesidad lo reclama.

Pues tan pecado es un acto desajustado y sin amor
como la negación del acto,
o la permanencia en la impasibilidad
cuando el actuar puede sanar algo.

Ahora ya sabéis cómo son los ángeles guerreros
cuyo rostro siempre está mirando a Dios.
Los reconoceréis por el amor.

La Espada se ofrece al que no la codicia,
al que ha elegido el amor
y con ello LE BASTA.

221. Medicina de Kamael-10. El deseo de la espada

La Espada os es ofrecida,
la Espada os invita a usarla
o a irradiar su potencia en el mundo.

Es ella la que viene a vosotros,
y no a la inversa,
pues la Espada de la que os hablamos no es
algo que pueda ser adquirido a costa de esfuerzo,
voluntad o deseo.

Y si en alguna ocasión os surge un deseo puro de usarla,
será que os fue inspirado por *el Espíritu*
para que tuvierais el impulso necesario
para sentirla y asirla cuando os fuera ofrecida
sin que os pareciera que «eso» no era para vosotros.

Por eso, para el Guerrero tocado por el ardor del Espíritu,
no hay duda:
cuando ve la Espada,
la reconoce y sabe que se le ofrece usarla.

Entonces, sin prepotencia, sin engreimiento,
sin pretensiones ni fantasías,
sencillamente la acepta
y se hace uno con ella.

En cambio, el deseo impuro por la Espada,
aquel que procede de la codicia por «tener poder» sin más,
o del ansia de «demostrar la propia valía»

no os son inspirados por el Espíritu,
sino por diversos aspectos de vuestra personalidad
o por otros individuos.

Esos deseos son de otra esfera del mundo,
y no es que sean «malos»,
pero no os hacen crecer en la dirección de la Espada,
y por eso ella permanecerá lejos de vuestro alcance,
porque vuestro crecimiento irá en direcciones laterales
pero no hacia lo Alto,
que es de donde esta Espada DESCIENDE.

Hay diferentes Espadas, como veis.
Ya os hemos hablado de la Espada de la Conciencia de Miguel,
y ahora os hablamos de ésta.

Y diréis: «Y ésta ¿cuál es?».

Os hablamos de un ARMA
cuyo nombre está oculto en los labios de Dios.
Os hablamos de lo desconocido, pues
esto es un Misterio.

222. Medicina de Kamael-11. Uso y exigencia de la espada

Pero no se ofrece esta Espada que destruye
sino a quien va a necesitarla,
o a quien va a estar en un lugar o contexto
donde este poder sea la Medicina necesaria.

Tal como sucede en vuestro mundo,
estar unido a un arma poderosa funciona de dos maneras:
como algo disuasorio hacia los perversos,
y con los actos directos en los que se usa el arma.

Pero hay algo más en esta Espada,
y es que os exigirá a vosotros mismos una pureza sin igual,
una limpieza interna enorme.

De otro modo, perderéis el contacto con ella,
será como si no la hubierais tocado nunca
porque os habréis vuelto a alejar de lo Alto,
que es de donde la Espada desciende.

Sólo permaneciendo puros y conectados a lo Alto
podréis asir esta Espada
y empuñarla para USARLA.

¡Pero nunca os la intentéis «quedar» o apropiar!
Es imposible.
Un extremo siempre será del Espíritu;
tan sólo os es concedido empuñar otro,
el de ABAJO,
y únicamente por un tiempo...

Intentar retener como posesión esta Espada os destruiría.
Dejadla llegar, dejadla actuar, dejadla retirarse.
¡Hay que ser muy puros para poder vivir esto!
Pero recordad: os hablamos de una pureza
que radica en ser y manifestar EL AMOR.

Amor, Amor, Amor;
vosotros, los fuertes que deseáis servir,
seréis probados en el Amor.

La Espada misma os pondrá contra las cuerdas,
os tensará hasta el límite,
interrogándoos acerca del Amor.

Pero es esta misma tensión la que os hará desarrollaros
de la manera correcta,
de tal modo que os volváis plenamente afines
con la Fuente de la cual la Espada EMANA
y finalmente al mundo desciende.

Pues su nombre es Emanación...
de *lo Desconocido*.
Eso es.

223. Medicina de Kamael-12. La Espada y el Misterio

Si esta Espada es Emanación de lo Desconocido,
¿cómo podréis usarla sin ser uno con el Misterio?

Es hora de adentrarse en esto:
el Amor y el Misterio van de la mano, SIEMPRE.

Sin Misterio no hay Amor,
y sin Amor tampoco hay Misterio posible,
pues el Misterio, para serlo,
precisa que le dejen serlo.

Dejadlo ser en vosotros,
asumidlo,
amadlo,
y en vuestro interior florecerá.

Pues el Misterio es también semilla,
es un enigma que oculta
un nuevo potencial.
¿Qué, si no?

Esto es un misterio, misterio, misterio...

224. Medicina de Kamael-13. La Espada y el miedo

Para usar un arma-misterio
hay que estar vacío de toda pretensión,
despojado toda proyección personal,
y desde luego exento de MIEDO.

Pues ¿cómo va el miedo a empuñar
algo «misterioso», algo que NO CONOCE?
Por fuerza lo temerá
y lo esquivará.

El miedo busca empuñar solamente aquello de lo cual
ya conoció el sabor otras veces,
aquello a lo que sabe cómo llamarlo,
cómo manejarlo «en persona»,
cómo controlarlo,
o aquello que siente de su propiedad.
En definitiva: el miedo busca algo asegurado.

Pero esto es otra cosa.
Os hablamos de estar vacíos
para irradiar a través de vosotros lo que el Misterio
os dé para una situación/contexto concreto.

Recordad: nunca la Espada será vuestra,
tan sólo la podréis empuñar por un extremo
e irradiar esa emanación divina.
¡Se os ofrece empuñar esa Espada,
no tenerla!

Habéis de estar vacíos para lograr esto, insistimos.
Pero es el miedo el que os llena,
porque el miedo os hace aferraros,
os hace querer retener,
y os impulsa a esquivar los vaciados internos,
o eso de hacer «borrón y cuenta nueva»...

El miedo y esta Espada no tienen nada que ver,
ningún punto de resonancia,
nada de nada de nada...

Para empuñar esta Espada
no hay que tener miedo,
y esto es lo mismo que estar unido, CON AMOR,
al Misterio.

Pues si amas al Misterio, ¿qué temor queda ya...?

Y entonces estaréis vacíos.

225. Medicina de Kamael-14. Lo nuevo y la destrucción

Pero diréis: «¿No mencionasteis al principio
una Espada que destruía?
¿Dónde queda eso en este discurso?
¿Qué relación hay entre la destrucción, el amor,
y la emanación de lo desconocido desde el Misterio?».

Os decimos esto:
lo desconocido que llega es NUEVO,
y lo nuevo destruye a lo viejo
si es incompatible con ello.

Así es la Naturaleza,
eternamente renovada.

Cíclicamente, cuando un mundo se asfixia,
clama al Espíritu por lo nuevo.
Pero cuando lo nuevo viene,
lo viejo es cuestionado, conmovido y renovado.

Si lo viejo asume la necesidad de cambio,
se da un proceso gradual de renovación.

Si, en cambio, lo viejo se resiste al cambio
y, lleno de miedo, se agarra a lo «que fue»,
el mundo empieza a sufrir tirones en direcciones opuestas:
la de la renovación por un lado,
la de la retención del flujo de lo nuevo por el otro.
Esto es como un parto con más dolor del necesario,
hay un sufrimiento, lucha, desgarros...

Porque os decimos esto:
es Sagrada Ley que lo muerto no reine más allá de un tiempo.
Por mucho que los espectros se agarren a sus tronos,
lo nuevo tarde o temprano los alcanzará,
la muerte pasará esa página atascada
en vuestro «libro de la historia»
y, sin permanecer ahí más del tiempo justo,
dejará paso a la *Vida Nueva*.

226. Kamael y Uriel unidos-1. Los señores del miedo

Entonces, esta Espada destruye
porque lo que irradia NO es conocido.

Y también defiende,
porque lo que irradia no puede
ser CONTROLADO
ni manejado, desviado o desvirtuado
por aquellos que,
con ánimo de retrasar el advenimiento de lo Nuevo
someten mientras tanto al Mundo
con su reinado de asfixia y de terror.

Hablamos de los *Señores del Miedo,*
pero no temáis y vedlos,
ved su verdadero rostro,
el rostro del pavor a «perder»,
el rostro del pánico al cambio,
pero también
el rostro de la IRA
ante lo que viene a destronarlos.

Los reconoceréis, pues, por la ira,
pero tras ella,
oculto,
está el miedo.

Por eso siempre estarán DESARMADOS frente al Espíritu,
impotentes ante los que sean uno con la Espada
que desciende del Misterio
y cuyo nombre es desconocido.

Por eso buscan despistar a estos GUERREROS
para que no logren encontrar en sí mismos el deseo puro
inspirado por el Espíritu
de servirlo empuñando esta Espada.

Y por eso los Señores del Miedo persiguen sin cesar
a todos LOS PORTADORES DEL MISTERIO,
sean en la forma que sean.

Y por eso la única salvación para los perseguidos
es REFUGIARSE en el Misterio.

Aquí se unen Kamael y Uriel,
y sus Medicinas se dan la mano:
el Puro que ve a Dios nunca está lejos,
con sus armas sin nombre,
de quien es Portador del Misterio
y busca ENCARNARLO,
para defenderlo.

227. Kamael y Uriel unidos-2. Canto y sonido

Juntos cantamos
para que esa resonancia arrulle la gestación de lo Nuevo.

Lo Nuevo que viene SIEMPRE ES CELEBRADO
en las regiones afines al Misterio,
porque el Espíritu es pálpito,
es parpadeo,
es exhalación,
es el eterno reposo renovado,
el eterno movimiento.

Como el fuego, renace a cada segundo
y al mismo tiempo permanece...

Sólo un sonido puede acompañar
a la gestación de lo Nuevo
y es la canción gozosa,
porque es alegría,
porque es ritmo,
porque es son fluido.

Kamael y Uriel se unen en el sonido,
en el canto,
en la exhalación.

Habéis oído hablar del canto de los ángeles,
pero aún no entendéis lo que es esto: *exhalación*.

Procede del ARDER...

228. El canto de los ardientes

Arder es servir.
No hay otro (servicio).

Y los Ardientes emiten un son
que puede ser música,
canto o simple voz,
pero no siempre:
en todo caso, es sonido.

Arden porque sirven
y sirven porque arden.

Y cantan porque arden,
y arden porque cantan.

¿Qué es la música angélica?
La que procede del arder,
la que es transmisión del Fuego Mayor,
la que es EXHALACIÓN desde el Fuego Mayor,
el Innombrable.

Pero se exhala ese Fuego pasando por el corazón.
Por eso, quien tenga un corazón obstruido
no podrá unirse al canto de los ángeles
porque su corazón no reconoce el son,
ni es capaz de abrirse al fuego
y dejarlo pasar
para exhalar
su gozo.

Arder es servir,
servir es arder.

Nuestro servir es ser música,
nuestro servir es cantar,
es sonar, es...

Abrid vuestro corazón al gozo
¡o no podréis resonar con los Ardientes!

Pero si dejáis arder vuestro corazón,
los Ardientes os tocarán con su son
que, hasta entonces,
parecía pasar por vosotros sin afectaros
porque estabais como en otra parte,
resonando con otras frecuencias.

Cuando resonéis con los Ardientes,
no desearéis nada más que Arder...
y, sabedlo: *entonces serviréis.*

No hace falta nada más.
Así es.

229. La iniciación de las montañas

Existe una iniciación que muchos han vivido en sí mismos
y de cuyas experiencias quedaron ecos en vuestras leyendas.

Esta Iniciación consiste en *volverse como una montaña*.
Sólo así es posible poder, un día, SUBIR a las montañas
y allí, en el estado de ser-montaña,
actuar como tal.

¿Y cómo actúan las montañas?

230. Subir a las montañas

Si no eres como una montaña,
¿para qué subir ahí?
Sólo serás una persona fatigada,
o extrañada,*
o incluso engreída por tu triunfo.

Si no eres como una montaña,
¿de verdad crees que podrás *subir*?

En realidad no existe tal subir del que hablamos
como el de alguien que sube encima de «lo otro»
a costa de esfuerzo, tesón y voluntad personal.

El subir al que nos referimos es otra cosa...,
es un desarrollarse en dirección hacia...,
es un volverse como...,
es un asemejarse a...,
es un VOLVERSE PAR.

Sólo desde la paridad existe la pareja,
valga la redundancia,
y SÓLO UNA PAREJA SE PUEDE CASAR.

Del matrimonio de un ser humano con una montaña,
es de esto de lo que os estamos hablando.
¿Entendéis...?

---

* Parecen utilizar el término «extrañado» en el sentido literal de «estar fuera de sí», alienado, fijado en algo que se percibe como «otro».

231. Matrimonio

Matrimonio es unión perfecta.
El matrimonio sucede
cuando dos seres casan perfectamente entre sí
sin disonancias, chirridos,
ni desequilibrios.

No puede existir fealdad en el matrimonio real
porque en él todo es armonía,
danza,
acoplamiento sincrónico,
resonancia,
fluidez...
amistad.

Y los dos corazones resuenan
y atruenan
al unísono,
latiendo sin fin,
pulsando las cuerdas de un estar
uniéndose
y al mismo tiempo
derramándose
sin cesar
en lo otro
(y alrededor).

A través del sagrado matrimonio perfecto
las bendiciones del Cielo
y de la Tierra
actúan
y se derraman

dentro
(y alrededor).

Sí, no sólo dentro,
pues lo que se llena de tal caudal
no puede sino IRRADIAR.

Del matrimonio perfecto irradia la Luz Perfecta
que al mundo da vida
alrededor.

No existe matrimonio verdadero
si no existe esa irradiación.

Pues la señal de que las bendiciones
del Cielo y de la Tierra fluyen
a través de los que se aman en paridad
es su «dejarse tomar, permitirse irradiar».

Quien conozca ese calor
jamás lo querrá retener,
sino dar.

Pues quien lo conozca
sabrá lo que éste es:
donación de vida
de *lo Dador,*
lo cual se encuentra
a través de la unión de dos.

Ésa es la Tercera Fuerza,
la que amanece como Aurora
en la unión perfecta
de dos.

232. El matrimonio y la tercera fuerza

Y es tan verdadero esto
que os acabamos de decir
que podemos añadir con certeza
que en realidad, y por consiguiente,
jamás existe un matrimonio de dos,
pues si tal matrimonio lo ES,
en el mismo instante en que se produce
ve en su seno aparecer al TRES.

Y desde el tres, ambos crecen, viven,
y el matrimonio evoluciona, se desarrolla,
fluye, cambia, LATE.

Pues ESTÁ VIVO.

Todo lo que es DEL TRES está vivo
y es cambiante.
Es imposible ser del tres y permanecer estático,
inerte,
aferrado a lo antiguo,
rechazando vibrar.

233. La aurora sagrada y el ciclo del sol

La *Aurora Sagrada del Tres* es un Misterio
que sólo a algunos les es dado vivir
en determinado tiempo terrenal.

Quien la viva que guarde el secreto para sí
como la semilla de un Sol
y que no se preocupe de mostrarlo
pues el Sol mismo,
a su tiempo,
se levantará sobre los hombres
y por sí mismo se mostrará.

Primero despacio,
en colores bellos de luces sonrosadas.
Luego anaranjado, más potente,
y ahí ya cuesta mirarlo.
Después brillante y dorado,
imposible observarlo directamente,
pero su calor es soportable,
y se agradece.

Y finalmente...
el Sol, de tan refulgente, es blanco.
Duele a la vista,
los hombres casi lo esquivan
pues su potencia es excesiva
para los ojos humanos normales
y su calor no se soporta bien
durante mucho tiempo
a plena exposición.

Ese momento es el tiempo
de la ebullición
de la acción
sobre la Tierra
para aquellos
que portan al Sol.

Pero sabedlo, hijos de la Sagrada Aurora,
que cuando el Sol llega a su punto más alto,
por necesidad,
y porque es lo natural,
ha de iniciar el descenso
y habrá de retirarse.

Pues no es bueno para los seres humanos
vivir un día sin fin...
Cansa.
Necesitan dormir.
Necesitan de la noche.

Entonces, Hijos de la Sagrada Aurora,
marchaos cuando sea vuestro tiempo,
cuando vuestro ciclo en la Tierra
se haya cumplido.

Así, una vez hayáis alcanzado
el punto más alto,
la blanca Incandescencia
y la plenitud del acto,
haced como el Sol:
retiraos.

Eso sí, si os es posible,
hacedlo como él:
con dulzura,
con belleza,
progresivamente,
para que los seres humanos
no se sientan desamparados
o abandonados

por un Sol que se marcha
como dando un portazo.

Que sepan que volverá.
Porque el tres siempre regresa,
una y otra vez,
amaneciendo a través de dos
que se aman verdaderamente...

234. El amor y el retorno del tres

El tres nunca abandona a la Tierra,
pues la ama.
Lo que sucede es que ha de manifestarse en ciclos,
como el Sol.

Eso es el tres,
la *Tercera Fuerza*
sin la cual
no existe un matrimonio que se diga tal,
no un matrimonio verdaderamente sagrado.

Desde donde nosotros lo vemos es así,
reconocemos a los realmente casados
por la semilla del Sol naciente
que inmediatamente
en su mezcla
AMANECE.

¡Tened esperanza, oh, humanos!
Pues el Sol amanecerá de nuevo
una y otra vez
mientras exista el amor
y mientras haya quienes se decidan
a experimentarlo
con totalidad,
sin duda,
sin dilación,
totalmente
ENTREGADOS.

¡Oh sagrada irradiación, regresa de nuevo a la Tierra!
¡Oh hermoso Sol, largamente incubado

en el seno de la Noche Sagrada,
ya despuntan tus rayos
ocultos en la semilla
de lo nuevo!

¿Quién se hallará viviéndolo?
¿Quién se hará a sí mismo
portador del Sol en su seno?

Os lo decimos de nuevo: aquel que ame,
aquel dispuesto a disolverse
ya ni en el dos,
sino en el *Sagrado Amanecer del Tres*.

Sin dos no hay matrimonio,
pero si lo hay,
entonces,
YA ES TRES.

235. Los hijos de la sagrada aurora

Hemos utilizado esta expresión con toda intención,
porque el matrimonio verdadero
es aquel en el cual
los casados
se hacen hijos del tercero.

Ellos son por él amanecidos,
iluminados,
despertados,
conmovidos,
calentados.

En realidad ellos dejan de ser...
lo que eran...
para ser
tres.

Tres que brilla,
sol que ilumina,
sin dos no hay tres.

No hay padres del Sol
que no se hagan a sí mismos
sus hijos.
¡Es inevitable...!

Pues en realidad no son sus creadores
sino sus portadores,
los que traen la luz del día,
el amanecer,
el despertar.

¡Ellos mismos son despertados!
¡Ellos mismos se LEVANTAN!
Ven que ya es de día,
bendicen la noche y le dan las gracias,
y después se ponen *manos a la obra*.

Así es siempre,
es lo natural,
así son los Hijos de la Sagrada Aurora.

Y con el Amanecer, gozan.

Y no hay en ellos sino alegría por el nuevo día,
pues lo viven como bendición,
como don,
como oportunidad,
como extático fluir...

Urboreas
236. El sol en la noche

Así mismo, también un día
se dispondrán a partir
al compás del Sol,
cuya luz
al mundo es irradiada
a través de ambos.

Y será el Sol el que,
con su fuerza que se retira,
tirará de ellos dulcemente
hacia el ocaso,
y se irán de su mano
tal como amanecieron:
no encogiéndose
(pues el sol no desaparece),
sino...
retirándose de la vista de los hombres,
yéndose hacia el HORIZONTE.

Allí abrazarán de nuevo a la Sagrada Noche,
y volverán a su seno,
pero esta vez no como seres dormidos
pues el Sol ya está en ellos.

Serán entonces como el *Sol en la Noche,*
conocedores de lo sombrío y lo luminoso,
de la noche y el día,
del dormir y el despertar,
y de todos los tránsitos.

Y llevarán su luz al universo,
siendo tan grandes como humildes y pequeños a la vez.

No serán más que, a la vista de los hombres,
una luz más entre miles
en el firmamento estrellado.

237. Iniciación de las montañas: forma

Volverse como montaña es volverse cuenco
donde poder acoger la energía celeste
para difundirla hacia la Tierra,
tanto hacia lo profundo como todo alrededor.

Pues esto es una montaña: sólido recipiente
donde el fuego celeste se vierte sin cesar.
Sin cesar, sin cesar, sin cesar...
Eso es.

Tan sólido es el cuenco-montaña
que nunca se desequilibra,
nunca se «vuelca»
ni su contenido se derrama de mala manera.
Nunca flaquea ante las dificultades,
y nunca tiembla... ¡si no hay que temblar!

Pero... ¿cómo lo logra?
¿Qué clase de recipiente es éste?

Os han hablado mucho del símbolo de la copa,
os han dicho muchas veces
que quien acoge en sí la energía celeste
es como un cáliz sagrado que se llena de tal
para volcar luego este fluido alrededor.

Pues bien, hoy os hablamos de otra «copa»...
la copa que nunca se tambalea
ni corre el riesgo de ser asida
por manos indignas.

Montaña es quien es copa que no se estrecha,
sino que se ENSANCHA hacia la base.
Montaña es quien no puede ser asido por nadie,
pues su base, TODA ella,
está fundida con la Tierra
de tal modo
que es inabarcable e
imposible de arrancar.

A quien es montaña nadie lo agarra
dejándolo en el aire,
o trampeándole el sustento.

A quien es montaña no lo levantan,
sino que él mismo SE LEVANTA,
y ASCIENDE
porque crece
y se estira hacia lo alto.

Y lo hace sin riesgo de «perderse»,
sin riesgo de desequilibrarse,
porque siempre será mucho mayor su base
que su cúspide.
Eso es ser montaña.
¿Entendéis?

¿Dónde está el acento de una montaña, pues?
En la Tierra.

Lo repetiremos una vez más:
¿qué es lo mayor,
en cuanto a la cantidad *visible,*
en una montaña?
La base, la Tierra.

Aún insistiremos de nuevo:
¿es una montaña una forma
de apariencia recta
o de pies finos
y amplio abarcar en lo alto?

No,
en la Montaña es MUCHO MAS amplia la base.

Ésa, y no otra, es su proporción física,
y así ha de ser
para que sea lo que es.

¿Entendéis esto?
Meditad sobre la forma de una montaña
y comprenderéis qué clase de forma
habéis de alcanzar vosotros,
los que de entre los seres humanos
seais iniciados
en volveros semejantes a montañas.

238. Iniciación de las montañas: ser instrumento

Pero no creáis, no,
que tener en la forma
más amplia la base que la cúspide
implica estar más cerrado hacia lo Alto
que hacia la Tierra.

Nada de eso.
La cúspide de la montaña está abierta
y se deja penetrar por el fuego celeste
a través de un pequeño punto,
pues parece ínfimo
si lo comparamos con la base,
que, insistimos,
es TODA LA TIERRA.

Pero es que se necesita que sea así
para que el fuego celeste llegue
a TODAS PARTES
y al mismo tiempo
sea recibido con la intensidad justa.

La montaña es un INSTRUMENTO,
¿nos explicamos?
Su forma no significa que su atención
sea menor hacia arriba,
sino que así lo pide la PRECISIÓN.

Y además, sólo así puede ser
la montaña una SÓLIDA presencia

en el mundo de la materia,
que es donde hace más falta.

En la montaña es posible la REDENCIÓN,
por eso muchos sabios
encontraron en ellas a Aquello que es Uno
y desde ellas ayudaron a otros seres
todo alrededor.

En una montaña los mundos se encuentran,
una montaña es un poro abierto
en la piel de la Tierra
para la penetración de la energía de lo Alto,
pero también es COMUNICACIÓN
hacia ello.

Sí, habéis oído bien:
una montaña puede actuar
como un gigantesco instrumento
que emita, desde la Tierra,
un comunicado hacia el Cielo.

La montaña puede hacerlo
si quiere,
si acaso es montaña entregada,
montaña servidora.

Y entonces resonará de manera pura
la «voz» terrestre
hacia los confines celestes
y la respuesta llegará igualmente
desde lo Alto hacia lo Bajo.

¿Os suena extraño?
¿Creíais que lo celeste no necesita
materia para expresarse,
para comunicarse hacia vosotros?

Eso es falso.
La necesita, si es que

desea comunicarse hacia lo denso,
hacia la materia.

Creéis que toda comunicación con lo Alto
se hace sin intervención material,
pero es una deducción equivocada
debido a vuestra ceguera e ignorancia.

Un día veréis en verdad
y no tendréis dudas:
Tierra y Cielo actúan juntos,
al unísono, siempre.

Allá donde esté lo celeste siendo «escuchado»
habrá materia que le esté permitiendo
ser percibido en el mundo carnal.
Es decir, habrá materia instrumento.

239. Los que han de volverse montaña

El mundo de los humanos necesita personas montaña
tanto como necesita a las personas mariposa.
Cada manera de ser persona tiene un sentido
y supone una forma particular de desarrollarse.

La Iniciación de las Montañas es necesaria hoy
tanto como lo fue ayer
para que haya seres humanos capaces
de consolidarse y de PERMANECER
imperturbables
durante cierto lapso de tiempo terrestre.

Y esto tiene un sentido:
hazte montaña y recibe bofetadas.
«Me golpeas, ¿y qué?», le dice el genio de la montaña
a su insignificante agresor-piojo.

Así pues, si debido a tu camino vas a volverte diana
donde muchos apuntarán sus disparos
(casi con toda certeza)
debido a que manejarás asuntos
que no inciten precisamente a la tranquilidad
de ciertos poderes,
nada es para ti más seguro
que volverte como montaña.

Pero también existe otro motivo importante para ser montaña
del cual vamos a hablar hoy:
ser montaña es necesario para las grandes almas
en cuya esencia está el acoger a otras muchas.

Son las *almas Nave Nodriza,*
las *almas Arca Sagrada*
las *almas Casa Refugio.*

Éstas necesitan más que ninguna otra volverse montañas
para tener «capacidad» de albergue para muchos
sin tambalearse ni inmutarse demasiado,
y para difundir seguridad y estabilidad
a los agitados, angustiados
y asustados pequeños hijos de Dios
que no encuentran en otros seres humanos
un lugar seguro donde ser acogidos.
¡Y lo necesitan!

Sólo así se podrán soltar sus tensiones y angustias,
sólo así el nivel de su miedo disminuirá
hasta grados soportables
que no los incapaciten para vivir,
pues hay quien teme ¡y con razón!
ciertas realidades sombrías que ha tenido detrás
y que se han recreado haciéndole daño...

240. Las montañas y el miedo

Es fácil juzgar todo miedo como absurdo
y decirle a otra persona:
«No hay nada que temer, no seas tonto»
cuando no llevas años sufriendo como él
un hostigamiento sin tregua
debido a una vulnerabilidad
o a una herida abierta
que nunca supo cómo sanar.

Cuando la guerra se desata en un país,
siempre hay víctimas
y actos de terrible crueldad.
Si tú no has vivido la guerra,
no juzgues el miedo de quien huye de ella
y que ya ni puede dormir
pues siente día y noche un peligro inminente,
un riesgo de mal morir.

No juzguéis el miedo ajeno,
pues el camino para trascenderlo
y vaciarse de él totalmente
es arduo
y en determinados momentos
hay seres humanos incapaces
de afrontarlo.
Así es.

El miedo siempre crea fugitivos,
porque la esencia del miedo induce a querer huir
de aquello que se teme.

Hay quien huye físicamente,
moviéndose.
Siempre estará desarraigado,
en cierto modo desterrado.

Y hay quien se queda congelado,
como fijado o atrapado
en la visión o presencia
de aquello que tanto teme,
hipnotizado.

Y ése es otro desarraigado,
otro desterrado
pues huye también en parte,
ya que, incapaz de soportar
todo su ser el evento terrible
y de permanecer ante lo que le infunde pánico,
parte de él se ESCINDE.

Una parte se queda ahí, clavada,
pero otra... se marcha.
Queda entonces esa persona fragmentada
y rota en pedazos: los que están aquí
y los que no están
sino huyendo...

Ser montaña es LO CONTRARIO.
Volverse montaña es haber superado todos los miedos
y permanecer imperturbable ante lo que llegue,
sea esto lo que sea.

La montaña no es el ser escindido,
sino el ser reconciliado,
íntegro,
CONSOLIDADO,
cohesionado
y con la base de Tierra magnificada
para ESTAR AQUÍ AUN MAS
de lo que la gente, por lo general,
está en ningún sitio.

De hecho,
montaña es *quien «está» más que nadie.*
Mirad el paisaje y sentidlo.

241. Montañas como templos que acogen

Por eso se abren algunas montañas
y acogen en su seno
a los que necesitan de mayor protección
(¡a veces tan llenos de miedo...!)
y que manifiestan un CLARO DESEO
de cambiar
y transmutar su carga
reavivando la llama de su corazón.

Pues si no desearan transmutar esto
y cambiar,
la montaña estaría acogiendo algo
que no va a poder conservar,
pues su esencia es otra,
ya que parte de su vocación es ayudar a liberar
al ser humano de su miedo.

Así que si entras en una montaña, humano,
que sepas que es para ser transformado.
Una montaña entregada al servicio
no se trata de un refugio de lo antiguo,
ni de un baúl para conservar reliquias,
ni de una caja fuerte para guardar
aquello a lo que estás aferrado,
aunque sean miedos.

La montaña es un templo
donde serás protegido
pero también, de nuevo, *fraguado*.
¡Ahí es inevitable el cambio...!

242. El corazón de la montaña

Dice la montaña a los agresivos sanguinarios
que persiguen a los pequeños Hijos de Dios:
«Marchaos por donde habéis venido,
pues aquí no tenéis nada que hacer.
Este lugar es sagrado,
y aunque me hicierais explotar por todos los lados
con profundas cargas de dinamita
¡nunca podríais "volar" mi corazón!».

El corazón de una montaña...
El corazón de una montaña es
como el capitán del barco,
o como el mineral de los huesos:
*es lo ÚLTIMO que desaparece
de la faz de la Tierra densa.*

Así fuera barrida la corteza terrestre por mil bombas,
los corazones de las montañas serían los últimos
en desintegrarse.

Y os podemos asegurar esto:
no lo harían antes de haber dejado
en sitio seguro a sus protegidos,
a sus niños.

Pues la capacidad de aguante de ondas de choque
del corazón de una montaña
es muy grande.

¿Y cómo es eso?
Se trata del misterio
del corazón de las montañas:
aúnan tanto Tierra como Cielo
mediante el FUEGO.

243. Somos el Fuego

Somos del Fuego,
somos Fuego
y procedemos del Fuego Vivo.

Somos nosotros quienes os hablamos:
los *Seres del Fuego Intermedio,*
pues somos eslabón entre lo Uno y vosotros.

Somos nosotros quienes os ayudamos
a uniros en matrimonio sagrado,
pues lo que riega todo el Universo,
animándolo,
permitiéndole latir,
enlazando mundos con mundos,
dimensiones con dimensiones,
esferas con esferas,
constituyendo redes,
no es otra cosa más que el *Fuego Eterno,*
el flujo divino radiante y ardiente
creador y tejedor de mundos.

Somos sus chispas,
somos sus hálitos,
somos sus lenguas,
somos sus fluidos,
somos sus gotas,
somos sus mares,
somos sus océanos,
somos sus ríos,
somos sus cristales palpitantes,
somos sus átomos,
somos su sangre que late,

somos su emisión
dirigida hacia su destino:
el Universo.

Desde el Universo y hacia el Universo,
somos lo que constituye el riego
del Fuego Eterno,
los alimentadores del sistema vivo,
los nutridores por transmisión,
los sustentadores por transporte,
los irradiadores por ignición,
los gestores por servicio,
los vigilantes por AMOR.

Somos de ello y para ello,
constituyendo un único y universal flujo
ramificado en millones y millones y millones
de redes y subredes,
océanos y ríos,
gotas y átomos
de FUEGO ETERNO.

Somos del Fuego y vamos al Fuego,
somos Fuego,
somos para el Fuego,
somos ello y, al mismo tiempo,
no somos más que sus minúsculas partículas
vibrando.

Pero nuestra pureza nos hace parecer
a veces ¡tan grandes!
Y sin embargo
somos pequeños.

No somos «nuestros»,
somos de ello.

244. Somos el «somos»

Somos el «somos».
Nunca oiréis a un ángel decir «yo soy» en separado.*
Si tal cosa oís, ¡atención!:
o existe distorsión,
o falta de comprensión,
o es un átomo de Fuego perdido y envanecido
pretendiendo una vida al margen
y con «grandes planes».

La enseñanza de un ángel es, pues,
aquella que os hace crecer en esta tendencia:
hacia el «somos»,
nunca hacia el «soy»
como algo separado de o contrapuesto a,
ni mucho menos enemigo de.

Somos el «somos»,
somos el «somos»,
somos el «somos»,
átomos vibrantes del Fuego Eterno.

Por nuestra pureza nos reconoceréis.
Y sabréis que somos puros
si decimos *«somos»*,
y si sentís bajo nuestra influencia
un anhelo ardiente
en vuestro corazón
de vivir en la UNIDAD.
Así es.

---

* Tanto en este mensaje como en el 245 y el 246, al decir «yo soy» se refieren a una reafirmación de la personalidad individual, o a una expresión de algo parecido al concepto de ego. Al decir que ellos sólo pueden afirmar «somos» en plural, se refieren a que viven la Unidad, donde ya no existe el «yo» pequeño, y a que ellos no viven como entidades separadas.

245. La verdadera bendición

Del Fuego Eterno al Fuego Eterno
bendecimos a todo ser
del Universo.

Pero la bendición verdadera no «piensa»
qué dar a cada uno,
sino que se limita a transmitir
desde *el Eterno*
lo NECESARIO
para cada ser, circunstancia y caso.

No penséis,
o no bendeciréis.
Pensad para hacer otras cosas,
pero no para transmitir con pureza
lo que desde lo Mayor y Eterno procede,
pues,
¿cómo puede un pensamiento humano,
tan pequeño,
de visión tan limitada,
conocer lo que la otra persona
verdaderamente necesita en su espíritu?

Bendecir verdaderamente es eso.
Lo demás es actuar desde el «yo»,
y eso, aunque tiene su función en vuestro mundo,
y sirve para algunos problemas y necesidades,
no es verdadera bendición.
Llamadlo otra cosa,
pero no bendición.

ÁNGELES DE LO UNO

Llamad a las cosas por su nombre.
Quien bendice desde su voluntad personal,
o desde su catálogo de normas hechas,
o desde leyes y símbolos que piensa
decide y dice «por sí mismo»,
no está bendiciendo,
sino actuando según otras medicinas.

La verdadera bendición precisa del no pensar
y actúa sólo en los vacíos de esto,
pues NADIE puede pensar lo mayor
desde lo menor.
Ninguna parte puede decidir según el Todo.

Por eso nosotros bendecimos al Universo
y a todos sus seres,
porque no decidimos nosotros ni cómo ni cuándo.
No lo pensamos, sólo LO Actuamos.

Desde el «somos» es posible,
sólo desde el «somos» bendecimos verdaderamente.

Los caídos de entre nosotros
son como átomos dispersos y perdidos,
ocuparon un lugar antinatural,
olvidaron su vibración.

Pero todos volverán a su Ser Esencial,
todos regresarán al «somos» en un tiempo u otro.

Nosotros os hablamos desde el Tiempo Eterno,
desde el Tiempo Uno;
por eso os decimos: los Ángeles SOMOS.

246. Ser yo y ser «somos»

Escuchad, esto es importante,
tenedlo en cuenta siempre:
quien os hable desde el «somos»
os ayudará a ir hacia la Unidad.

Podréis ver la progresión y tendencia
que siguen vuestros procesos
según hacia dónde vayáis caminando
en el tiempo terrenal.
¿Hay cada vez más «somos»...
o hay más «yo soy»?*

Si hay «soy»,
¿el yo se queda en ello
o se abre al «también somos»?

Y si hay «somos»...
¿Amáis también al *«yo soy»*?
Ha de ser así, porque
no existe ningún «somos» posible
desde el odio hacia el «soy».

Si hay odio hacia el «soy»,
y si el «soy» pleno no se alcanza...
¿cómo se podrán unir vuestros yoes
y fundirse en el «somos»?

---

* Tanto en este mensaje como en el 244 y el 245, al decir «yo soy» se refieren a una reafirmación de la personalidad individual, o a una expresión de lo que se podría llamar ego. Al decir que ellos sólo pueden afirmar «somos» en plural, se refieren a que viven la Unidad, donde no existe el «yo» pequeño, y a que ellos no viven como entidades separadas.

Así pues, os hablamos desde el «somos»
pero no despreciamos vuestro «soy».

Necesitáis serlo,
necesitáis ser el *«yo»*
tanto como un gusano necesita ser lo que es
si acaso quiere prosperar
y, un día, transformarse en mariposa.

El Yo pleno, feliz y saludable
es la oruga.
Quien pisotee su oruga,
o la niegue por desprecio u odio,
o quien no le dé de comer,
por decir que su «hambre» es mala cosa,
la verá extinta y muerta
ANTES DE TIEMPO.

Ése no vivirá su transfiguración.
No se convertirá en mariposa.
¡No os engañéis, pues,
y que no os engañen más!

AMAD vuestro «soy»
y tenderéis de manera natural
hacia el «SOMOS».

Así es:
sólo desde el amor el «somos» se alcanza,
sólo desde el amor el «somos» se produce,
sólo desde el amor el «somos»,
que es la Unión,
es una palabra verdadera
y no un mero vocablo falso
que dice «somos» pero no lo es
ni se siente como tal.

247. El arder de lo verdadero y lo falso

¡Fuego para las palabras falsas!
Arderán todas,
se harán cenizas.

Venimos a traer el Fuego
y arderán hasta las letras
de las manifestaciones de falsedad.

Serán destruidas,
porque todo lo que no es verdadero
no soporta la llegada del Fuego Eterno
cuya esencia es verdad y vida.
Así es, así es.

Pero vosotros
arded, arded, arded.
Que lo verdadero viva en vosotros
y que se destruya lo falso,
si acaso queréis VIVIR.

¿Lo queréis?
Entonces arded y viviréis.

¿No lo queréis?
Entonces pasad de largo.
Ni siquiera leáis estas páginas,
porque
OS QUEMARÍAN.

ÁNGELES DE LO UNO

Este libro es de Fuego,
viene del Fuego y va al Fuego.
¡Que no lo toque quien no se halle
en la búsqueda sincera de la Verdad!
...o se quemará
y sufrirá
tormento sin fin
hasta que lo suelte...
o decida, por el contrario
unirse a *Lo Que Es:*

el arder que es vida,
el arder dado por el Fuego Eterno
que Es Lo Que Es.

248. Los signos vivientes

Ardemos y por eso cantamos esto.
Ardemos y por eso os damos esto:
es la llama sagrada
que prende una OPORTUNIDAD
de cambiar
hacia lo verdadero desde lo falso,
pues todos vivís en la falsedad.

Un día se os abrirán vuestros *ojos de fuego*
y entonces veréis
y sabréis
que cuanto os hemos dicho
es cierto.
Así es.

No necesitaréis leer más palabras, entonces,
ni aunque sean de Sagrado Fuego,
porque vosotros mismos os habréis convertido
en trazos de fuego,
en SIGNOS VIVIENTES.

Seréis las letras
que transformarán el Universo,
seréis los signos ardientes
que enlazarán los mundos
y los dotarán de un nuevo significado
exhalado
por LO QUE ES.

Y si habláis o si escribís,
lo haréis como ejecutores del Fuego Sagrado,
como inductores del arder del mundo,

como irradiadores de su calor y verdad,
como encendedores de la pasión de vida verdadera,
como enseñadores de Lo Que Es.

Será la palabra en vuestra boca una servidora,
llama ardiente que llegue del Fuego hasta vosotros
y que pase luego, a través de vosotros, al mundo.

Lenguas de fuego,
lenguas de fuego,
lenguas de fuego...
¡Eso es!

Somos los Ardientes
y este libro dictamos
para que se consuma hasta el Fin
cierto reinado
cuyo ciclo ya terminó
y cuyo cadáver
ya debe ser retirado.

Desde el «somos» lo decimos,
desde el «somos» lo prendemos
en vuestro mundo.
Está dicho,
¡y que arda el Fuego!

249. Iniciación de las montañas: unión con toda la tierra

Recordad lo que os hemos dicho
acerca de la forma de quien es montaña:
anchura en la base,
tanta que casi es infinita,
según la medida de la Tierra toda.

Pues ¿dónde se halla la frontera
entre la base de una montaña
y el resto de la corteza terrestre?
¿Podéis acaso delimitarla con exactitud?

Éste es el primer secreto
de la fuerza de las montañas:
su base infinita,
su adhesión sin fisuras
a la Tierra,
su fusión total con ella.

Entonces, ¿quién moverá las montañas?
Os lo diremos:
nadie que no sea uno con la Tierra,
nadie que no sea
COMO ELLAS.

Entonces, decidnos:
¿cómo podría un ser humano
volverse semejante a una montaña,
volverse su par,
sin unirse igualmente a la Tierra?

¿Y cómo lograr la unión,
la verdadera unión
(y no un mero «pegado» o «cosido»)
si no es desde el corazón?

Pues bien, sabed esto:
quien quiera ser montaña
que vaya y ABRA su Corazón
a la TIERRA TODA
con lo que ésta contiene,
pues todo lo que está en ella
en cierto modo forma parte
de ella.

250. Iniciación de las montañas: abrir el corazón

Ningún corazón cerrado
podrá nunca dar a un humano
la experiencia de volverse montaña,
pues eso precisa de la unión con toda la Tierra.

Donde aún hay deseo
de que existan fronteras
perfectamente marcadas
e inamovibles
que separen a unos seres de otros,
a unas tierras de otras,
el corazón permanece aún constreñido,
agarrotado,
medio cerrado.

Es un corazón con miedo
que no se atreve a abrirse.
Es natural tener miedo
a tanto...

Pero también es natural que sin apertura total
no exista unión,
y sin unión
no hay ser-como-montaña posible;
las cosas son como son.

251. Iniciación de las montañas: abrirse y sentir

La Iniciación de las montañas, pues,
no es para todos los seres humanos
en un mismo tiempo terrenal.

Muchos no están preparados
para tal debacle de su «pequeño yo»
y de su mundo de fijación.

Tal apertura ni la conciben
ni la desean,
y aunque creyeran que la desearan,
los destruiría antes de tiempo
porque no están listos para afrontar
el «notar» al RESTO.

¿Y qué es el «resto»?
Todo aquello de lo cual
uno insistió en mantenerse separado,
todo aquello que uno negó
o todo aquello que uno desconocía
por mera lejanía física.

Humano que abres tu corazón a la Tierra toda:
llorarás las lágrimas de los lejanos
tanto como las propias;
vivirás las rabias ajenas
tanto como las genuinas,
etcétera.

Esto tal vez te asuste en un principio
o te agobie,

pero al final dirás: «¿Y qué importa?».
Somos parte del mismo cuerpo,
lo importante es vivir y transitar en esto,
no FIJARSE en ello.

Pues la enfermedad procede de la escasez de fluidez,
de los problemas en la transformación,
es decir, de la fijación.

Humano que abres tu corazón a la Tierra toda:
no temas a otra cosa
sino a apegarte a lo sentido,
a lo que a ti llegue.
No temas la apertura,
teme aferrar lo que ésta te DÉ.

Pues toda apertura llama a la donación,
y lo que desde la Tierra se te DA
no puedes atesorarlo
sin morir aplastado
o asfixiado
por SU PESO.

No es la Tierra materia
para ser acumulada;
no es la Tierra energía
que viva bien si está estancada.
¡Que sea lenta no significa
que esté parada!

La naturaleza terrestre va despacio
pero NUNCA DEJA DE FLUIR,
de palpitar,
de moverse...
Así es.
No os confundáis.

Quien quiera vivir la apertura de corazón
habrá de aprender la perfecta fluidez
o se verá colapsado.

252. Corazón y fluidez

Y... ¿qué es el corazón
sino la parte de vuestro ser
que impulsa el *movimiento*
y mantiene un ritmo?

Corazón y estancamiento son incompatibles,
corazón y agarrotamiento no casan bien,
ni tampoco corazón y aferramiento,
cerrazón,
deseo de inmovilidad,
de permanencia en un punto,
de fijación.

La salud del corazón está en el fluir:
lo que era antes ahora ya no es,
cada latido lo renueva todo,
cada instante lleva su movimiento.

Así es el corazón;
por eso abrirlo significa
vivir más todo esto,
vivirlo en una escala e intensidad mayor.

No se puede abrir, pues, el corazón,
si uno teme al movimiento,
si uno teme al ir y venir
de la energía fluyendo,
como la sangre,
a la que no se debe retener
sino que SIEMPRE DEBE CORRER.

Lenta e incesantemente,
el corazón humano ha de latir.
Así mismo ha de ser
con el *Corazón de Fuego*
que en el ser humano se abre
y se enciende
cuando acepta recibir
la Iniciación de las Montañas
o cualquier otra que requiera
APERTURA TOTAL,
sin fronteras,
sin dudas
ni delimitación.

Empujar la sangre no es bueno
salvo que esté estancada.
Sucede lo mismo con la energía;
por lo tanto no forcéis el tránsito de ésta
a través de vuestro corazón.

Tampoco intentéis detener su pulso,
¡que no os congele el miedo!

Pero no temáis por vuestra ignorancia,
pues el Fuego que os será dado
para que arda en vuestro corazón
os enseñará,
pues es
UN FUEGO MAESTRO.

Arderá en vuestro corazón del centro
sin cesar
y os desvelará muchos secretos,
entre otros:
la ciencia del Fuego Sagrado,
aquel capaz de dar vida
y de reunir en torno a sí
a *todos los hermanos*...

253. El Fuego Maestro

Cuando la Iniciación es aceptada
y la apertura se produce,
viene el Fuego Maestro
y en el corazón se instala,
ardiendo.
Ése es su templo.

Habréis de decidir si lo alojáis, o no.
Abrir el corazón no implica sólo
«abrirlo» o expandirlo,
sino verlo CAMBIAR,
verlo transmutarse con el arder
del Fuego Sagrado.

No existe apertura sin cambio,
no existe apertura sin renovación,
pues allá donde hay espacio
el Fuego Vivo es llamado
y viene a animarlo,
pues sin Fuego no hay más que
tejidos muertos.

Vivir es renovarse
y desprenderse cíclicamente
de lo que ya está inerte.
El Fuego hace esto,
el Fuego Maestro.

Pero es más que esto...
Este Fuego tiene sus MISTERIOS.
No nos es dado revelarlos
pero os los mencionamos
para que sepáis
que aceptar albergar este Fuego
no deja a nadie igual,
nunca.
¿Cómo podría...?

254. Preparar el camino al fuego

Nosotros no somos
desveladores de misterios
del Fuego Sagrado.

Aunque os parezca que sí,
en realidad no hacemos más que
señalaros la naturaleza de ciertas cosas
y prepararos,
a través de la incitación a la búsqueda,
y del anhelo del cambio
para recibir
EL FUEGO SAGRADO.

Somos los portadores de éste
para vosotros.
Somos los últimos eslabones
de una larguísima cadena
de Seres del Fuego,
comunicadores de éste al mundo.
Nada más y nada menos.

Somos Intermediarios,
moradores de la dimensión
del Fuego Intermedio,
aquel que comunica todos los mundos
tal como la sangre
comunica a todos los órganos y tejidos
del cuerpo.

Por eso estamos presentes
en todas estas Iniciaciones,
porque en todas ellas desciende
algo del Sagrado Fuego...
o éste se mueve de un modo nuevo.

255. Condiciones para albergar al Fuego Maestro

Pero al Fuego Maestro
¿quién lo hallará dentro de sí?
Aquel que esté abierto y dispuesto
a acoger en su corazón al Todo,
a lo Mayor.

No viene el Maestro si no es porque
su presencia es necesaria,
no viene el Maestro si no es porque
su arder es llamado
por el anhelo
de AMAR.

El Fuego Maestro es eso
y busca eso,
es maestro en amor.

256. Iniciación de las montañas: el cortejo

El Cielo corteja a la Tierra
y la Tierra al Cielo.

La fuerza de la Tierra empuja hacia arriba,
impulsa al crecimiento hacia lo Alto,
pues la Materia anhela a su Amado.

La fuerza del Cielo que vive el amor,
en cambio,
desciende sin cesar,
buscando fundirse con su amada Tierra.

Los seres celestes que os amen verdaderamente
y que, por lo tanto,
anhelen vuestro crecimiento y florecimiento
no tirarán de vosotros hacia arriba
sino que descenderán hacia donde estéis,
pues todo su deseo es encontraros
allá donde podáis estar en ese momento,
así sea en las más hondas entrañas
de la Tierra.

Y los seres terrestres que os amen verdaderamente
y que, por lo tanto,
anhelen vuestro desarrollo y plenitud
no impedirán vuestro ascenso hacia lo Alto,
sino al contrario: os impulsarán a llegar más y más lejos
para que podáis fundiros con el amado Cielo,
y vivir el amor con lo Alto.

Ningún ser que os ame,
ni del Cielo ni de la Tierra,
os presionará para que os vayáis,
ni para que os quedéis.

No os empujarán contra natura
en dirección de destinos inusitados,
ni os impulsarán antes de tiempo.

Tampoco os retendrán en los lugares
donde ya no podéis estar bien,
pues vuestro Corazón de Fuego
os estará impulsando,
con su arder y su movimiento,
a cruzar fronteras y a fundiros
con nuevas dimensiones,
tanto en lo Alto
como en lo Bajo.

Un cortejo eterno y sagrado
se da entre la Tierra y el Cielo,
y el ser humano que viva
la Iniciación de las Montañas
está destinado a vivirlo.

Es más: lo vive.

Cuanta más base de Tierra
tiene un ser-montaña,
más se alboroza el Cielo al verlo,
porque sabe que entonces su descenso
va a ser muy bien acogido
por tanta Materia que, a su vez,
asciende, buscándolo.

Dice el Cielo, complacido:
«¡Cuánto espacio!
¡Cuánta densidad disponible!
¡Cuánto cuerpo entregado!».

¡Sed Materia!
¡Sed Materia sin miedo!
Pues no desea el Fuego
más que arder en ella,
y no desea el Cielo
más que unirse a la Materia.

Si no tenéis Materia
que presentar en vuestros cuerpos
para el sacrificio del Sagrado Fuego,
¿cómo se desposará con vosotros el Cielo?
¿En qué hoguera arderá el amor?
¿En qué cuerpo reposarán los amados?

¡Sed Materia,
seres llamados a ser-montañas!
¡Volveos grandes,
expandíos en la base sin miedo!

No temáis perder al Cielo por eso,
pues sucederá JUSTO AL CONTRARIO:
cuanta más Materia seáis y ofrezcáis al amor,
mejor arderá el Fuego
y más espacio tendrá el Cielo
para posarse sobre la Tierra
y FUNDIRSE CON ELLA.

En esos instantes todo lo Nuevo
será hecho,
pues tendrán lugar las Bodas
de la Tierra y el Cielo.
No antes.
No sin ser Materia.

257. Iniciación de las montañas: dulzura y contundencia

La fuerza de la Tierra empuja
contundentemente hacia lo Alto
y el Cielo desciende con dulzura.

De la *dulzura y de la contundencia*
surge una unión perfecta.
La Tierra se empapa
de la caricia sin fronteras del Cielo,
y el Cielo adquiere
la concreción determinada de la Tierra.

Si el Cielo no pudiera concretarse y materializarse,
ni la Tierra expandirse, diluyéndose,
¡la vida sería tan pobre...!
Discurriría todo por cauces separados,
y lo Nuevo nunca podría venir,
porque no habría *mezcla*.

De la dulzura y la contundencia surge el abrazo
entre el Cielo y la Tierra.
Con dulzura y contundencia se cruzan los velos
que antes separaban a ambos,
y su mutuo deseo y entrega
puede culminar con plenitud y sin daño.

Quien quiera comprender algo más
acerca de la unión de Cielo y Tierra
que medite acerca de la dulzura
y de la contundencia.

Urboreas

La Tierra y el «Tierro»
expresan fuerza con contundencia,
su energía impacta y abre caminos de fuego
en vuestros cuerpos.

El Cielo y la «Ciela»
expresan fuerza con dulzura.
No sabréis dónde empieza ni dónde termina
su caricia, que, sin embargo,
también os impacta y os abrasa.

No es más fuerte la Tierra que el Cielo
y viceversa.
Sólo son dos manifestaciones diferentes
de una ÚNICA FUERZA
que el universo recorre
atravesando mundos
como collares de cuentas.

258. Iniciación de las montañas: forma del matrimonio

La fuerza de la Tierra asciende
y la fuerza del Cielo desciende.

Por eso,
vivir la Iniciación de las Montañas
es comprender que,
al ser Materia de ancha e infinita base
no hay otro camino sino la entrega
al Cielo.

Pues ¿qué sentido tiene vivir
el empuje hacia lo Alto
si no es para fundirse con ello?

Si hay Cielo, éste busca a la Tierra;
si hay Tierra, ésta busca al Cielo.
No hay el uno sin el otro,
y su destino y su plenitud están en reunirse
y fundirse.

La Montaña dice: «Me entrego,
me abro al Cielo»,
y éste, dulcemente y sin medida
desciende.

La Montaña no hace nada más que estar,
pues ya se halla «levantada»,
es el Cielo el que se mueve.

Ved la forma de esto:
La energía terrestre ascendiendo
y la celeste descendiendo.

Ved la forma de ésto:
la Montaña terrestre uniéndose
a la Montaña celeste.

Tan ancha sea la Montaña,
tanto Cielo podrá abarcar en sí misma.

Ved la forma de esto:
de la unión de la Tierra y el Cielo,
montaña ascendente y montaña descendente,
surge una *Estrella*.

Es de esta iniciación de la que os hablamos.
Sí, de ésta.

259. Matrimonio del Cielo y de la Tierra

¡Matrimonio del Cielo y de la Tierra...!
¡Matrimonio de montañas que descienden
y montañas que ascienden!

Pero ¿recordáis lo que dijimos
acerca del matrimonio?:
en el momento en que se unen dos,
ya son tres.

Por eso, ahí, en el centro,
surgirá la Tercera Fuerza
del dos unido, que ya es tres.

Volverse montaña es, pues,
aceptar vivir el nacimiento
del Sagrado Sol en vuestro seno
tarde o temprano.

Pues... ¿qué es una montaña sin Cielo?
En cuanto os volváis montañas
el Cielo os cortejará
y no desearéis otra cosa
más que desposaros con él.
Así es.

¡Y sólo está esperando eso,
vuestra entrega!
Porque sin forma donde fundirse,
sin materia que lo acoja,
¿dónde se concentraría el Cielo?

Así, la montaña se vuelve sutil
y el Cielo se materializa.
Entonces, el universo RESPIRA
y la vida fluye en armonía...

*Ser montaña es permitir
la TRANSPIRACIÓN entre mundos,
mediante el paso del Fuego Sagrado
que todo lo comunica.*

De esto ¡muchos se benefician!
Las Bodas Sagradas siempre son fiestas
donde muchos seres son agasajados
y múltiples bendiciones se derraman
alrededor.

Es el matrimonio, el matrimonio, el matrimonio...
Si entendierais lo que es éste verdaderamente,
todos estaríais deseando *casaros,*
y nadie concebiría una vida plena
sin vivir en sí mismo
el dos que es tres.

260. Subir a las montañas y volverse estrella

Hay diferentes estrellas;
hoy os hablamos tan sólo de una de ellas:
de aquella que surge de la unión
del Cielo y de la Tierra.

Podéis vivir esto en vosotros mismos,
tal como os hemos dicho.
En esto, las MONTAÑAS SON MAESTRAS.

Por eso muchos de los denominados místicos
sintieron la llamada a su ascenso,
para que les enseñen en esto,
en vivir la Estrella en sí mismos.

Hay montañas y montañas,
y no todas respiran igual,
pero las hay plenamente ENTREGADAS
a realizar la Estrella,
a permitir el perfecto y pleno
FLUJO DE FUEGO
que une a la Tierra y al Cielo.

Os estamos contando secretos
que sin embargo siempre estuvieron ahí,
ante vuestros ojos abiertos,
pero mirabais sin verlos.

Ahora ya sabéis que existen muchas maneras
de subir a las montañas,
y que no todas traen el mismo resultado.

Quien quiera subir a las montañas
para que le enseñen,
hágase a sí mismo Materia,
y que se preste luego, de corazón,
a la entrega total.

Las montañas invitan al ascenso
a los que aceptan vivir esto
porque desean algo:
enseñarles acerca de la Unidad.

Quien se invite a sí mismo
y suba en una búsqueda de poder personal
encontrará otra cosa y a otros seres
dispuestos a entablar amistad.

No decimos que esto sea bueno ni malo;
decimos: tal y como sucede en vuestros cuentos,
el resultado de un camino es distinto
según el corazón de cada cual,
según la intención verdadera
y según la predisposición a lo Nuevo.

261. Ser estrella

Quien sea sólo montaña de Tierra
no entenderá nada.
Quedará en él, únicamente,
el instinto de supervivencia
y pasará la vida sólo enfocado
en moverse con éxito en la materia.

Los futuros acontecimientos
le parecerán absurdos.
Será incapaz de vivir tanto el milagro
como el advenimiento de nada nuevo,
ya sea agradable o desagradable,
sin quedarse contrariado, extrañado
o simplemente fuera de juego.

Quien sea sólo montaña de Cielo
creerá, por el contrario,
que lo entiende todo,
y sin embargo no entenderá tampoco nada.

Vivirá la locura mística,
pues desde su perspectiva tan elevada
tendrá una visión de las cosas aparentemente
muy completa,
pero le faltará la perspectiva y el manejo
de la Tierra.

Entre los primeros «espesos»
y los segundos «iluminados»,
juntos crean un mundo de locos,
de enajenados.

Volverse Estrella es unirlo todo
y por lo tanto COMPRENDER
de una manera nueva
la realidad, la vida,
toda la existencia.

La Estrella no tiene tendencia
porque todos sus vértices son iguales.
La Estrella no tiene ya polaridad
porque si realmente es Estrella,
todo en ella ya está unido
y armonizado.

La Estrella conoce al Cielo
y conoce a la Tierra.
No los vive como mundos separados,
sino juntos y equilibrados
en CUALQUIER ACTO
de la existencia cotidiana.

La Estrella ni siquiera vive
sólo en el arriba y abajo,
sino que se abre también hacia los lados,
pues tras la unión de la Tierra y el Cielo
se abren las perspectivas
hacia los laterales.

Por eso la Estrella aúna en sí al Todo
y es capaz de vivir cualquier evento,
etapa o camino vital
con serenidad,
con comprensión,
visión y prudencia.

Los que sean Estrella
transitarán sin miedo,
con comprensión de cada cosa
y serán precisos en el tiempo.

Y no les faltará el sustento
ni de la Tierra ni del Cielo.
Por ambos lados serán sostenidos
tanto como apoyados,
pues ser Estrella es, también,
ser COLUMNA.

262. Ser estrella y ser columna

Observad la forma de una columna:
ha de tener una mayor amplitud en la base,
un cuerpo recto
y, luego, otra mayor amplitud en la parte alta.

Una columna sin esto no es firme:
ni sostiene el techo,
ni se sostiene bien en el suelo.

Los Seres Estrella son columnas perfectas,
pues ya no son ni Tierra ni Cielo,
sino ambos por igual.

Por eso su base es muy grande,
lo mismo que su cúspide.
En el centro de la Estrella se vive, pues,
un ENORME CAUDAL DE FUERZA.

Los Seres Estrella son seres justos
que sustentan con su ser
la unión del Cielo y de la Tierra.

Gracias a ellos en vuestro mundo
la vida puede ser algo más
que mera supervivencia
o locura desarraigada,
y pueden llegar a otros
caudales de bendiciones
debidos a su MERA PRESENCIA.

Los Seres Estrella son columnas
de las cuales el Cielo se sirve

para dar su amor a la Tierra
y todo cuanto ella necesita.

Los Seres Estrella son columnas
que la Tierra usa
para alcanzar el Cielo
y mantener su relación de amor con él,
dándole a su vez respuestas.

Pues no sólo el Cielo da a la Tierra,
sino también LA TIERRA AL CIELO.
Y los Seres Estrella permiten esto.

Los Seres Estrella son LOS FUERTES,
son los sabios,
son el apoyo de los necesitados,
y son los FÉRTILES.

Pues de tanta unión,
¿no ha de surgir, acaso,
fructificación?

263. Llamar a lo Nuevo

Lo Nuevo... Lo Nuevo...
Muchos llaman a lo Nuevo
y no saben lo que dicen,
pues viven vidas en las que Tierra y Cielo
andan por vías separadas
y no siempre están dispuestos
a dejarlos en sí mismos tocarse
y, mutuamente, penetrarse.
Tienen miedo.

Tienen miedo de ver rotas las fronteras
que les garantizan que no surgirán mezclas
gracias a las cuales pudiera darse
UN CAMBIO.

Tienen miedo de ver diluidas las barreras
porque si lo hacen, inevitablemente,
sus propios esquemas mentales
saltarán hechos pedazos,
pues no en vano se unen en alguien
el Cielo y la Tierra.

264. Llamar a lo Nuevo: el miedo a dar fruto

Lo Nuevo... Lo Nuevo...
Muchos llaman a lo Nuevo,
pero no saben que procede de la Unidad.

Y toda unión busca la mezcla,
y toda mezcla ¿qué busca,
sino dar fruto?

Y que sea un fruto comestible,
un fruto sabroso y alimenticio,
no una mezcla venenosa o inviable.

Pero el fruto da miedo.
ES EL FRUTO EL QUE OS ATERRA.
Lo esquiváis...
Teméis lo que pueda ser o contener,
pues el fruto trae consigo algo nuevo,
algo desconocido, es MISTERIO.

265. Llamar a lo Nuevo: ser flor, dar fruto

Es hermoso ser flor, ¿no es así?
Dice la flor:
«Qué bonito, cuánta luz, cuánta tierra,
cuánto ir y venir de seres alados,
qué bellas visiones...

»Pero... ¿permanecer abierto,
dispuesto a la fecundación
que justamente llevan y traen
los brillantes seres entre sus alas?

»Ah no, ¡eso sí que no!
No vaya a ser que yo desaparezca
convertida en un fruto hinchado y horrible,
condenado, a su vez,
a deteriorarse y abrirse
para dar no se qué semilla...
DESCONOCIDA...

»Porque yo sé quién soy YO,
pero ¿qué se yo acerca de quién es
de verdad EL OTRO
cuyo germen
se mezclaría en mí?

»¿Y qué se yo acerca de quién sería el fruto?
Y tendría que llevarlo dentro de mí,
a "eso", a eso desconocido que no es "yo"...
¡Ah no, yo quiero ser SIEMPRE YOOOOOOO!».

Dicen las flores reacias al Misterio:
«Oh, deseamos ser FLOR PARA SIEMPRE.
Nosotros no queremos permitir
que nada cambie nuestro estado
de realización iluminada.

»Ahora que por fin somos
todo pétalos, todo luces,
y nos sentimos tan bien entre el cielo y la tierra,
¡no queremos sufrir cambios!
¡Con lo que nos ha costado llegar a esta belleza!

»Vivir cambios hasta aquí, vale,
pero más allá de esto,
¡de ningún modo!

»¡Ni mucho menos abriéndose
a vete a saber qué!
¡Nunca la entrega,
nunca el descontrol,
nunca... nunca... nunca...
la fecundación!».

Así piensan muchos seres humanos
que han llegado a abrirse bellamente
como flores maravillosas
entregadas a la densa Tierra
y su negra energía
y al etéreo Cielo y su irisada luz.

Son humanos que deciden ser flores estériles,
porque temen.
No hay otra cosa más que miedo,
el eterno miedo agazapado tras el cambio,
detrás de eso.

Ése es el último miedo que hay que superar,
el miedo a entregarse a lo desconocido
no tanto para crecer y desarrollarse,
sino para abrirse a la entrada de algo nuevo
y dar fruto.

Entonces, ¿por qué invocan a lo Nuevo?
No saben lo que dicen,
no conocen los caminos de la renovación,
de la vida.

Sin apertura a la fecundación
no hay Nuevo que venga
más que como mera posibilidad
que no va más allá
de sueños, pensamientos, imaginación...
nunca CONCRECIÓN,
nunca encarnación,
nunca MATERIA.

Pero el Mundo de Materia
precisa novedades de Materia
tanto como novedades sutiles.

Mirad: hay espacio, sentido y destino
para todas las flores en el Universo.
No importa si no deseáis ser flores abiertas
a ser fecundadas
para ser portadoras del Misterio de lo Nuevo.
No es obligatorio.
Pero sabed cómo son las cosas
y sabed por qué cauces viene la renovación.

Si queréis renovación,
o bien os abrís vosotros
a ser fecundados por lo Otro
o bien apoyáis a los que así lo desean
para vivirlo en sí mismos.
No se lo impidáis.
¡Basta de incentivar tantos miedos
a lo extranjero!

Dejad que los que deseen vivir el amor
manifestado a través de la unión fecunda
lo vivan.

Y apoyadlos,
pues los frutos que de ellos amanezcan
son frutos de toda la Creación
y también os atañen a vosotros,
pues no estáis separados de ellos.

No todas las flores dan frutos en un árbol
ni en un prado,
pero es algo sin sentido y una crueldad
fomentar el miedo a la fertilidad
cuando en realidad
la continuidad de toda vida,
material o no,
depende de esto: de la MEZCLA.

La plenitud de un árbol no es la floración,
sino la fructificación.
Dejad que quienes lo deseen alcancen a vivir esto
y siembren el mundo a su paso
de lo Nuevo.

Cuando el fruto ha madurado
y sus semillas están ya en la Tierra,
el árbol suspira
y se entrega al INVIERNO.

Así, la muerte es Muerte.
No es un final, sino un intermedio
entre lo que fue y lo que será,
aunque todavía yace oculto, enterrado,
esperando manifestar todo su potencial
en la nueva primavera.

No os vayáis sin dejar algo a vuestro paso,
flores, semillas o vástagos
que continuarán la vida
después de que os hayáis ido.

266. Los hijos de la Estrella

Pero los que son Estrella
son FLORES FÉRTILES.

No viven en sí mismos
este miedo al fruto,
porque ya viven la unión,
ya viven el matrimonio,
y ya os hemos dicho
que si esto sucede,
ya no hay dos sino tres,
y el tres es el Hijo.

Los Hijos de la Estrella son soles
que amanecen en el centro
del amor de dos,
que ya no son dos,
sino tres.

Pero los Hijos de la Estrella
son también aquellos
enseñados por ella,
por su forma,
a serlo.

Son Hijos de la Estrella
quienes aprenden de ella
y se vuelven como ella;
son Hijos de la Estrella
quienes, siendo Estrella,
dan fruto.

267. Ser Estrella, ser flor, dar fruto

Pero escuchad bien esto:
es imposible ser Estrella
y no ESTAR YA DANDO FRUTO,
porque, insistimos,
quien vive en sí la Unión Sagrada
ya vive en sí la Sagrada Aurora,
ya alberga la semilla
de lo Nuevo.

Si esto no sucede todavía
es que la Estrella aún no se ha formado,
los mundos no se han unido,
y existen fronteras o barreras
debidas al miedo,
relacionado con la falta de amor.

Pues si el amor os llenara,
no podríais sino desear la unión,
diera ésta el fruto que diera.

Es más, si el amor os llenara,
la unión daría fruto
de un tipo o de otro,
porque...
¿qué quiere el amor sino irradiarse,
llenar el mundo,
acceder a todas partes?

*Amor es expansión,
miedo es constricción.*
El miedo cierra los canales
a la fecundación

y a la fructificación.
El amor, en cambio, los expande.

Si queréis dar fruto
abríos al amor,
dejaos tomar por él,
atreveos a vivir
el ser arrebatados por el amor.

El amor os abrirá,
y os expandirá
hasta límites que ni sospecháis...
Sin expansión,
¿cómo dar fruto?

Los Hijos de la Estrella son fértiles,
los Hijos de la Estrella renuevan la Tierra,
y los Hijos de la Estrella iluminan al mundo
con cada Amanecer Sagrado
que surge tras la Unión en sí mismos
del Cielo y de la Tierra.

Eso es transfiguración.
Ésa es la luz que surge
de la enseñanza de las Montañas.

Luz de Materia a sí misma entregada,
Luz de Materia amada,
Luz de Materia encendida
por el Fuego que une
la Tierra y el Cielo.

268. Raptos, arrebatos y abducciones

Cuidad de no ser raptados
en lugar de vivir el arrebato de amor.

El verdadero arrebato de amor
no busca desarraigaros,
sino culminar la iluminación
de vuestro ser,
incluyendo vuestra carne.

Los seres del Cielo que os amen
no buscarán «raptaros»
mostrándoos a la Tierra como un lugar de males,
del cual debáis salir cuanto antes,
pues no merece el amor.

Los seres del Cielo movidos por el amor
no raptan, sino que descienden
para dar
desde la Unidad.

De estas visitas,
a veces parece a ojos ajenos
que el visitado «desapareció»,
pero no es tal cosa,
es que CAMBIÓ
su estado de ser.

La unión de Cielo y Tierra
en ocasiones produce cambios extraños

a la vista de los hombres que no ven,
aún, todos los mundos «bien».
No pueden percibir mucho,
se les escapa.

Sus ojos no están preparados,
su ser es todavía inmaduro,
es larva o crisálida,
no aún mariposa
capaz de ver todos los colores
de la luz del sol directamente
y sin pestañear.

Pero hay seres del Cielo
que no buscan esto,
sino llevar vuestra energía a otra parte.

Se posarán sobre vuestras cabezas
para tentaros, diciéndoos:
«Idos de aquí,
estad SOLO con nosotros,
idos marchando de este lugar terrenal.
Éste NO es vuestro lugar,
vosotros sois tales y cuales,
no tenéis nada que hacer aquí,
vuestro poder está en otra parte,
venid a nuestra corte y nuestros palacios
donde os estamos esperando...».

Entonces, vuestra atención se dirige
hacia donde ellos dicen
y si los cree,
o si está de acuerdo,
desvía hacia ese «lugar»
parte de vuestra energía.

Esas «montañas celestes»
no descienden para amar a la Tierra,
sino para llevarse su energía,
para absorberla.

Son montañas invertidas,
no vienen para dar y unir,
sino para tomar y escindir.
Eso es abducción.
Sed vigilantes.

Ninguna visita que no se produzca
desde el amor,
no sólo hacia vosotros
sino hacia los otros seres vivientes
y hacia la Tierra,
viene a ayudaros a ser Estrella,
a ser Flor,
o a vivir la Transfiguración.

Sólo vienen a raptaros,
a llevarse vuestra energía
hacia otra parte.

Y es que la anhelan.
¿Por qué?
Es materia prima para ellos,
vuestra preciosa y codiciadísima
energía vital,
incluso en su faceta de energía mental.

Guardad vuestra energía vital para vosotros,
para poder vivir gracias a ella la unión sagrada.
Y desconfiad de aquel que venga en «son de amor»
pero os induzca a separaros de los demás
porque «ellos no son dignos»,
u os empuje a partir del mundo terrenal
porque «el bien no está aquí»
y este mundo «está condenado por el Cielo».

Os decimos que en todo caso
el mundo está condenado
a vivir el amor sin fin
del Cielo por él.

Existen interferencias y dificultades
en la vivencia de este amor,
pero eso sólo significa
que no todos los seres están alineados
en esta intención.
No todos desean vivir
el arrebato del amor
y transmitirlo alrededor.

El arrebato del amor
produce fusión de mundos,
de planos y de realidades
en uno mismo,
y se irradia el amor hacia todos ellos
por igual.

El arrebatado,
al final de su tiempo,
cuando culmina cierta etapa
de su desarrollo vital,
parece que se marcha,
pero sólo es que ha cambiado tanto...

Allá va, dejando a su paso
su rastro de Fuego Vivo...
o de Luz,
dejando al mundo
de ello SEMBRADO
como alimento para la vida,
continuidad desde el amor.

269. El poder

Sólo hay un poder y procede de la Unidad.
Poder es Unidad.

Sólo hay un poder
y jamás es el poder de ninguna parte separada,
sino el de la Unidad
pasando a través de una parte
según la medida que ésta puede soportar.

No os podéis adueñar del poder.
El poder no es vuestro,
nunca lo fue y nunca lo será.

El poder es la Unidad.
Si os parece que «tenéis» poder,
o que otro lo tiene,
es que no habéis entendido aún
lo que es el poder.

Pero sí podéis participar del poder
y canalizarlo a través de vosotros,
si acaso sois uno con la Unidad.

270. Más acerca del poder

Poder es libertad.
Poder es liberación de caminos,
ruptura de los círculos cerrados
que os aprisionan y constriñen
como armaduras, cerrazones, cárceles.

Poder es conexión,
poder es comunicación real
y ésta requiere de la disolución de fronteras,
del romperse las barreras
que impiden esto: ser uno con...

Poder es creación,
pero no existe creación sin liberación
que permita la comunicación
y la mezcla.

No existe creación sin Unidad;
por eso decimos:
sólo hay un poder y es Unidad
y es de la Unidad;
de ella procede y a ella va.

271. Preservación y esterilidad

Si las partes de tu ser viven aisladas
y encerradas en compartimentos separados,
¿cómo van a comunicarse entre sí
y dar lugar al Ser?

Si vives obsesionado por las barreras
y te relacionas con el mundo
a través de capas de protección,
¿cómo vas a mezclarte con el resto?

Si usas preservativo, no habrá fecundación,
si usas guantes, no palparás,
si guardas tu corazón del trato con lo ajeno,
¿cómo vas a relacionarte?

Y si no te relacionas,
si no entras en contacto real con el otro,
tu vida será estéril,
aunque te llenen las riquezas materiales
o tengas una docena de hijos.

Sin Unidad no hay fertilidad.
Pero la Unidad YA es,
la Unidad siempre es,
la cuestión es si la vives en ti mismo
o te empeñas en vivir la vida
como hecha de cajas y compartimentos separados.

272. Preservación y fertilidad

Hay un preservarse sensato y bendito
que va unido a la fertilidad
y sin el cual ésta NO es posible:
es la protección necesaria
en etapas de formación y crecimiento.

Cuando se unen las células masculina y femenina,
lo hacen en la más estricta intimidad,
en la profundidad del oscuro cuerpo.
Y así debería ser en otras facetas
de la energía.

Y mientras un niño se gesta,
vive preservado en el vientre de su madre.
Exponerlo antes de tiempo
sería locura o crueldad.

Así sucede con muchas cosas:
hay un tiempo para que vivan ocultas,
en un ambiente lo más tranquilo posible,
y otro para manifestarlas
a plena luz del día.

También, cuando un ser está enfermo o exhausto
debe preservarse en la calma y la limpieza
a fin de dar espacio y tiempo a su cuerpo
para curarse o reponerse.

273. El sagrado oscilar

Vuestro problema suele ser la fijación.
Os fijáis en una actitud hasta que os satura o enferma;
entonces descubrís la opuesta y os fijáis en ella,
defendiéndola como «la mejor»
o «la única verdad».

Pero la salud radica en la fluidez:
ahora esto... ahora aquello...
Ahora de nuevo esto...
luego de nuevo aquello...
y así...

Hay un tiempo para mezclarse
y recibir a otros en el propio espacio
y otro para preservarse.
El problema radica en no discernir bien
cuándo es mejor vivir cada cosa,
pretendiendo «siempre» lo uno
o «siempre lo otro».

Pero la oruga sabia
conoce cuándo le llegó el tiempo
de volverse crisálida,
escondiéndose de miradas ajenas
para vivir con tranquilidad
su proceso de transmutación.

¡Tiempo habrá de volver a moverse,
y de mostrarse a la luz del sol,
y mucho, por cierto!

Habéis olvidado el sagrado oscilar,
habéis olvidado lo que es el movimiento.
Defendéis posiciones de «mariposa»
o de «oruga» constantemente,
cuando en realidad
hay un tiempo para cada cosa,
y además, cíclicamente,
cada tiempo vuelve.

Ni sois orugas para siempre,
ni tampoco mariposas.
Siempre hay una transformación esperando
a la vuelta de la esquina
para aquel que quiera estar vivo
verdaderamente.

La Creación va unida a la oscilación.

Estar vivo es transitar,
es oscilar,
es vibrar.

274. El aro del poder

Quien quiera conocer lo que es el poder
habrá de abrirse al resto
y convertirse
en eslabón o parte
de la Unidad.

Ahí pasará a formar parte de un CÍRCULO
diferente a los antiguos por él conocidos.
Se trata del círculo de *lo Uno,*
el círculo que une todas las energías
en un mismo trazo
en el mundo.

Si miráis hacia abajo y luego hacia lo alto
y sentís que se unen en vosotros
estas energías,
las procedentes de lo profundo y lo celeste,
pensáis: «Esto es ser columna».

Pero si mirarais esto desde una perspectiva mayor,
desde la cual la Tierra es una esfera suspendida,
veríais que no hay tal columna,
sino que al final es un *círculo,*
un aro de fuego/luz
que va desde vosotros hacia el núcleo de la Tierra
y hacia el centro del cielo...

La constitución de este aro de fuego
a través de vosotros,
vuestra conexión y encaje en él
os sitúa en vuestro justo lugar.

ÁNGELES DE LO UNO

Ahí estáis en la Unidad.
En ese punto todo se enfoca
y se ve tal y como es.
Ahí uno empieza a actuar
como debe ser.

Sólo desde la vivencia de estar traspasados
por el *Aro Sagrado de la Unidad*
(del cual formáis parte)
alcanzaréis la experiencia
del *Poder de lo Uno*
a través de vosotros.

¡Siempre A TRAVÉS de vosotros,
nunca vuestro,
recordadlo!

275. Poder personal, poder de lo Uno

Ahora os hablaremos
desde una de vuestras leyendas,
la historia de Moisés.
Estos detalles que vamos a mencionar
tomadlos como un símbolo.

Moisés estaba unido a lo Uno
y el Aro del Poder llegó a unirse en él
y pasar a través de él.
Por eso, su «magia» pudo más
que la de los magos de la corte
y que la voluntad del faraón.

Moisés no actuaba desde su «yo».
No era él quien,
a costa de esfuerzo y prácticas continuadas,
acumulaba energía
con el fin de usarla para generar espejismos
o materializar objetos.

Así actuaban aquellos magos,
desde la afirmación de «su» poder personal,
pero Moisés no se dedicaba a «acumular» nada,
sino que, en cambio,
se prestaba a vaciarse de lo inservible
y a dejarse traspasar por lo Mayor.
Y lo inservible es casi todo…

Moisés lo que hacía era prestar atención
y seguir las señales
que le indicaban un camino de despojo

de todo poder personal,
de toda posesión,
de todo querer imponer
la visión del yo pequeño,
la voluntad de su parcialidad.

Por eso, unido al Todo,
actuó en el momento justo
y del modo preciso.
Él no «hizo» nada;
todo fue hecho desde *lo Uno*
y pasó «a través» de él.

Ninguna parte puede competir con lo global.
Ningún pequeño grupo tiene nada que hacer
ante *Aquello que es Uno*.

Cuando una persona vive el Aro Sagrado
en y a través de ella,
deja de ser «persona» tal cual la conocéis
y pasa a ser parte de lo Uno,
a través de la cual lo Uno se manifiesta.

Ése es el auténtico poder.
No fue Moisés quien partió el mar en dos;
él tan sólo prestó atención
y se unió al Todo en su impulso,
que ese día partía el mar en dos.

No fue Moisés como «persona»
quien creó desde «su» poder
una sarta de plagas.

Él tan sólo prestó atención
a lo que había y sucedía,
y, unido a lo Uno,
actuó y habló buscando
el bien de la gente a la que amaba,
que era un colectivo grande,
su pueblo.

Pues verdaderamente es imposible
vivir el Aro del Poder
desde la pequeña intención de actuar
sólo para sí.
Es un contrasentido.

Si vives el Aro Sagrado de lo Uno en ti,
es que estás unido al Todo.
Y si lo estás,
¿cómo vas a querer actuar sólo para ti...?

276. El camino para vivir el Aro del Poder

Ahora prestad atención,
os decimos esto:
cuanto mayor sea el colectivo
al que un ser acepte ayudar,
mayor habrá de ser el Todo que abarque,
mayor habrá de ser el grado de Unidad que viva,
y mayor será el Aro de Fuego Sagrado
que lo traspase.

Y esto último,
la entrega por un colectivo,
prestarse para que el Aro del Poder
actúe a través de uno
por el bien de lo Mayor,
os lo aseguramos:
en realidad nadie elegiría vivirlo
si de antemano supiera
cuánto dolor iba a costarle...
y qué pocos beneficios
(según vuestro cómputo habitual).

Desde luego no es un camino
para los que buscan acumular
poder o energía «personal»,
pues más bien ése
es el que tienen que ir abandonando.

Y aunque el gozo firma también este camino
(pues cada conexión es un reencuentro),

no vives el ser traspasado
sin que se den algunos
momentos de dolor.
Es imposible.

Pues se trata de despojarse.
Se trata de abrirse.
Se trata de soltarse.
De Todo.
Y a Todo.

¡Y estáis normalmente MUY agarrados
y muy fijos!
No se puede vivir
este grado de despojo y transmutación
en el corto espacio de años
(lo que dura una etapa
de una vida humana)
sin dolor.

Pues aunque sea algo progresivo,
aunque se busque el modo mejor de vivirlo,
transformarse siempre duele...
¡por lo menos al principio!

Después... bueno,
después es otra historia.

No, este camino no se puede concebir.
La pequeña personita
a veces acepta la sugerencia
inspirada por el Espíritu
para ir en esta dirección,
pero desde su pequeñez,
tan «parcial»,
nunca puede imaginar o prever
lo que el camino le traerá.

Por eso, la pequeña personita
no puede hacer esta elección

pretendiendo saber todo de antemano,
o queriendo tener un plano detallado del camino.

Lo único que le servirá
para tomar su decisión
es seguir al anhelo de su Corazón de Fuego
y ser guiada por ello,
por el Fuego Maestro.
Sabedlo.

277. El final del camino del Aro a vuestros ojos

Cuando el Aro se completa,
los vínculos y ataduras se liberan,
y el Fuego pasa...
Entonces ya no hay más «persona»,
sino un ser más de fuego
unido al Gran Círculo.

Que ese ser permanezca aún entre los hombres
tan sólo depende de si le queda algo
aún por hacer entre ellos.
Pero, generalmente,
los demás ya casi no soportan su presencia.

Es demasiado.
Demasiada luz,
demasiada conciencia,
demasiado todo para la media.

Por eso, por no deslumbrarlos,
para no quemar a quien no está preparado,
quien se vuelve totalmente de Fuego se aparta.

Es por amor.
Quien se vuelve Sol
ha de alejarse un día de la Tierra
si no quiere abrasarla.

No busquéis en las leyendas
acerca de quienes se volvieron de Fuego/Luz
mucha coherencia ni acierto
en las explicaciones
sobre sus días o momentos finales.

Dado que las personas
no podían comprender o abarcar

a quien dejó de ser como ellas,
no pudieron describir
ni explicar con certeza
lo que en realidad les aconteció.

Está más allá de la comprensión humana.
Está en el Misterio,
más allá del horizonte habitual
formado por cuatro coordenadas.

¡Ni con treinta y tres coordenadas lograríais describir
la trayectoria del Aro Sagrado,
del Círculo de lo Uno!

El Aro es el Aro,
tan sólo es posible vivirlo.
Y sólo se puede vivir esto
si está en uno mismo esa semilla,
esa vocación.

De otro modo eres destruido
por un anhelo insensato,
por haber buscado fuera de tiempo
y fuera de lugar.

Todo depende del tiempo.
No está en el momento actual
de todos los seres humanos
el vivir esto.

En el Tiempo Uno
tal vez sí,
pero aquí y ahora,
en vuestro tiempo, no.

Que cada cual siga su vocación
y todo se andará.
Hay un camino para cada ser;
sólo estamos esbozando
generalidades
para mover vuestra comprensión.

278. El verdadero final del Camino del Aro

El final del Camino del Aro
está más allá de vuestros ojos
y es tal que, en realidad,
NO TIENE FIN.

Un Aro se entrelaza con otros Aros,
en una danza continua de unidad,
de fusión,
de encuentros y desencuentros,
de acercamientos seguidos de órdenes nuevos,
de descomposiciones
seguidas de nuevas formas.

Los Aros danzan,
los Aros, unos con otros,
se entrelazan,
se entrecruzan,
se funden,
y luego se separan
para volver,
de nuevo,
a fusionarse.

Y así sin fin...
sin fin,
sin fin.

Sí,
SIN FIN.

Ésta es la Danza de la Creación.
Atended, humanos,
prestad atención
porque lo repetimos:
Ésta es la Danza de la Creación.

Y ésta es la forma o patrón
más próxima para vosotros
(y la que podéis comprender mejor),
danza desde la cual
emerge toda forma
(conocida a vuestros ojos).

Aros y Aros.
Tenéis un símbolo conocido
para la unión de dos círculos;
añadidle más aros
y he ahí otro símbolo.

Pero, por supuesto, hay más.
¡Todo es siempre mayor...!
Nadie puede decir su número,
ni su orden concreto,
ni cómo está dispuesta la mezcla
de sus colores.

Aros y Aros entrelazados...
Algunos lo han llamado «flor»,
pero eso tan sólo es un signo,
una representación
de algo MUCHO MAYOR,
eterno,
pulsante,
cambiante...

279. Aros que son hilos que forman tejidos

La danza de los Aros
es el tejido de Fuego secreto
que alienta todo lo creado,
transmitiéndole
el hálito de vida mayor.

Un tejido sin un solo centro,
un círculo hecho de círculos
que constantemente cambian de posición
y de lugar,
una red en constante palpitar
y en constante recreación,
esto es.

Quien siga el Camino del Aro
—sin fin—
se encontrará formando parte
del tejido de la Creación,
siendo Aro/Hilo de Fuego
entrelazado con el resto,
y, por lo tanto,
sin forma fija,
sin posición eterna,
sin fijación
(más que sólo *temporalmente*)
a una forma y función.

El tejido de la Creación
continuamente se renueva y cambia.
Los Aros que lo sustentan
realizan su danza,
obedeciendo
al impulso de lo Mayor.

280. El buen tejido

El buen tejido es
el tejido servidor.

Un tejido sin cohesión
es un tejido débil
que se deteriora y perece
antes de tiempo.
Sirve, pero poco.

Un tejido demasiado fijo
es rígido en exceso
y no resulta cómodo ni adaptable
para lo que se precisa:
sustentar, apoyar y dar cohesión
a todo lo creado,
a todo ser,
a toda conciencia.

No seáis desgarrones
en el Tejido Sagrado
si queréis servir a esto.

No seáis hilos acartonados
si deseáis participar en el acto
de envolver en pañales de dulzura
a los seres recién nacidos.

No seáis hilos sin torsión
ni tensión suficiente
si deseáis contribuir

a sostener con firmeza
a los que necesitan agarrarse para no caer,
a los que precisan que les llegue fuerza.

Pero, sobre todo,
sed hilos con amor por el resto de los hilos
y así crearéis un tejido equilibrado
unos con otros.

Así también seguiréis
un patrón sabio y sano
que se adaptará sin problemas
a lo que *Aquello que es Uno*
formule como necesidad,
como dirección en la que actuar.

Cuando los hilos están unidos
en amor verdadero,
ellos juntos y su armonía
invocan a lo Creador,
a lo que Sustenta,
a lo que Bendice,
a lo que Renueva.

Ello ve ese tejido unido
y perfecto,
oye los sonidos de tantos hilos
vibrando al unísono
y se dice: «¡Qué buen tejido!».

Y su alegría repercute en el tejido,
que, resonando, se alegra.
Es el éxtasis.

Y después, lo Uno dice:
«Ese buen tejido
lo dedicaremos a esto...».

Y elige, para esta tela,
una misión preciosa,
para la cual es perfecta.

Pero no se puede ser Hilo bueno
sin ser Aro perfecto,
redondo y terminado.

Y no tiene sentido ser Hilo, o ser Aro,
sin estar entrecruzado con el resto.

Por eso, para los que sigan este camino,
decimos:
ya no hay más camino «tuyo»,
ni «mío».

Ya no hay más camino «personal»,
ni hay más «misión mía»,
ni «misión de él».

El camino es: somos Aros, somos Hilos.
El camino es NOSOTROS.
El camino es tejido.

281. Aros que son esferas, tejidos que son universos

Ahora continuamos un poco más allá
para que veáis
que, ciertamente,
NO HAY FINAL.

Os hemos hablado de ser Aro.
Pues bien, ahora
sabed que en realidad no hay tal Aro,
sino que eso es un dibujito para niños,
una caricatura fácil que hicimos
para que pudiérais entender algo.

No hay tal Aro, sino Esfera.

Entonces,
tampoco hay Tejido de Aros entrecruzados,
sino Danza de Esferas entrelazándose,
uniéndose,
procreando y recreando,
separándose y deshaciendo
para renovar y airear,
y volviéndose a unir
en otro orden diferente.
Y así, sin fin...

Eso es el pálpito de la Creación.
Éste es su secreto patrón.
Éste es el origen de toda vida.

282. Esferas unidas al inicio de la vida

Lo anterior podéis verlo
en el origen
de un nuevo ser humano.

Lo tenéis ante vuestros ojos
y no lo habéis reconocido.
Ahí, dentro del vientre materno,
se forma la vida
con el patrón eterno:
unión de dos esferas.

Físicamente se percibe
una esfera femenina grande
y una masculina más pequeña,
pero ambas son formas-huevos,
son minimundos uniéndose
a fin de cuentas.

La fusión produce la «pro-creación»
o «co-creación»
de tejidos/mundos/universos nuevos,
así es siempre.
Ése es el comienzo,
la Unidad-fusión.

283. La separación bendita

Siguiendo el ejemplo anterior
de las dos células (o esferas) que se unen,
continuamos.

Si miráis un embrión,
lo que veréis son múltiples esferas,
pero es su separación o división
la que os permite llegar a formaros y a crecer.
¡La separación no es «mala» en sí misma!
¿Entendéis?..

¿Qué fijación es ésa
de querer estar siempre fundidos,
siempre pegados, siempre entrecruzados?

Sin separación no hay formación
ni desarrollo, y por lo tanto
lo Nuevo no puede llegar a manifestarse
en su forma plena.

Pero tampoco sin fusión inicial,
sin la tendencia de acercamiento,
de cohesión, sin el impulso vital
(que reaparecerá cíclicamente)
de volverse a reunir,
de volver a la fusión.

¡Salid de la fijación de lo uno o lo otro!
¡La Creación es DANZA!
Ahora fundidos y juntos,
luego separados...
ahora acercándose...
luego separándose...
¡Eso es!

¡Hasta el acto de unión entre hombre y mujer imita a esto!
Ninguna vida surge de la permanencia fija,

de los patrones rígidos
y claveteados con hierros,
de las posiciones del cemento inamovible,
ni de las estructuras inflexibles.

¡SEPARAOS! ¡Respirad!
¡Multiplicaos por división!
¡Creced y formaos hasta la plenitud!

¡Bien...!
Si podéis oír esto sin sentir malestar,
ya estáis superando la aversión a la separación,
ya estáis comprendiendo
que existe una separación bendita
que sirve a la vida,
que no toda separación es dañina,
inconsciente, inútil, estéril.

Sin esta comprensión
ni hay feto que se forme en el vientre de la madre
ni hay posibilidad de que surja nada NUEVO.
Tampoco podréis desarrollar una vida plena
con cualquier cosa o proyecto que os propongáis.

Ahora, superado este miedo,
este rechazo a la separación en sí misma,
comprenderéis mejor qué es la Unidad,
y podréis vivir un día,
de nuevo, la FUSIÓN
que procede del *Amor sin Miedo,*
del Amor que lo contempla todo,
incluso la futura separación
que precede a toda fusión.

Y tras esa separación,
de nuevo la aproximación,
y así... SIN FIN.

Ésa es la Danza de la Creación.
Así es la vida.

Urboreas

284. Embarazo y parto, contracción y expansión

Un nuevo ser es un microuniverso
en formación,
un minúsculo *big bang*.

Hay expansión, que exige distensión y separación,
y el cuerpo crece y se desarrolla hasta su forma plena.
Hay contracción, que exige acercamiento y fusión,
y el cuerpo se cohesiona, se consolida.

Los movimientos físicos instintivos
de la madre durante el parto
son una paradoja:
unos músculos se contraen,
otros se expanden.

Si la madre tiene miedo a contraerse,
no podrá dejar salir al niño
ni cohesionarse hasta el «punto de fuerza».

Si la madre teme expandirse,
no podrá abrirse lo suficiente
para dejar salir lo nuevo de ella.

Por eso, los que ayudáis al parto,
y todas las que deseáis
vivir un buen embarazo,
sabed que hay que sanar
los bloqueos internos de la madre
hacia el Sagrado Oscilar
o el Sagrado Movimiento.

La madre ha de comprender y vivir
la bondad de la contracción
y de la expansión,

tanto en su vida
como en su cuerpo.

Esto está relacionado
con la separación y la fusión.
Si la madre teme la separación
no podrá expandirse,
y no podrá dejar que el feto se desarrolle
(porque eso lo separa,
lo diferencia de ella).

Tampoco podrá «soltar» al bebé
fuera de sí con facilidad
durante el parto,
por su terror secreto y oculto
a que éste inicie un proceso
de separación de sí misma.

Esta madre no termina de serlo,
porque no se desprende,
no permite crecer.

Pero si la madre teme la fusión,
no podrá siquiera afrontar bien la gestación,
por su miedo a vivir mezclada,
fundida con «otro» dentro de sí,
y querrá expulsarlo antes de tiempo.

Esta madre tampoco termina de serlo,
porque se desprende demasiado,
y no es capaz de acoger.

Contracción y expansión
son la mezcla simultánea
de movimientos,
tensiones e impulsos,
que os Dan a Luz.

Sois hijos de esto
y lo lleváis para siempre
con vosotros en vuestro interior.

285. Embarazo, parto y Segundo Nacimiento

Ahora prestad atención:
lo que vale para un parto físico
vale para el Segundo Nacimiento.

Amad la separación tanto como la fusión
y podréis formaros plenamente
como embriones en el cuerpo de Madre-Dios.

Seguid la tendencia de la reunión,
y ésta os hará nacer...
porque, claro, el bebé que es parido,
¿no camina hacia la reunión familiar?

Por un lado se ha separado,
por otro lado se ha reunido
y es, ahora, abrazado.

Éste es el secreto:
separarse y reunirse
son siempre actos simultáneos;
lo que cambia es la forma
en que uno se separa
y en que uno se reúne.

Cambian los modos y las expresiones,
cambian los aspectos y las formas,
pero no deja de ser, siempre,
el Sagrado Oscilar,
el Eterno Cortejo
y la Eterna Separación,
la DANZA de Aros que son Esferas.

Ése es el latido de la Creación
siempre manifestándose en cada uno
de los verdaderamente vivos.

286. Parir con gozo

Vivid lo anterior y pariréis con gozo.
Vivid esto y seréis bien paridos,
sin sufrimiento,
en vuestro segundo nacimiento.

Las tensiones son necesarias,
ya que la Fuerza ha de manifestarse
cuando las cosas han de moverse,
pues un ser cambia de lugar.
Antes vivía en una densidad,
luego vive en otra.

Pero tensión no tiene por qué equivaler
a sufrimiento.

Hay un dolor que es tensión,
y es inevitable.
Pero hay otro dolor que es congoja,
desgarro, desesperación.

Ése ha de ser terminado,
ése ha de sanarse.
No más,
no más parto con sufrimiento.

287. Otro parto: la muerte

Otra mezcla de contracción y expansión
sucede en la muerte,
que también es paradójica:
unas cosas se reúnen,
y, unidas,
viajan a otra parte
para vivir la fusión.

Mientras tanto,
otras se descomponen
y, separadas,
quedan atrás.

Al mismo tiempo,
lo descompuesto
también vive la fusión,
pues se disuelve en la Tierra
y se funde con ella.

Nada se separa por completo del Todo,
ni nada se fusiona sin separarse,
a su vez,
de algo otro.

También para unirse el hombre y la mujer,
¡deben separarse del resto,
aunque sea durante un rato!
Unión y separación
van siempre de la mano.

288. Contracción, expansión y ayudar a morir

A los que ayudáis a morir,
os decimos esto:
para vivir la buena muerte
hay que sanar los miedos
tanto a la contracción y reunión
como a la expansión y separación.

Hay que ayudar al que se marcha
a reunir sus pedazos,
a contemplar su vida en unidad,
a sanar vínculos y relaciones
y recomponer todo en su corazón.

Al mismo tiempo,
hay que ayudarle a separarse,
a desvincularse,
a desatarse,
porque, si no, no se podrá ir...
no se querrá ir,
ni lo dejarán.

Separarse y reunirse
son dos caras de la muerte,
tanto aquí
como en el otro lado,
donde ese ser nace.

Pues, si todo va bien,
allí le esperan los brazos
que acunan a los recién nacidos

al otro lado de la pared
del vientre materno.

Pero para que sea una buena muerte
hay que preparar esto
de igual modo que se prepara una gestación
y se la cuida,
lo mismo que se prepara un parto.

¡No vaya a nacer el niño sin atención,
en medio del terror y el caos,
expuesto a cualquier agresión!
No más muerte con sufrimiento,
pues no es necesario.

Tal y como sucede con el parto,
unas tensiones son necesarias,
pues son las que surgen
de las contracciones y expansiones
de la energía,
y hay que dejarlas hacer
y fluir con ellas.

Pero se puede morir con gozo,
contrayéndose y yéndose hacia la Unidad,
y expandiéndose a la vez
mientras se suelta... ¡tanto!.. atrás.

No es posible morir queriendo retener;
eso es aferrarse
y nunca (del todo) partir.
Morir es soltar.

Pero al mismo tiempo,
se suelta desde la Unidad,
desde la cohesión,
desde el impulso
hacia otra reunión.

ÁNGELES DE LO UNO

Es una reunión
o Unidad en otra forma,
en otra densidad.

Sucede como con el bebé
que nace rompiendo aguas
y pasando a respirar
algo más ligero, el aire.

El niño se separa de lo anterior,
pero se reúne con sus padres
de carne.

Expansión y contracción
van siempre de la mano
en todo lo que es la muerte/vida.

289. Contracción, expansión y éxtasis

La fijación en uno de los dos aspectos
del sagrado movimiento
no os permite ser plenos
ni vivir gozosamente.

El éxtasis es esto,
el contraerse y expandirse al unísono,
el ser uno con el sagrado pálpito,
hijos del universo.

Nacer en éxtasis es posible.
Morir en éxtasis, también.
Pero para ello hay que prepararse.

¿Desde cuándo?
Desde ahora,
desde siempre.

290. Medicina de Gabriel-1. Expresión

Gabriel es fuerte.
Gabriel es fuerte porque es Expresión Verdadera,
y eso es fuerza
transformada en acto:
gesto, luz, color, sonido, movimiento...

La fuerza de Gabriel no ha sido nunca comprendida.
La fuerza de Gabriel espera a ser comprendida
para que los hijos de los hombres puedan,
por fin, expresarse,
pues quien es Gabriel es maestro en Expresión.

Existe una Expresión a través de la palabra,
y según ésta, Gabriel es maestro en Palabra.
Existe una Expresión a través de la voz y el canto,
y según ésta, Gabriel canta y libera las gargantas.
Existe una Expresión a través del arte del color y la forma,
y según ésta, Gabriel revela a través de signos
(y letras), símbolos e imágenes.
Existe una Expresión a través del gesto corporal,
y según ésta, Gabriel es movimiento que comunica y danza.

Y existe una Expresión a través del silencio,
y según ésta, Gabriel no emite palabras,
ni voz, ni son, ni color, ni forma, ni gesto,
sino que es quietud pura
que a su vez expresa algo...

No se entiende a Gabriel,
no aún.

Quien es Gabriel es fuerza que se expresa.
Los hijos de Gabriel son maestros en la expresión:
voz, palabra, sonido, letra, música, color, gesto, danza,
y SILENCIO.

291. Medicina de Gabriel-2. Silencio

Sin silencio lo demás no existe,
pues sin silencio la Fuerza no encuentra la manera
de expresarse con claridad.

Sin silencio todo es cacofonía,
superposición de ruidos,
palabras y voces que se pisan,
movimientos confusos y descoordinados,
colores sucios,
formas rotas, superpuestas o deformes,
y no hay danza ni canción,
sino gesto de dolor y semifrustrado grito.

Así que quien quiera unirse a Gabriel
y permitir la manifestación de su don en sí mismo
que entienda esto:
habrá de callar tanto como hablar,
y habrá de aprender a entrar en la quietud.

Pues el silencio no es tan sólo
ausencia de palabras, sonidos o voz,
sino el aquietarse de la energía en movimiento.
El silencio es recogimiento
hacia el interior.

Sin esto, no hay Gabriel que valga.
Sin esto, ninguna expresión es nada más
que ruido de cacharros y hojarasca
movida por cualquier viento.

La primera lección que Gabriel enseña
es, pues, el silencio.
La primera Medicina que trae
es, pues, el saber callarse,
adentrándose hacia el interior,
recogimiento.

La expresión surgida la dispersión
parece gran cosa pero al final,
aunque ocupa mucho, carece de fuerza,
de contenido verdadero
y de coherencia.

La verdadera expresión no es esto.
La verdadera expresión sólo surge
después del largo silencio
y de un largo lapso
de recogimiento
y vida interior.

Amad al silencio
y Gabriel vendrá a vosotros
para enseñaros el arte
de la Expresión.

Amad al silencio y el arte
florecerá en vosotros
en cualquiera de sus formas:
voz, sonido, forma, color, gesto... acción.

292. Medicina de Gabriel-3. Claridad, decisión

Gabriel y la seminada no se avienen,
Gabriel y la mediocridad no tienen que ver.
Gabriel y la inconcreción no encajan,
pues Gabriel es Expresión.

Y para que exista Expresión
ha de haber DECISIÓN,
elección, fuerza, claridad.

Que lo dicho, expresado sea,
que lo hecho, realizado sea,
que lo mostrado, claro sea,
que lo movido, desplazado sea
con determinación,
y no un remedo de gesto,
un «quiero y no quiero»,
un «sí pero no»,
un «no sé si sí... no sé si no»,
un «hacer y deshacer»,
un imitar sin ser...

Por eso, para que lo que es Gabriel se manifieste
a través de los hijos de los hombres,
se requiere elegir ser verdadero.

Es necesario elegir verdad frente a mentira,
claridad frente a confusión,
expresión frente a cobarde mudez,
tendenciosa ocultación,
o «per-versa» versión.

Gabriel concreta,
Gabriel termina,
Gabriel delimita,
Gabriel concentra,
pero Gabriel no puede ser sin verdad.

293. Medicina de Gabriel-4. Palabra muerta, palabra viva

Sin verdad clara Gabriel se oscurece,
es ángel caído que confunde,
difumina, obstruye,
pues la Fuerza ya no está con él
sino dispersa entre lo que es y lo que él expresa.

El Gabriel caído manifiesta una fuerza dividida,
siembra el caos procedente de la mentira,
la medio verdad
o la expresión tendenciosa
surgida de la conveniencia.

Entonces la voz enmudece,
la garganta sufre,
el rostro se apaga,
el cuerpo se contrae y descompone,
el color huye,
las manos se agarrotan,
el sonido se enrarece,
los pies cojean,
y la Palabra...
por mucho que no lo parezca ESTÁ MUERTA.

Como la mentira es general en vuestro mundo,
todos padecéis mortandad de palabra
al principio de vuestro camino.
Sabedlo.

Resucitar la Palabra en los hijos de los hombres
es tarea de los de Gabriel.
Resucitar la Palabra es necesario,
pero esto no podrá ser
mientras los hijos no elijan
verdad frente a mentira,
claridad frente a ambigüedad.

294. Medicina de Gabriel-5. Admirada ambigüedad

¡Y sin embargo para tantos
la ambigüedad es un gran valor,
y esa astucia es admirada,
imitada, y hasta enseñada
en escuelas, libros y conferencias!

¡Sucia ambigüedad!
Os obstruye,
os confunde,
os obnubila,
os seduce
y os conduce...
hacia la mortandad
disfrazada de relumbre,
y recubierta de pomposas
y altisonantes palabras.

Estiércol recubierto de planchas de oro,
sepulcros blanqueados,
inmaculada luz que brilla para deslumbrar
y ocultar una podredumbre sin fin,
¡ésos son los hijos del Gabriel caído,
los hijos de la MENTIRA!

295. Medicina de Gabriel-6. Los hijos de la mentira

Los hijos de la mentira pueblan la Tierra,
¡y hasta se dicen poseedores y pronunciadores
de la Palabra!

¡Qué blasfemia inmunda!
Disfrazan su mentira
con la práctica de la ambigüedad
y así la visten de lo que parece verdad.
Pero la Palabra no mora en ellos.

No hay tal verdad
que pueda ser manifestada
a través de los impuros labios
de los que mienten por sistema,
de los que medran gracias
a la ambigüedad.

Su sustancia física es casi toda
falsedad.
Si el Verbo quisiera manifestarse
en ellos y a través de ellos,
primero los tendría que MATAR
porque la sustancia del Verbo es verdad,
y la verdad mata a la mentira,
la diluye, la hace nada.

Y ellos no quieren morir.
¡Nunca! ¡Ni muertos!

No quieren morir
a «su» versión de la verdad,
por eso el Verbo no entra
en sus enfermos cuerpos,
porque no quieren morir,
porque quieren seguir
MINTIENDO.

La Tierra los vomitará de su faz
porque no son verdaderos,
y ella no soporta más,
en sus entrañas,
los cimientos forzados y mentirosos
de sus falsos templos.

Y el Cielo no los acogerá
porque para estar en el Cielo
hay que ser verdaderos.

Los hijos de la mentira
irán al reino del «ser y no ser»,
al lugar de la seminada,
a las nubes difusas
de las medio verdades,
a las brumas eternas
del gris país de los muertos
que vagan errantes,
dando vueltas y vueltas
en círculos sin fin,
en ciclos sin salida.

Todo porque no aceptan
entrar en la verdad,
y sólo ésta los salva
y los saca de la nada.

296. Medicina de Gabriel-7. Mundo maldito

Sólo Lo Que es, es.
Lo que no es, no puede ser
aunque se diga que es.

Cuando uno dice que algo es
cuando no es,
está proyectando una no verdad,
una energía que adopta una forma
que parece sólida pero no es tal.

Está así construyendo una pseudorrealidad
engañosa, aparente, pero no del todo consistente,
no enraizada en Lo Que Es.

Eso es el mundo de la mentira,
una mera construcción nacida
de quienes dijeron en su día
—y siguen diciendo—
que lo que era, no era
o era otra cosa diferente,
y que lo que no era, sí era.

Son todos malditos,
es decir, han «mal-dicho»
y se han maldecido a sí mismos.
Han utilizado mal la palabra,
los signos, los gestos.

Han pervertido la sagrada Expresión
y han convertido al mundo
en espejo de ilusiones,
en amasijos de falsedades
que, sin embargo,
¡se empecinan en sostener!

Y no sólo eso, sino que algunos,
en el colmo de la pretensión,
proyectan más mundos malditos,
mundos insustanciales,
mundos no sustentados
en LO QUE ES,
sino en lo que ellos dicen que es.

Pero sus propios mundos falsos
los atraparán y los devorarán,
pues ésta es la esencia de lo falso:
necesita que la mentira se repita
para continuar «vivo».

Necesita COMER
energía de «creyentes»
para sostenerse «igual»,
sin desmoronarse.

297. Medicina de Gabriel-8. La maldición de Babel

Un día se confundió todo.
Se ensuciaron las palabras,
se deformaron los lenguajes,
se obstruyó la Expresión que,
desde entonces,
está enferma.

Ésa es la ira de Babel,
la ira del Caído que siente envidia
de la Verdadera Expresión
floreciendo en los hijos de los hombres,
y de ver cómo su Fuerza colectiva
ascendía hacia el Cielo.

Y entonces, los maldice,
sembrando la mentira entre ellos,
pues el Caído detesta
que Tierra y Cielo se unan,
odia la comunicación certera.

El Caído sembró la confusión
diciendo: «No, esto no es»,
cuando eso SÍ ERA.

Y los humanos, engañados, dudaron.
La duda los corroyó, y cayeron.

Entonces su torre,
es decir, su modo de vida,
se desmoronó.

Y perdieron la claridad,
el don de lenguas,
la facilidad de palabra,
la fluida comunicación,
el arte de la Expresión Verdadera
que los había caracterizado.

Babel simboliza una maldición.
Maldecir es «decir mal»,
utilizar palabras
para no hablar con verdad.

Los herederos de Babel sois vosotros,
ésta es la verdad.
En Babel aprendisteis a dudar
acerca de la expresión de la verdad
y decidisteis, que tal vez...
era mejor mentir que mostrar lo real,
o era mejor decir una medio verdad,
por si acaso.

Desde entonces la comunicación se rompió
y las palabras ya no son lo que son.
Ese mal, como una enfermedad,
luego hacia todas partes se extendió,
hasta hoy.

Quien odia la verdad
y medra con la mentira
fue quien sembró la paradoja,
la duda, la doble realidad,
la «re-versión» o «per-versión»
en el sistema de vida
que entre muchos habían construido
y expresado
desde la comunicación plena,
desde la unidad,
desde la cohesión.

¡Introduce mentira
entre piedra y piedra

y tu casa, a la corta o a la larga,
se desmoronará!

Desde Babel muchos aceptan
vivir en estructuras hechas
con grandes dosis de falsedad.

Los humanos aceptaron
las medias tintas,
las ambigüedades,
las argucias que ocultan.

Desde entonces viven
una soledad interna sin fin
porque ya no se Expresan,
ya no se comunican en verdad.

Por eso no encuentran respuesta,
correspondencia,
acuerdo, unidad.

298. Medicina de Gabriel-9. La venida del Verbo

Muchos invocan al Verbo
pero no saben lo que piden,
pues cuando éste se manifiesta
mata lo que no es verdad
y estáis llenos de mentira.

Cuando él venga,
todos moriréis.
Así ha de ser.

¡No lo llaméis si no estáis dispuestos
a transitar de un modo de ser
a otro diferente y nuevo!

Pues el Verbo no tiene falsa piedad
ni pena de la falsedad.

El Verbo ES,
y nada puede ser con más intensidad
que él,
el Hijo de la Verdad,
aquel cuya Palabra está viva,
aquel cuya forma florece
con el arte puro
de la Expresión Verdadera...

Cada vez que el Verbo viene
con su Verdad deshace la falsedad.
Caen las estructuras construidas
con mentiras
y aplastan a sus defensores
e inconscientes moradores.

Y no se puede evitar,
porque el Verbo no viene
para decir sin decir,
ni para ser sin ser,
ni para brillar sin brillar,
ni para expresar sin expresar.

¡El Verbo no viene a marear la perdiz!
¡El Verbo no es un impotente!
¡El Verbo no es un remiendo,
ni un apaño, ni un disfraz!

Si el Verbo viene,
las estructuras se derrumban
y los mentirosos mueren.

Por eso los hijos de la mentira
a esto temen
y asesinan sin piedad
a los hijos de los hombres
que eligen manifestar verdad.

Los matan o lo intentan,
los maldicen y los calumnian.
En definitiva, persiguen
a todos los portadores del Fuego Eterno,
el que arde siempre
y destruye lo que no es,
porque ese Fuego ES.

¡No hay nada más real
que una llama que arde!

Poned vuestra mano en ella
y vuestro cuerpo os lo dirá:
sólo no seréis destruidos
si os habéis hecho,
con él,
semejantes,
seres de fuego...

299. Medicina de Gabriel-10. Astucia y ambigüedad

Os han engañado con la ambigüedad.
Os han dicho que eso era astucia,
y claro, como la astucia es útil
para salvar la vida
o para medrar en ella,
admiráis la ambigüedad.

Pero os hablan de cosas falsas,
pues usan palabras muertas.

La vida que os aseguran que salvaréis
siendo ambiguos
no es más que la espectral
grisura del semiser
que ahora lleváis.

No es la vida que vive
quien es verdadero.
¡No es la intensidad
que mana sin fin
en los actos del certero!

Creéis que sólo hay una vida
y que es la que conocéis.
No os importa que esa «vida» os duela,
os enferme y os haga sufrir por dentro,
deseando, incluso a veces,
terminar con ella,
o aborreciendo su expresión,
pues no estáis contentos viviendo.

Y a pesar de esto,
¡aún defendéis esa manera de vivir!
Es porque no conocéis otra vida
pues no estáis aún en la verdad.

Por eso os engañan cuando dicen
que mentir os salvará,
que la ambigüedad es buena,
porque no vais a vivir la vida verdadera,
sino otra, la semivida,
la vida sin consistencia.

La ambigüedad lo que sí hace
es PERPETUAROS
en el mismo estado de ser,
pues es opuesta al transitar,
a la fluidez,
al reconocimiento de la verdad.

Abrazad la ambigüedad, pues,
si queréis seguir «con lo de siempre»,
fijos en el mismo lugar.

Pero si deseáis andar
e ir en pos de algo nuevo,
abrazad la clara verdad,
la Expresión Verdadera.

También os han mentido con la astucia.
La astucia tiene muchos rostros
y uno de ellos es un rostro caído.

Hubo uno que dijo:
«*Sed astutos como serpientes
y mansos como palomas*».*

Pero no le entendieron...

---

* Es una cita del Evangelio, otras veces traducido como «prudentes como serpientes, sencillos como palomas» (MT. 10-16).

300. Medicina de Gabriel-11. Serpientes aladas

La astucia y la serpiente:
la serpiente* no miente.

La serpiente es lo que es.
¡No hay nada de ambiguo en una serpiente!
Ni tampoco en vuestra columna.

Ser astutos como serpientes significa
saber buscar caminos diferentes,
saber ser discretos,
saber discernir los momentos
en los que descansar,
ocultarse bajo tierra
o mostrarse y actuar.

Ser astutos como serpientes significa
ser FLUIDOS en lo REAL,
ser capaces de mudar la piel,
de morir y renacer cíclicamente,
de transitar...

Ser astutos como serpientes significa
ser uno con la Tierra, su energía
y su forma de moverse,
en lugar de pretender ir a la contra,
cuadriculando los círculos,
destruyendo las espirales
o negándolas.

---

* Se refieren al animal, no al símbolo antiguo, para la cultura pseudocristiana, del mal. En otras culturas la serpiente simboliza la sabiduría y energía terrestres, y así parecen preferirlo los ángeles aquí.

Ser astutos como serpientes
y mansos como palomas a la vez
significa ser columnas que se yerguen
tras alcanzar su plenitud
de vida plenamente
TERRESTRE,
y así alzar el vuelo.

Serpientes Aladas,
hijas del Verbo,
portadoras de la verdadera Palabra.

Serpientes Aladas,
voces liberadas,
danzas perfectas,
colores sin mengua,
formas plenas.

Serpientes Aladas,
acción realizada,
FIN
de este acto
y traspaso
a un nuevo comienzo
como alado ser
que vivió su transformación
uniendo la vivencia de lo REAL (tierra)
y la mansedumbre ante esto (aceptación).

Cuando dejas de luchar
contra la realidad
entonces,
sólo entonces,
alzas el vuelo.

¡Despertad, Serpientes Aladas
que malvivís medio inertes
en el polvo de este suelo!
¡Comprended la Tierra y sed terrestres,
pues sois serpientes!

Pero entrad en la comprensión
y en la aceptación de la realidad,
pues sois aves,
y quien se debate
por asegurarse una porción de suelo
o defendiendo la misma posición
¡nunca alza el vuelo!

¡Despertad, Serpientes Aladas,
moradoras del infierno que miente,
y abrazad la verdad
y la verdadera astucia!

Esa astucia es la sabiduría
que os hace vivir
y realizaros
plenamente
sobre la Tierra
hasta el fin.

No más historias inconclusas,
no más círculos viciosos,
no más frustrados vuelos
ni metamorfosis interrumpidas.

Oh, Aladas Serpientes
que languidecéis en el polvo,
si la verdad os alimenta,
si la dejáis que os constituya,
¡alzaréis el vuelo!

Seréis plenamente
seres de la Tierra y del Cielo,
hijos de la Fuerza que se Expresa
con Verdad.

También Gabriel enseña esto;
desde él venimos hoy a hablaros,
Aladas Serpientes dormidas
en el polvo de mentiras milenarias.

301. Medicina de Gabriel-12. Erradicación de la ambigüedad

Detestad la ambigüedad,
sacad esa planta de raíz
de vosotros mismos,
y florecerá en vuestro interior
la Expresión.

Saldrá entonces al exterior
pura, fuerte y clara,
pues surge del manantial interno
de la verdad.

Y la Expresión es una Serpiente Alada,
la Expresión es Tierra y Cielo,
¡es materia iluminada!

302. Medicina de Gabriel-13. Anunciación

Cuando la Expresión Verdadera surge,
la fuerza que ésta expresa
toda estupidez acalla
y toda sombra desvanece.

Pues la fuerza brilla
y lo que ES, se ve,
sale a la luz.

Por eso Gabriel también es portador
de luz al mundo de la materia,
y la ilumina.
Por eso se dice que Gabriel
ANUNCIA.

Gabriel anuncia porque Expresa.
A través de él,
el Todo Mayor
al mundo comunica
los nuevos signos,
las nuevas revelaciones,
los nuevos giros de la historia.

¡No se encarga el más delicado mensaje
a quien menos brille en la Expresión!
No, el mensaje más precioso
lo transmite la *Expresión pura,*
y eso es Arte.

Esta Expresión se adapta al receptor
utilizando el medio más adecuado:
forma, voz, palabra, canción, gesto, sonido,
en definitiva: INSPIRACIÓN.

Es por eso por lo que se ha dicho
que Gabriel está detrás de los artistas,
pero esto es tan sólo una aproximación
a la entera y completa verdad,
y es que Gabriel es Expresión
que comunica la verdad.

Por eso Gabriel anuncia,
porque dice con verdad,
o BIEN-DICE.

Y por eso cada vez que va a nacer
un Hijo de la Palabra
él lo anuncia,
pues la Palabra es Expresión.

La Expresión es comunicada
para que se comprenda
y pueda ser encarnada,
es decir, acogida en la carne.

Así la luz actúa
en el mundo de la materia.

¡Iluminación!,
eso es una verdadera anunciación.

Después de ella,
la materia ya no es la misma.
Alberga
la luz hecha promesa,
pues la ha acogido.

Sin Expresión, no sería posible.

303. Medicina de Gabriel-14. Babel y la ascensión

De nuevo os hablamos de la historia
de la torre de Babel.
Es un símbolo de una ascensión colectiva
frustrada
por la irrupción de la confusión.

La confusión es la duda
acerca de si es mejor verdad o mentira.
También es la duda del que quiere ser verdadero
pero no atina a saber qué es la verdad.

Esto es lo que allí se sembró:
la tendencia hacia la ambigüedad,
la mentira o la medio verdad,
la tendencia a OCULTAR
en lugar de expresar.
Por eso el habla humana enfermó.

Los humanos que construían la torre de Babel
son símbolo de un colectivo
en el cual existía plena comunicación
desde un corazón abierto,
donde no había falsedad.

Sólo así es posible ser muchos
y actuar unidos y entendiéndose
profundamente.

Hablar un mismo lenguaje significa que
hay comunicación pura,
cuya hija es la *Expresión Verdadera*.

ÁNGELES DE LO UNO

Hoy, muchos volvéis a intentar uniros
y tendéis puentes de comunicación
entre diferentes puntos de la Tierra
y sus respectivos colectivos,
intentando una «ascensión»,
o un cambio de conciencia planetaria.

¡Cuidad, pues, de que no os engañen!
Los hijos de la mentira,
los maestros tramposos,
acechan vuestros intentos de reunificación,
vuestro deseo puro de entenderos
y os tenderán trampas,
sembrando confusión y dudas.

Veréis gris donde haya color
y tiniebla donde haya luz;
en cambio la tiniebla la veréis luminosa
y los grises de la muerte
os parecerán colores brillantes y vivos.

Cada vez que un colectivo intenta hacer «su torre»,
pues empieza a intuir que la clave está en unir
el Cielo y la Tierra,
ciertos poderes se dicen:

«¿Cómo? ¿Vamos a dejarlos unir los mundos?
¿Qué se han creído esos miserables,
si no son más que unos esclavos
que sólo deben ser obedientes?».

Pues quien une Tierra y Cielo
en sí mismo
tiene por fin una visión verdadera,
una perspectiva completa,
y eso ¡no les interesa!

Por eso en su mente urden artimañas
para confundir la visión y ofuscar el sentimiento,
para seccionar finalmente todo vínculo tendido
desde la Tierra hacia el Cielo,

desde los Hijos de la Tierra
hacia el Padre Cielo.

Muestran en lugar del Padre a otro
que se hace llamar «superior»...
o «padre»...
pero no es más que un controlador
henchido de envidia y miedo,
que rezuma falsedad.

¿Cómo se puede aceptar
que el verdadero Padre
siembre la mentira
y llene de angustia y confusión
a sus propios hijos?

¿Qué clase de padre desea
que los hermanos no se entiendan entre sí?
¿Acaso el Padre Celeste teme
que sus hijos lleguen a él?
¿Qué clase de padre se incomoda
ante el progreso y prosperidad de sus hijos?
¿Qué clase de padre pájaro corta las alas
a sus crías cuando intentan volar?

Os lo diremos:
no el Padre de los Cielos,
no el padre alado, no el perfecto
sino algún otro...
¡Pero a todo le llaman Padre!

Las Serpientes Aladas duermen
y están confundidas.
¡Han olvidado a su verdadero Padre!
Han olvidado
su ORIGEN.

Os han contado una historia
que se puede interpretar de muchas maneras.
Si el orgullo y la vanidad fueron ciertos,
es natural que la torre cayera.

¡Pero nada cuesta cambiar
lo que verdaderamente dicen las palabras
y dar una interpretación sesgada de lo real!

Os han enseñado
que los hijos de Babel fueron castigados
porque pretendieron ser dioses,
porque fueron orgullosos
y se llenaron de vanidad.

Pero... ¿cómo encaja esto
con la existencia de comunicación pura
y una Expresión Verdadera?

Razas y tribus diversas unidas
capaces de entenderse
profundamente...
¡Eso no es signo de ningún «pecado»,
sino de un estado de bastante inocencia!

Hablamos de la torre como de un símbolo
de trabajo común, fruto del entendimiento.
Hablamos de una ciudad-torre
como de un símbolo de intentar la Unidad
en la Tierra, y tendiendo al Cielo.

Pero los que manipulan las letras
y deforman el contenido de las palabras
rehacen las historias verdaderas
a su gusto y según su tendencia,
y esto ¡ha sucedido tantas veces...!

No tienen problemas en agarrar,
despedazar, cortar y pegar
las verdades en un orden diferente
para defender una posición nueva:
la del poder usurpador
que hace mucho, mucho,
engañó a algunos hijos de Dios.

Se han convertido en hijos raptados,
engañados y seducidos
por un rostro de Dios parcial
y enfermo.

Pero los hijos de Dios atentos
lograron unir en sí los mundos
y ascendieron por su torre
o columna
hasta el Padre del Cielo.

Los hijos de Dios atentos
siempre han existido
en todas partes...
y no han sentido que su Padre
les cortara las alas,
¡sino su amor y cuidado
mientras éstas se desarrollaban!

Y sienten también a la Madre,
acunándolos
e impulsándolos desde los pies.

Los bendice,
alentándolos,
porque en ellos ve
el rostro de su Amado Esposo,
pues son hijos fruto
de su amor mutuo.

304. Medicina de Gabriel-15. Los Cristos

Los Cristos son los amados,*
los Cristos son los que aman,
los Cristos son los que dejan que en sí se viva
la unión entre Tierra y Cielo.

Y de este amor pleno y perfecto
sus células, vivas,
se iluminan.

Así ha sido,
así es
y así será
con cada hijo de hombre
que nazca
sobre la Tierra.

Y vienen.
Muchos.
Gabriel lo anuncia...
aunque muchos sigan
sin entenderlo,
engañados por quienes frustran
(o lo intentan)
cada ascensión colectiva,
cada intento de unidad,
cada comunicación que busca
la renovación
y la verdadera
VIDA.

---
* No se refieren a que haya muchos «Jesucristos», sino a seres humanos que logran encarnar en su ser la Esencia Universal de Cristo.

305. Medicina de Gabriel-16. Ofuscación y señales del tramposo

Y, sin embargo, no temáis.
Estad en la verdad.
Sed verdaderos.
Perseverad en ello.

Y cuando la duda os ofusque
y sintáis que perdéis el sentido
de qué es lo verdadero,
esperad.

Aguardad.
Observad los signos.
Haced memoria de la claridad
y de lo que ésta os mostró
en los días de lucidez,
y esperad.

Esperad.
Esperad.
Esperad.

El Tramposo gana porque te urge
a solucionar sin demora
algo que no eres capaz de saber
ni de ver con claridad.

Y el poso que deja esto es AMARGURA,
y su rastro es DESESPERANZA.

El Tramposo te mete prisa,
te presiona hasta que te rompe
y así te inclina hacia el lado que quiere.

Y lo hace metiéndote
MIEDO en el cuerpo.
Así es.

Tenéis, pues, unos signos
de su presencia y poder:
amargura, desesperanza, miedo,
duda sin fin.
Vedlos.

306. Medicina de Gabriel-17. Estrategias contra el tramposo

Perseverad en la verdad,
aguardad en la confusión
y transitad con esperanza.

Mientras, invocad siempre,
siempre, siempre,
verdad frente a mentira,
realidad frente a ilusión,
claridad frente a ambigüedad,
desengaño frente a obsesión.

La invocación os lo traerá,
pero en el momento más oscuro
deberéis confiar... y aguardar...
sin dejar que se tuerza vuestro corazón,
¡pues puede estar engañado!

Los Maestros de la Confusión son hábiles
y pueden lograrlo.
No subestiméis su poder
para engañaros
y sabed que todo colectivo
que aspira a vivir la Unidad,
verdad y renovación
está en su punto de mira,
pues esas realidades las detestan.

Ahora como siempre
su finalidad será romperlas,

introducir en ellas las cuñas
de la MANIPULACIÓN:
confusión, duda, calumnia,
miedo...

Éstos son los virus
destructores de la Unidad.
¡Habéis de conocerlos
u os enfermarán
y vuestra red
se desintegrará...!

Caerá como Babel
y habrá que esperar
un ciclo de tiempo más
hasta la siguiente
oportunidad.

Únicamente la verdad os salvará
porque sólo ella es solidez.
Ninguna otra estructura es real,
y, por lo tanto,
ninguna otra pervivirá.

307. Primer trabajo con la materia-1

Tres trabajos con la materia hay,
y los tres son perfectos.
De tres trabajos con la materia os hablamos
para que comprendáis su esencia,
su correlación
y su orden correcto.

El primero y más importante es
el trabajo INTERNO.
Éste es el trabajo que se vive
gracias al RECOGIMIENTO.

Tres cosas caracterizan a esto:
silencio, quietud física, ojos cerrados.
Todo ha de estar vuelto
hacia el lado interno del cuerpo.

La atención ha de estar centrada
en el sentimiento interior,
tanto del espíritu
como de la carne,
pues ambas cosas, en realidad,
una sola cosa son.

308. Primer trabajo con la materia-2. Silencio, quietud, ojos cerrados

Silencio implica recogimiento,
y recogimiento implica silencio.
El silencio físico es necesario
para que la atención no se disperse.

Silencio físico significa
no tener puesta música,
no prestar atención a ruidos,
no hacer ruido, callar
y buscar en lo posible
la ausencia de estímulos
debidos al sonido.

Pues aunque no le prestéis atención
el sonido os afecta,
por lo menos en lo físico
al rebotar en vuestros cuerpos
y producir cierta resonancia o eco.

El silencio también se vive
en la quietud física,
pues cada movimiento es un ruido
o un sonido,
y distrae de lo interior,
sobre todo cuando sois,
del arte del recogimiento,
principiantes.

La quietud física es necesaria
porque así la atención y la energía

se centran en el interior
y no se dispersan sin más.

Sólo así del interior
surgirá la llamada de atención:
un eco, una voz, un sentir...
Y esto es un paso necesario
para vuestra curación.

Los ojos cerrados son otra manera
de vivir el silencio.
Si estáis mirando,
proyectáis energía y pensamientos
alrededor, sabiéndolo o no.

Cerrar los ojos es callar.
Cerrar los ojos es entrar
en la penumbra interna.

Al dejar de prestar atención
a los estímulos externos
puede surgir cierta percepción
que puede ser útil
dejar fluir.

309. Primer trabajo con la materia-3. La meta del recogimiento

Pero atención:
la meta del recogimiento
no es recabar información
ni lograr nada concreto,
sino permitir que se realice
un trabajo interno
para el cual es
IMPRESCINDIBLE
lo que os hemos dicho
(recogimiento).

Sin recogimiento los haces de luces
se dispersan por doquier,
lo mismo que las sombras
y las marañas tenebrosas.

Estáis hechos un lío,
y huyendo de él
andáis siempre enfocados
hacia fuera.

Así lo dispersáis
y parece que el lío no es más,
pero es una falsa percepción.

Con dispersión y ruido
el lío interno no decrece
sino que AUMENTA,
porque encuentra ecos en el mundo externo

y con ellos, despistado o encandilado
se ALIMENTA.

El recogimiento, literalmente,
recoge hilos de luz y fibras de tiniebla,
todo tipo de energías diversas
de uno mismo hacia uno mismo.

Entonces, por esa acumulación
e intensificación,
lo que hay ahí se manifiesta.

Por eso casi de inmediato
sentís incomodidad,
o alguna extraña sensación:
emociones revueltas, ruido interno,
griterío, nerviosismo...

Pero no temáis, es natural.
¡Estáis engañados si creéis
que al recogeros encontraréis
rápidamente la paz!

Eso es un error:
el recogimiento os enfrenta
con vuestra GUERRA interna,
con vuestra oculta enfermedad,
con vuestras películas míticas,
con toda vuestra herencia,
etcétera.

310. Primer trabajo con la materia-4. El final del ruido

No hay en vosotros sino ruido,
ruido, ruido, ruido.
Pero es imposible acallar el ruido
simplemente empujándolo
o negándolo.

El ruido NO SE ACALLA.
El ruido se TERMINA
porque él mismo,
carente ya de razón de ser,
se queda sin habla,
se acaba.

¿Y cómo se termina el ruido?
Observando cada sonido
y comprendiendo su esencia,
para dejar así que se diluya
la violencia
de su expresión interna.

Hay que dejarlo fluir,
no luchar contra él.
Hay que observarlo
sin emitir hacia él
ningún juicio,
pero sin hacerle,
tampoco,
excesivo caso.

Es decir, observa y presta atención
a tu ruido interno, humano,
pero no lo sigas como a un guía
o como si fuera la «Biblia»,
pues sólo es algo
que se está manifestando.

Al ruido hay que entenderlo:
¿quién llora, quién rabia,
quién ríe y quién odia?
¿Quién ama, quién patalea,
quién se encuentra en amarga
indiferencia
o en el más ácido
de los sarcasmos?

No se termina el ruido
pensándolo,
sino observándolo
y dejándole expresarle
a uno mismo su contenido:
«Esto y aquello y lo de más allá,
esto es lo que hay».

311. Primer trabajo con la materia-5. Interpretación del ruido

Encontraréis maestros en el arte
de la escucha del ruido interno.
Aprended a escuchar vuestro griterío,
vuestro dolor y vuestro llanto
sin juzgaros ni censuraros,
pero sin, tampoco,
intentar interpretar demasiado.

Sólo al cabo de muchos años
es el humano capaz de comprender bien
lo que en su ruido interno
atisbó en los primeros tiempos
en los que inició
el Camino del Recogimiento.

Por lo tanto, no intentéis saber
muy al detalle, ni rápidamente,
ni demasiado en concreto.
No pretendáis una interpretación
universal y exacta,
y no saquéis muchas conclusiones,
pues serían PRECIPITADAS.

El recogimiento no es para eso,
sino para que, siendo observado
y comprendido en esencia,
el ruido termine
y la energía, mientras tanto,
se reordene.

Así el cuerpo y el alma se sanan,
así restauráis vuestro ser interno
y podréis algún día
empezar a progresar más allá
del estado actual de vuestro cuerpo.
Y entonces vuestro espíritu florecerá.

312. Primer trabajo con la materia-6. Fundamentos

El primer trabajo con la materia
es el más importante de los tres,
pues es LA BASE.

No es que éste sea MEJOR que los demás,
sino que va PRIMERO.
¿Entendéis?

Significa que sin este trabajo
todos los demás
no estarán bien fundamentados,
sino que serán
ruido partiendo de ruido,
agitación partiendo de agitación,
películas surgiendo
de una imaginación descentrada
y nunca sanada.

313. Primer trabajo con la materia-7. Determinación, valor, perseverancia

Éste es un *Trabajo*,
y sin duda que lo es,
pues es trabajoso realizarlo.
Requiere DETERMINACIÓN,
VALOR y PERSEVERANCIA.

Sin *determinación*
el ruido interno te cansa,
te agobia,
te mete miedo
o hasta te tumba
y aniquila el ánimo.

Y entonces dejas el trabajo,
harto de ti
y de tu jauría interior:
«Me siento mal,
me entra dolor,
me asalta la agitación»,
etcétera.

Y así es, y es normal,
ya hemos dicho por qué.
Lo antinatural sería
recogerse y entrar
en un nirvana automático.

Eso sería artificial,
mentira,
pues no partís de la paz
sino de la guerra,

no partís de la cohesión
sino de la desintegración.

Sin *perseverancia*
prematuramente lo dejaréis
y el ruido volverá a formarse
o a aumentar,
pues el lío interno
no estará deshecho
ni las heridas sanadas.

Sucederá como con esos resfriados
que rebrotan una y otra vez
porque no se curaron bien,
y que van minando las fuerzas
y el ánimo del enfermo,
pues vive círculos viciosos
de enfermedad.

Y sin *valor*... ¿qué decir
del coraje necesario?
Pues que sin él,
esto no se hará.

Se precisa valor para afrontar
el propio drama o tragedia internos,
las heridas arrastradas,
y sobre todo
la propia miseria
y los sombríos rostros
de vuestro ser.

Pues una vez cruzados ciertos umbrales,
quien tiene determinación,
y persevera con valor
en el recogimiento,
descubre que
NO ES ESPECIAL
ni nadie destacable,
sino más bien vulgar.

314. Primer trabajo con la materia-8. El primer umbral

Así pues,
la mejor señal que tendréis
de que habéis avanzado
es cuando sintáis con claridad
que no sois nadie especial,
y esto ni os abrume,
ni os entristezca,
ni os deprima.

Sólo cuando veáis
vuestro mito interno
ABSOLUTAMENTE DESTROZADO
y, sintiéndoos incapaces
de sentiros algún «personaje»,
estéis cómodos, serenos y alegres,
significará que habréis cruzado
el primer umbral.

Éste es el que conduce
hacia la primera gran
manifestación
de vuestro ser
VERDADERO.

Pero sin vivir la ruina
de TODAS las creencias
sobre uno mismo
esto es imposible.

Y ha de vivirse esto
con serenidad.

Serenidad,
no REPRESIÓN
de las emociones
fingiéndose estar sereno
o forzándose a ello.

Verdaderamente
NO TE HA DE IMPORTAR.
Si te importa aún,
no te castigues
y tampoco te apures: persevera.

315. Primer trabajo con la materia-9. Humildad

Que te importe todavía
no ser «alguien»
o dejar de serlo
es parte de la vida misma.
Únicamente significa que aún te queda
cierto camino por recorrer.

Sólo después se cruza
el primer umbral,
cuando esto, realmente,
no te importa más.

¿Y por qué?
¿Acaso es así
porque se exige humillación?

No, es al contrario:
se exige VERACIDAD.

Ser humilde no es castigarse
ni doblegarse,
ni negarse.
Ser humilde es ver la verdad
de uno mismo,
ni menos, ni más.

Y se cruza el primer umbral entonces
porque sólo así la materia
estará SUFICIENTEMENTE
sanada y transformada
como para ser capaz de soportar
en sí misma la carga de energía
que implica vivir
una mayor Unidad
con la Esencia más verdadera.

316. Primer trabajo con la materia-10. El cuerpo

Ya os lo dijimos:
el camino del recogimiento
es un trabajo con la materia,
y para empezar ésta es la corporal.
Dad silencio a vuestro cuerpo,
y permitidle silenciarse.

El trabajo interior
y la verdadera devoción
no están desconectados del cuerpo.
¡Que nadie dude de esto!

O el recogimiento implica al cuerpo,
y lo afecta directamente,
o no es eso,
sino huida a otra parte,
por más que se disfrace
de paraíso monástico
o de delicia espiritual.

El camino del recogimiento, pues,
está necesariamente vinculado
a la escucha corporal,
a prestar atención
al sentimiento interno,
al cuidado y mimo
de la voz del cuerpo.

El recogimiento al cuerpo sana,
pues el silencio y la quietud

lo dejan reposar
y manifestar su carga...
activando su energía
curativa interior.

Sin cuerpo
no se puede cruzar
el primer umbral,
pues en él
el cuerpo se casa
—profundamente—
con el Alma.

317. Primer trabajo con la materia-11. Maestros del Silencio

La culminación del primer trabajo con la materia es el Silencio.
Nos referimos al silencio que se produce cuando callan
hasta vuestros átomos.

Quietud perfecta.
Serenidad perfecta.
Deliciosa calma.

Somos los Ángeles Negros,
aquellos cuyo signo es el Silencio.
Por esta razón,
casi siempre,
pasamos desapercibidos
salvo por el efecto
de nuestra presencia:
un rastro de paz,
silencioso bienestar.

Somos Maestros en Silencio por una razón:
desbrozamos las tinieblas más recónditas
de vuestro ser,
de vuestro cuerpo,
atendemos a vuestros obstruidos «átomos»
y los «des-cegamos» del cieno
que sobre ellos se vertió hace tiempo
y se ha ido acumulando.

Cuando la tiniebla calla,
el cuerpo calla.
Pero cuando la tiniebla deja de estar,

el cuerpo entra en el Silencio Verdadero,
el profundo estado de quietud y placidez
en el cual fue creado.
Eso es más que callar.

El Silencio os devuelve al Creador.
El Silencio es el camino hacia Casa.
Sin él no sois nada.

Existen Leyes en la Creación
y la primera es el Silencio.

Aprended del Silencio,
volveos Silencio.
En esto os ayudamos,
ésta es nuestra Medicina:
Silencio.

318. Culminación de los trabajos

Os hablaremos del segundo trabajo con la materia
y entonces muchos podríais pensar:
«¡Pero si ni siquiera soy capaz de culminar el primero!
¿Cómo voy a poder empezar el segundo?
¡Más me valdría encerrarme en una celda
y no salir nunca más,
hasta haber alcanzado el Silencio!».

Pero no hay que verlo así,
no necesariamente,
salvo que el camino personal
indicara que ésa es vuestra dirección.

En realidad, los tres trabajos se intercalan
y se viven en etapas cíclicas.
Viviréis tiempos del primer trabajo,
tiempos del segundo
y tiempos del tercero,
en cada uno de vuestros días,
en cada una de vuestras semanas
y en cada uno de vuestros años.

Así estará bien, y así será equilibrado.
Alcanzaréis breves culminaciones
del primer trabajo, del segundo y del tercero,
y aprenderéis con cada una.

Pero, lo que es más importante,
os iréis TRANSFORMANDO,
pues para esto os son explicados,
para que os sirvan como herramientas
de transformación.

Y progresivamente,
en ciclos como espirales ascendentes,
iréis perfeccionando el primer trabajo,
el segundo y el tercero.

Alcanzaréis, pues,
un grado o nivel de silencio al principio,
otro más adelante, y así sucesivamente
si PERSEVERÁIS.

En la perseverancia lo está todo.
¿Y cómo lograrla?

El arder del corazón lo puede todo.
Preguntaos esto:
¿amáis este camino?
¿Sí?
¿Os arde el corazón al sentirlo,
al andarlo, al vivirlo?

Pues entonces estad seguros:
perseveraréis,
pues el Fuego no puede sino arder
cuando es, en el interior, aceptado.

Esto es el amor y esto HACE el amor.
Si sois grandes en el amor,
lo alcanzaréis todo.

319. El segundo trabajo con la materia: Palabra y Expresión

El segundo trabajo con la materia
se hace a través de la Palabra.
Esto es extraño
para todo aquel que desconozca
la verdadera Palabra.

¿Y qué es la Palabra?
Es la expresión
a través de algo inteligible
para los seres humanos.

Palabra es codificación sagrada,
pues surgió con la intención
de ser Expresión Verdadera.

El primero que habló estaba solo
y lo hizo por expresión,
por amor,
por éxtasis de comprensión
de lo que algo era.

La Palabra no surgió
para comunicar nada,
o no como se piensa hoy.

No había a quién comunicar
en ese momento
salvo a uno mismo con el Universo,
porque la Palabra surgió
del silencio y la soledad.

ÁNGELES DE LO UNO

La Palabra primera
fue exclamación
fruto del gozo:
¡mundo!,
¡cielo!,
¡tierra!,
¡agua!,
¡estrella!,
¡luz!,
¡sol!,
¡mano!,
¡corazón!,
¡calorcito!,
¡ja, ja, ja, ja!

La Palabra entró en el mundo
junto con la risa.
Y la risa era inocente
y potente
como la de un bebé
que se regocija
aunque esté solo
contemplando y jugando
con todas las cosas.

*La Palabra verdadera es Expresión
fruto de la INOCENCIA.*

Por eso, para poder adquirir
el buen uso de la Palabra
habéis de volver a ser
inocentes
como el primer día.

Toda palabra que no surge
de un ser inocente
está teñida de mentira
o es falsa por completo.

Por lo tanto, no es expresión
sino máscara, imitación,

engaño, señuelo,
pose y fingimiento.

¡Mueran las podridas palabras
hijas de la perversión!
¡Mueran las palabras muertas!

Que se las lleve el viento
de la renovación
en todo aquel que elija
conscientemente y con corazón
volver a HABLAR de nuevo
con inocencia y
verdad,
con entera expresión.

320. Gestación de la palabra

Más vale pasar un tiempo mudos
que seguir hablando como máquinas
emitiendo sonidos vacíos o mentirosos.

Así como abrazar la oscuridad
os permite gestar nuevos ojos
para entrar en la Luz Verdadera,
así mismo,
abrazar el silencio
permitirá que se geste en vosotros
el Verbo Nuevo,
la Palabra de las palabras,
la expresión PURA,
intocada,
sagrada.

Por eso,
el primer ejercicio que os proponemos
para aprender a hablar en verdad
es estar en silencio.

No decimos «aprender a callar»
porque callar implica represión:
uno siente deseo de hablar
pero se fuerza a no hacerlo.

Entonces, las palabras rechazadas
se escapan o se esconden
en alguna otra parte.

Es mejor aprender a estar en silencio.
El significado de esto es más amplio

aunque lograr el silencio
sea mucho más difícil
que simplemente callarse.

No obstante,
¡a veces también hay que callar!

El silencio os enseñará
por contraste con las muchas palabras
acostumbradas
y dichas automáticamente,
sin ton ni son.

Todo son reacciones superficiales
que se encadenan unas con otras.
¡A eso llaman dialogar!..

El silencio os enseñará,
tanto con el contraste interno
como porque os permitirá
volver a vuestra resonancia
natural.
Y entonces sentiréis
vuestro son verdadero
y fluiréis con él.

Estad en silencio
y de vosotros surgirá
la Palabra.

Entonces hablaréis
y vuestro Verbo,
como expresión pura,
el mundo moverá
y a vosotros con ello.

Pues nadie que emita expresión pura
puede quedar intocado,
impasible, muerto.

321. Hablar, arder

El verdadero hablar
es un vibrar
que es incendiarse
e incendiar.

Aunque el Fuego Vivo
ya exista en vosotros,
el aliento al que se deja libertad
para entrar y salir de vuestras bocas
lo hace arder más.

Entonces, cuanto más habláis
más ardéis,
hasta el punto de que
todo puede estallar en llamas.

Algunos llegarán
a consumirse en el Verbo
creciente en su interior,
pues le habrán dado
libertad de expresión.

Tendrá libertad de ser,
en ellos,
el Fuego que Es.

Los reconoceréis
porque de sus bocas
no sale tiniebla
ni cosa muerta,
sino llama.

322. Gestación y silencio

Pero la llama no es propia, sino dada.

La Palabra se gesta
y, como en toda gestación,
parte de lo gestado
no procede de uno mismo,
sino que viene dado por lo Mayor.

Nadie puede crear
un espíritu en su interior.
El Espíritu es quien da
las chispas de sí,
y el Fuego de la Palabra
es así.

Los portadores del Fuego
al mundo lo extienden,
y lo reparten
a quienes estén dispuestos
a albergar en su seno
la formación del Verbo Nuevo.

Somos nosotros los últimos eslabones
entre el Espíritu y vosotros.

Pero cuando aceptáis quedar preñados
del Fuego Santo,
vosotros mismos os volvéis eslabones
para vuestros hermanos humanos.

El Fuego siempre se transmite.
La cadena nunca se detiene

salvo que uno lo rechace
o, por descuidado, lo apague.

Si tal cosa os ocurre,
buscad la manera
de que no suceda de nuevo
y pedid más Fuego.

Entonces se os dará.
Siempre se da.
No tiene precio.
No se vende, ni se compra.
Se DA.

Una sola condición:
que exista un lugar preparado,
vacío, dispuesto para ello.

El Fuego de la Palabra
exige un vacío llamado SILENCIO.
(Insistimos.)

323. Expresión y Expansión

También la gestación de un bebé es silenciosa
hasta que el fruto del vientre
crece tanto que se hace
evidente
y él mismo reclama
EXPRESARSE.
Y entonces, nace.

De igual modo,
llega un día en que el Verbo Nuevo
exige expresión.

O se deja fluir la nueva Palabra
cuando empieza a estar formada,
o la gestación sufre un aborto
por asfixia y represión
de lo que crece.

¡No se puede atar a un niño
ni constreñirlo
en el vientre materno!
Su naturaleza de ser es
EXPANSIÓN.

La Expansión y la Expresión
son hermanas.
Cuando te expresas con verdad,
te expandes.
Cuando te expresas con mentira,
te deformas.
Cuando no te expresas,

te encoges y te matas
lentamente.

Humanos que albergáis
al Verbo Nuevo Creciente
en vuestro seno de fuego:
¡dejadle expresarse!
¡Dadle voz!

Sólo así se expandirá,
crecerá
y podrá emerger al fin
como un ser nuevo.
Será un nuevo nacimiento
con la voz.

La voz.
Esto es un misterio.

324. Nacimiento del Verbo

El Verbo nace
y ya habla.

Ya lo hacía
desde el vientre
de su madre.

A veces,
incluso otros,
desde ahí,
lo oían.

Es inevitable
que eso suceda
si lo que te preña
es la Palabra.

Cuando el Verbo nace,
habla
y lo hace con verdad.

Y su primera palabra es
intensa como un grito,
pues se precisa
romper el velo
que hasta entonces
sellaba la garganta
mientras se gestaba
la nueva voz.

Existe un tejido
que protege al feto

y otro que resguarda
al Verbo
hasta que nace
por la garganta.

Pues Verbo y voz
van unidos.
Si nace la Palabra
también lo hace
el sonido corporal
nuevo,
la Voz.

Cuando el Verbo nace
los mudos hablan
y las gargantas cantan.

Por eso en el Sagrado Nacimiento
la música acompaña
el acontecimiento
así como la expresión
del gozo
en forma de exclamación.

Exclamación, grito, gemido
son expresiones
de la fuerza del aliento
nuevo y sagrado
rompiendo el velo
y ABRIENDO
lo cerrado,
dando a luz
a la Voz.

Hay un esfuerzo
en todo nacer,
y éste no es diferente.
Lo precede la tensión,
le sigue la paz...

Urboreas

325. Voz

Voz que habla,
voz que canta,
voz servidora
de la Verdadera Expresión.

Voz con la que tiemblan
las montañas,
voz por la que suspira
la brisa,
voz capaz de conmover
hasta a las lágrimas
y hacerlas retroceder
en su caída
para alzarse y danzar
convertidas en risa.

Voz sagrada,
voz inmaculada,
voz mágica,
verdadera voz
del ser humano
que se presta a vivir
el Sagrado Nacimiento
de la Pura Expresión...

Esto traemos y esto os damos:
la noticia del Nacimiento
de la Voz
para todo aquel
que se preste a ser
preñado en el silencio
por el Sagrado Fuego
del Verbo.

Pero sin silencio
no hay nada.

326. Medicina de Gabriel-18. Niños de fuego

Gabriel anuncia el Verbo
y su rastro
es de Fuego.

Se estremece el vientre
en su silencio.
Si al Fuego acepta
es, desde ese momento,
vientre materno.

No más vientre vacío
sino lleno,
pero no de sí
sino del caudal
de lo Eterno.

Los Niños de Fuego
danzan en los vientres
que los gestan.

Unos con otros
las manos se enlazan
y con su son
unos a otros se llaman.

No lo saben sus madres
pero son tejidas coronas
de fuego ardiente
alrededor de la Tierra.

Y esto lo hacen
los Niños
al darse las manos,
estiráaaandose...

Los Niños juegan al corro
y su danza es sagrada.
Con ella bendicen a la Tierra
y le preparan
unas bodas sagradas,
¡una vez más!

Es interesante repetir
cada cierto tiempo
lo feliz.

Cada vez es diferente
porque todo es nuevo,
pero al mismo tiempo
es eterno.

Las Bodas de la Tierra
con el Cielo
se hacen a través
de los Niños de Fuego.

Y Gabriel es el «padrino».
Hablamos ahora
como en broma.

Es porque esto es
un juego de niños
danzando al corro,
expresando su gozo.

Seguid su danza,
madres preñadas,
¡no os resistáis!

Dejad que vuestros niños
os guíen en los primeros pasos

del aprendizaje
de encontrar
a vuestros semejantes.

Así podréis,
también vosotras,
«personas mayores»
preñadas de Fuego,
encontraros y daros
las manos.

Los niños os han unido
para que dancéis
con vuestro cuerpo
en el mundo.

El Niño desvela al adulto
y lo pone a bailar.
¡Es lo natural!
Así ha de ser.

Gabriel mira
y sonríe
porque el Fuego que trajo
va dando frutos.

Las pequeñas llamas
van formando lo suyo,
y pronto
los nuevos círculos sagrados,
conscientes de sí mismos,
se entrelazarán.

Entonces todo estará hecho:
el *Nuevo Tejido de la Creación*
se habrá formado.

Sólo quedará
cuidarlo y protegerlo
hasta que alcance

madurez suficiente
como para relevar al viejo,
que, descomponiéndose
caerá,
dejará de ser.

Y un nuevo ciclo sucederá.

Y lo traen los Niños,
Niños de Fuego
danzando en el vientre materno.

327. Voz de ángeles

No necesitamos hablar, nos basta con emitir.

Hay una emisión desde la boca,
otra desde el corazón,
otra desde la frente,
otra desde los ojos,
otra desde las pupilas,
otra desde...

Para el que irradia, todo es emisión.
Entonces, elige desde dónde emitir con mayor intensidad,
respondiendo a la NECESIDAD.

La necesidad manda,
la necesidad actúa.
Allí donde está el hueco va la ayuda.

El vacío llama a lo lleno,
la noche llama al sol,
la tiniebla a la luz,
sólo por el hecho de serlo.

328. La Voz de Dios

Hay una voz audible
y otra inaudible
que emana de la Presencia.

Esta voz no puede ser oída como tal,
pero sí sentida o «escuchada»
con el cuerpo.

Es vibración.
Es emanación.
Es irradiación.

Así la Voz de Dios llega a sus hijos,
a través de la voz de sus emanaciones.
No hay otra.

El rumor de la Voz de Dios es inaudible
y al mismo tiempo atronador.
Oírlo tal cual os mataría.

Pero todas sus criaturas lo cantan,
porque está en todas.
Aquello que es Uno
está en todos sus hijos
y a través de ellos se manifiesta
en mayor o menor grado,
en mayor o menor medida.

Quien quiera escuchar la Voz de Dios
que escuche a las criaturas.
Quien quiera oír la Voz de Dios
que preste atención al sonido de lo creado.

Pues ello está en todo.
No te hablará como «tal».
No oirás sus palabras.

Cualquier palabra que oigas
la habrá dicho alguna criatura.
Lo que pasa es que si ésta es una emanación
más «próxima» a Dios que tú,
te parecerá que es Dios.

Pero no es tal.
No hay «palabra de Dios»,
sino la inaudible y atronadora Voz,
emanada por Todo,
presente en Todo.

Y algunas de sus emanaciones hablan
(con palabras).
Eso es todo.

329. Las palabras

¡Basta de atribuir las palabras a Dios!

Las palabras *se forman* en el *medio*.

Las palabras son expresión que surge a medio camino
entre Dios y *algunas* de sus criaturas.
Ni siquiera en todas.

La palabra es divina porque todo lo es.
Pero Aquello que es Uno no habla con palabras humanas.
No digáis más: «Esto es "palabra de Dios"».

Decid: «Esto es palabra inspirada
desde alguna emanación divina».
Es palabra aproximada,
es palabra del medio,
palabra que camina,
palabra que expresa.

Es válida si es honesta.
Es válida si es verdadera.
¡Pero no es «divina»!
No como pensáis que lo es.
Ya basta de todo eso.

La auténtica Palabra de Dios
nadie la puede oír,
no es humana,
¡ni siquiera es «palabra»!

La Voz de Dios se puede sentir,
no así su «palabra»,
no hay tal.

330. Eslabones que hablan

Los que aquí hablamos somos
emanaciones últimas
entre Aquello que es Uno
y vosotros.

Ni grandes, ni pequeños,
sólo somos eslabones de fuego.
Se nos oye «hablar» porque
estamos en el MEDIO.

Somos expresión,
somos emanación,
somos «inter-medios».

Si estuviéramos al principio,
no hablaríamos.
Si estuviéramos al final,
tampoco.

La Palabra surge siempre
en el medio,
en la mitad.

Por eso los eslabones del Reino Intermedio
«hablan».

Por eso sus palabras,
si son verdaderas,
UNEN,
porque también ellas son eslabones,
ardientes expresiones desde *lo Uno*.

331. Emanación y creación

Todo es emanado.
Todo es creado.
Crear es emanar.

No es lo mismo crear que proyectar.
La emanación surge de lo completo,
de lo pleno,
de lo perfecto.

Cualquiera puede proyectar,
pero no muchos emanan/crean.
Confundís crear con idear (cerebro)
o con proyectar
o con reformar, cortar y pegar,
compaginar, reunir, construir.

Para emanar/crear hay que estar pleno.
Hay que ser Uno.

La fuente plena rebosa,
emana,
se da sin «gastarse».

El agua de la fuente fluye
y adopta diversas formas,
permitiendo y generando múltiples vidas,
o «la vida»
(tal cual la conocéis).

Eso es crear.
Aquello que Es Uno es parecido

a la fuente que rebosa.
Su agua se difunde
y llega a todas partes
bajo múltiples aspectos y formas.

Vosotros tenéis dentro su agua,
sois eso en cierto modo.
Sin agua, no sois.
Sin fuente, no hay nada.

Pero sin plenitud no hay fuente.

332. Seres creadores

No sólo el ser humano es capaz de crear,
porque no sólo él es capaz de alcanzar la plenitud.
También otros seres pueden crear,
lo que ocurre es que confundís lo que es crear
con otras «actividades».

Muchos seres de la Creación
crean desde su alcanzada plenitud,
pero esto se os escapa,
cegados como estáis
por vuestro sentimiento de suma importancia.

Ellos también son Hijos de lo Uno.
Son emanaciones de la Fuente,
así que Dios mora en ellos
igual que en vosotros,
aunque lo haga manifestándose
de diferente manera.

También ellos se asemejan a Dios cuando están plenos
y heredan la divina capacidad de crear
si es que alcanzaron la plenitud.

Ya basta de antropocentrismo.
Así no se alcanza la Unidad ni la plenitud,
porque sois tendenciosos,
rechazáis como «peores» a otras criaturas,
las veis como a indignas.

Escuchad: *sólo de la Unidad surge la creación,*
sólo de la unión entre lo diverso y lo múltiple.
Mientras queráis andar vuestro camino «solos»,

separados del resto de las criaturas,
pensando que han de doblegarse ante vosotros
o que no cuentan para nada,
¿creéis que alcanzaréis la plenitud,
la Unidad?

Lo separado crece parcialmente,
pues se llena sólo de un «elemento».
Su corazón abarca muy poco
y vive una pobreza interna
porque no abarcó a TODOS.

Así nunca llega a rebosar.
Los vacíos nunca llegan a ser fuentes
porque no están plenos.
Por lo tanto no emanan/crean nunca
(aunque lo pretendan
o se lo crean).

333. El ser humano nuevo

O estamos todos, o no hay Uno.
Pero, dado que hay Uno,
es mejor vivir el «estar todos»
con conciencia,
porque así se vive en la verdad.

Y entonces, todos los actos
son equilibrados.

Abrazad al resto de los seres de la creación.
Escuchadlos.
Tomadlos en consideración.

Eso os hará uno
y alcanzaréis el estado pleno,
el estado creador.

Sólo así nacerá el ser humano nuevo,
pues la Nueva Creación tendrá lugar.

334. Las Llaves del Infierno*

Las Llaves del Infierno son poder.
Este poder es dado,
es emanado hacia algunos
desde lo Uno,
a través de sus emanaciones terrestres
(vuestro abajo).

Sólo aquel que se compromete
con la Tierra y su destino,
es decir, con el servicio a la Tierra
y las criaturas que la habitan,
recibe las Llaves del Infierno.

La clave es: compromiso total,
servicio total.

Pues sin este nivel de compromiso para el servicio
no es posible vivir la *transformación* necesaria
para ir al Infierno
y ABRIRLO.

---

* En este capítulo y en los siguientes, con el término «Infierno» no se refieren a «inframundo», sino a lo que vulgarmente se entiende como un lugar, estado o dimensión dominada por el sufrimiento y el horror del cual es muy difícil, o casi imposible, salir.

335. El Infierno

El Infierno se abre con una intención: liberar al cautivo,
sacar de ahí al oprimido que desea su libertad,
su cambio,
su muerte/transformación.

Estar en el Infierno es querer morir/cambiar
y no lograrlo,
permaneciendo eternamente
en lo mismo, lo mismo, lo mismo...

Círculos sin escape,
repetición cíclica
y desgastante,
como rueda de molino
que va destruyendo
al ser
poco a poco,
más y más...,
pero sin matarlo,
¡no vaya a ser que cambie!

Y cuando está a punto de morir,
lo reaniman
para que siga viviendo más (igual).

Así no podrá cambiar
porque no ha completado
el proceso final.

El atrapado cree al principio
que le han dado un cambio,

una oportunidad,
que esta vez será distinto,
porque se siente reanimado.

Luego ve que no es así,
y que continúa lo de siempre.
¡Otra vez lo mismo!
(o incluso peor).

Una y otra vez vive esto
hasta quedar exhausto,
destruido casi.
Pero, entonces,
de nuevo le impiden morir.

Se le niega la *Muerte Liberadora,*
la posibilidad de culminar un cambio,
de transformarse,
liberarse.

El atrapado al final descubre
que está en el Infierno
porque ve eternidad sin cambio,
y experimenta la imposibilidad
de morir/transformarse.
Grita: «¡Que termine esto!».

El Infierno es no poder terminar,
no poder transitar.
Es no poder, en definitiva,
estar verdaderamente vivo.

336. Los liberadores del Infierno

Por lo tanto,
¿quiénes van al Infierno
a liberar a los oprimidos?

Los que tienen el poder de MATAR,*
aunque todo un contexto
contraríe esto.

Pues se sale del Infierno MURIENDO,
que os quede claro esto.
Eso sí, es una muerte
que en realidad es NACIMIENTO.

Por eso nadie que huya de la muerte
saldrá del Infierno, jamás.

---

* Obviamente, se refieren a matar como «cambiar interna, total y radicalmente», y no a una muerte física literal como vulgarmente pensaríamos.

337. Salir del Infierno

Aunque se den las Llaves al Servidor
y éste abra el Infierno,
sólo aquellos que deseen salir de él lo hacen.
Los demás no salen.
La libertad no se impone.

Pero cada vez que se abre el Infierno
y se libera a los cautivos,
los torturadores quedan más encerrados,
más inválidos.

¿Por qué? Porque pierden poder.
Pierden el alimento de los cautivos,
a los que torturaban y mantenían prisioneros.

Por lo tanto, abrir el Infierno por un lado es «mejor»
y por otro es «peor».
Para los torturadores parece peor,
para los liberados mejor,
¡y cada uno reza y pide al Todo
que se cumpla «su bien»!

Pero el clamor por la libertad de los oprimidos
es muy grande.
Tanto que la necesidad exige ser colmada,
remediada.

Quien es donación ahí se derrama.
No puede evitarlo,
es su esencia dar a quien lo necesita, lo pide.
La ayuda va adonde es necesario.
Los Infiernos son colmados.
Sus puertas se abrirán.

338. Ser ayudado

Unos saldrán del Infierno y otros se quedarán,
porque las puertas, si se abren para liberar,
no lo hacen para lo contrario.

Por lo tanto, cuando el servidor abra el Infierno,
no saldrá ni uno de los que buscan tiranizar,
atar y torturar.
Para ésos la respuesta de lo Uno es otra,
pues su necesidad es distinta.

Muchos buscan remediar solos sus problemas,
y no claman a Dios pidiendo ayuda.

Sólo es ayudado quien lo busca,
lo pide y acepta o asume la mano tendida hacia él.
Si queréis ser ayudados, invocadlo.

Los que sienten que se bastan a sí mismos
viven de otra manera.
No vamos a verlos nosotros,
sino otros diferentes,
que los alientan diciéndoles:

«Tú puedes solo. Tú ya eres todo,
ya eres dios.
No necesitas a nadie.
No hay nadie más que tú.
Todo está en ti;
por consiguiente, fuera de ti nada importa,
nada existe.

»Todo el poder es tuyo
y debes lograr ejercer ese poder alrededor
sin que nada te trabe,
pues los demás "son tú"
y han de doblegarse a tu intención».

Pero eso es falso.
Es obvio que fuera de uno hay otros,
y es obvio que sus anhelos e intenciones
no siempre encajan con las de uno mismo.

No vivís solos.
Todo está en cierto modo contenido en vosotros,
pero de manera relativa,
no cuantitativa.

Nadie es el Todo.

339. El puente entre Abismo y Altísimo

Las Llaves del Infierno son poder,
son emisión desde lo Mayor.

A quien se le den,
no necesitará hablar sino sólo estar
e irradiar lo que se le dé desde *lo Uno*.

Y se le da desde vuestro «abajo».
Los ángeles de abajo tienen el fuego necesario
para abrir lo más denso,
porque lo denso está abajo
y lo sutil arriba.
¡Piedra se empuja con piedra,
denso con denso!

Cuando lo sutil y lo denso se enlazan
y se abren los caminos entre ambos,
el *Abismo y el Altísimo* se unen
y se crea UN PUENTE.

En ese momento se inicia el tránsito
y la liberación de muchos se produce
a través del puente.

Quien es Miguel actúa ahí.
Miguel está en vuestro «arriba»,
pero tiene las llaves porque está unido
al eslabón más profundo y denso de Fuego Vivo,
a aquel que parte del mismísimo núcleo de la Materia.

Sólo así la Llave se crea,
uniendo los dos mundos extremos:
Abismo y Altísimo,
denso y sutil,
Infierno y Cielo.

340. Los Ángeles de Abajo

Hay servidores de lo Uno tanto abajo como arriba.
Los Ángeles de Abajo os son desconocidos.
Son intraterrestres.
Se alzan desde la densa materia.
Son guardianes.
Velan.
Eternamente...

Están «casados» con la Tierra,
con la Esposa del Cielo.

Los Ángeles de Abajo y los de Arriba
pueden unirse a través del humano
(aunque no exclusivamente)
y entonces el tránsito se produce,
el Fuego Vivo fluye
y la liberación ES.

341. El Cuerpo Medicina

Hay un camino que debe transitar todo aquel
que desee ser medicina,
y consiste en que su cuerpo se convierta en medicina.

El cuerpo es santo si está bien conectado a la Fuente Divina,
porque la Fuente todo lo clarifica.
El fluir de la divinidad en vosotros os purifica,
os hace ser lo que sois.

El cuerpo puro es aquel que está conectado a la Fuente.
Es un cuerpo claro, fluido, sano.

El cuerpo impuro es aquel que no está bien conectado con lo divino
o que vive esta conexión a su pesar, sin desearlo.
Es un cuerpo sucio porque en él no hay claridad.
En ese cuerpo las partes, órganos y elementos no son lo que son,
sino otra cosa.

Ése es un cuerpo mentira,
un cuerpo impostura,
un cuerpo tenebroso.

El cuerpo claro irradia la luz divina
y la emana a través de su materia.

Es imposible volverse Cuerpo Medicina
sin ser, primero, uno con el propio cuerpo,
amándolo y aceptándolo como don
y como el mejor medio
para incidir en la otra materia.

Materia se mueve con materia,
luz con luz.
La materia puede obstaculizar la luz
o dejarla pasar a través de sí.

La materia unida a la luz,
la materia «trans-lúcida»,
incide tanto en la materia
como en la luz.

Ésa es
la ALQUIMIA perfecta.

342. Cuerpos que curan, cuerpos detestados

El Cuerpo Medicina ha de hacerse uno con la Fuente Divina
para ser eso: materia santa, materia que cura.

La materia que cura es un cuerpo que, a su paso,
deja un rastro medicinal,
aromático.

Es un cuerpo claro en cuya presencia
las tinieblas huyen y las sombras se iluminan.

Es un cuerpo sano que vibra
según el son natural, genuino, puro.
En consecuencia,
influye en la resonancia ajena
«afinando» a los desafinados,
o haciendo notar su discordancia.

Por eso no siempre se desea la compañía
de un cuerpo claro, de un Cuerpo Medicina.
Quien quiere seguir enfermo detesta esto,
lo mismo que quien no quiere ser visto
ni ser cambiado.

Para éstos, un ser con Cuerpo Medicina
es una clara AMENAZA,
y a esa persona consideran,
en consecuencia,
DAÑINA,
destructiva,

nefasta influencia que disuelve las estructuras enfermas
que pretenden seguir fijas.

Pues el cuerpo antibiótico
fagocita el mal
y despoja de él
al que lo padece.

Pero si el enfermo no quiere desprenderse de eso,
porque lo considera suyo o carne de su carne,
verá al fagocitador como un monstruo maligno
que viene a DESTRUIRLE.

Y es verdad que el Cuerpo Medicina
actúa donde está la enfermedad.
No puede evitarlo, ésa es su naturaleza.

343. La Espada y la Medicina

Por eso, a medida que un ser humano
se va transformando en cuerpo que sana,
en cuerpo claro,
a su alrededor se van separando las personas.

Quedan junto al Cuerpo Medicina los semejantes
(seres con vocación de sanar)
y los enfermos que desean ser sanados,
¡NADIE más!

Así, el Cuerpo Medicina es también como una ESPADA
que divide el mundo en dos:
a un lado, quienes eligen curación,
a otro lado, los que prefieren seguir estando enfermos,
arrastrándose por lóbregos mundos
sin redención.

La Espada nunca está lejos de la Medicina.
Una y otra siempre se acompañan,
pues lo que CORTA
siempre es necesario.

344. Cuerpo Medicina y juicio

Así, la vida del que acepta convertirse en Cuerpo Medicina,
en materia santa que cura,
vive un particular JUICIO,
a su alrededor y en sí mismo.

Todo se valora, se sopesa y se prueba.
Quedan separados, a un lado,
los incompatibles con la medicina.
Pero permanecen cerca y unidos
los afines a ésta,
tanto los otros Médicos
como los enfermos.

Nadie hace el Juicio
sino la propia vida,
el propio anhelo de la existencia
por ser claramente lo que es.

Los que desean seguir enfermos o permanecer oscuros
eligen ellos mismos verse separados
de quien hasta entonces
era uno como ellos,
un Cuerpo de Tinieblas.

Los que desean sentir la resonancia sanadora,
el fluido aromático medicinal,
el aire que renueva
y el agua que cura
se le unen con ansia de vivir,
juntos y mejor,
el proceso de clarificación.

Éstos son los *Hijos del Ser:*
los que eligen en ese momento
caminar hacia la plenitud de su Esencia
y ser lo que verdaderamente son.

Caen las imposturas,
se disuelven las máscaras,
el cuerpo libera sus miasmas,
y todo él se reordena en una dirección:
su PURA VIBRACIÓN genuina.

Y esto sólo lo logra el cuerpo
conectándose bien a la Fuente Divina
de la cual procede toda gracia,
toda AGUA
clara, transparente, pura,
VIVA.

345. Y te rodeará lo enfermo

Quien se convierte en Cuerpo Medicina
no es aquel que elige constantemente
permanecer sólo junto a los cuerpos sanos
y las gentes puras y limpias.

Ése sólo busca vivir la luminosidad,
pero no es verdadero Cuerpo Medicina.
Es alguien que adora la luz,
pero no entiende lo que significa serlo,
ni ser materia que cura.

Lo que significa volverse Cuerpo Medicina es
que toooooodos los sedientos
correrán hacia tu fuente.

Te rodearán los mendigos del alma,
los sucios que deseen lavarse en tus aguas,
los intoxicados que deseen tu purgante,
los envenenados que deseen tu contraveneno,
los heridos que deseen tus fluidos cicatrizantes,
los locos que busquen equilibrio,
los devastados que deseen reconstruirse.

Olerás sus heces, pus, veneno y mocos,
te ensuciarás de excrementos y te mancharán sus vómitos.
Su sangre enferma tocará tus manos,
y tus ojos verán la profunda miseria
y la corrupción del mal que los daña.

Tu vida, en cierto sentido, no será más agradable,
sino más desagradable,
porque como fuente en la que te has convertido

te rodearán los ansiosos,
no los saciados, ni los ricos, ni los lujosos
con *jacuzzi* en su mansión.

Sólo una cosa te compensará con creces
la pérdida de *glamour* a tu alrededor,
y el trabajo de limpiar todo el día,
y la obligación de lavarse una y otra vez,
y la necesidad de buscar el aire puro
para no sucumbir intoxicado.

Y esto es la vivencia íntima
de la eterna, fluida y constantemente renovada
conexión con la Fuente Divina.

Pues ésta se da sin cesar
en el núcleo del alma encarnada
de quien acepta convertirse
en Cuerpo Medicina,
en materia que anda y sana a su paso.

346. Rebosar desde la secreta Fuente

...Ésa es la secreta y callada Fuente
que todos habéis de buscar.
Esa Fuente os colmará en todo momento
y aún os dará más
de lo que podéis abarcar (y dar).

Pues, sabedlo: sólo porque REBOSÁIS
podréis dar.

Es el acto de rebosar lo que hace
que una fuente lo sea.
Sólo así tiene sentido dar:
das lo que emanas,
lo que a través de ti pasa.

Así, tu agua no se gasta,
porque no das desde «ti»,
sino desde la Fuente.

El bien así realizado hacia los demás
nunca constituye un mal para ti mismo.
Si para dar os cortarais los brazos,
¿no sería eso absurdo?

No, en lugar de eso,
quien da siendo *fuente de la Fuente*
vive el crecimiento
de miles de nuevos brazos
para poder dar AÚN MÁS.

Volverse fuente de la Fuente os amplía y expande,
no os limita, sino que os vuelve
inconmensurables.

347. Cuerpo Aromático y secreto

Muchos tipos de medicinas se derraman
desde un cuerpo santo que sana,
porque el Cuerpo Medicina está compuesto
de diversos cuerpos/sustancias a su vez.

Por ejemplo, está el Cuerpo Aromático,
que cura a quien lo necesita
emanando sustancias volátiles que purifican,
reconfortan o sanan
según la necesidad existente.

Quien convierte su cuerpo en Medicina
exhala un perfume innombrable y sutil.

No es como vuestras «aguas de colonia»,
ni lo podréis oler así como así,
salvo que lo necesitéis notar
para sanaros.

Pues el Cuerpo Aromático, como flor sagrada
que sólo se abre si a la Fuente sirve hacerlo
para derramar sus gracias a su través,
no se muestra ni se exhibe
así como así.

¡La Medicina NO ES ESPECTÁCULO!
Huid de la fama, sanadores insensatos,
pues la mejor medicina se da en lo secreto,
en lo profundo y más íntimo
de la flor que se abre
al necesitado.

Se abren los Cuerpos Medicina
como flores fragantes
o hierbas aromáticas que exudan
aceites a su paso,
pero sólo cuando la necesidad lo reclama,
sólo ante los enfermos que claman por ayuda
y que, de todas las medicinas,
necesitan ésa,
la justa y precisa ayuda
del aroma medicinal.

Este aroma cura, purifica, consuela,
reconforta, evoca y provoca
reacciones a su paso.

El aroma santo es producido
por los Cuerpos Medicina
en el momento preciso
en que debe actuar
y ser absorbido
por el aliento del enfermo.

Respira el aroma, se sumerge en él,
se impregna y se cura.
Así es.

Una vez terminado el acto
la flor se cierra
llevándose consigo
su secreto íntimo.
Así ha de ser.

Lo santo medicinal no gusta de exhibirse
porque sabe que las esencias
deben permanecer encerradas
y concentradas,
no dispersas ante cualquier viento.

Es en lo secreto de lo secreto
donde las mayores curaciones
tienen lugar.

Es ahí donde las flores se dan:
en su núcleo íntimo,
en su espacio interno,
donde mora la chispa de su fuego divino
y se realiza la alquimia de la alquimia,
destilándose su néctar.

Sanadores que sois fuente de la Fuente,
seres con vocación de Cuerpo Medicina:
sed flores perfectas,
sed flores con intimidad.
Guardad con vosotros vuestras esencias
salvo cuando sea necesario esparcirlas.

Pues cuando más se concentra la esencia
más poder tiene,
y así, además, conservaréis a salvo
vuestra integridad.

Que no os desmenucen y trituren
buscando extraeros lo santo,
pues sólo en un cuerpo íntegro y VIVO
la mejor Medicina se DA.

Aprended esto y tomad nota:
buscad lo vivo para sanaros,
no lo muerto,
y estad vosotros mismos
también vivos.
Resguardaos.

348. El Cuerpo de Agua

Otro cuerpo dentro del Cuerpo Medicina es el Cuerpo de Agua.
Para éste, su esencia es correr como arroyo transparente
que nace de la Fuente Pura.

A sus aguas claras van todos a beber,
los sucios a bañarse,
los acalorados a refrescarse
y los ansiosos a relajarse.

Es el fluir lo que hace que el agua esté sana.
Agua estancada se pudre,
agua inerte no cura.

No atesoréis vuestra Agua Santa en frasquitos,
seres con Cuerpos Medicinales,
sino dadla y dadla sin cesar.

Así como el aroma hay que reservarlo oculto,
el Agua ha de correr y manar constantemente
si acaso quiere estar viva y servir.

Agua que corre bien
deposita en las orillas las impurezas.
El sol la ilumina,
la tierra toma su mal,
el aire la oxigena,
y el color del cielo, la hierba y la tierra
la impregnan.

Así pues, esa agua es tratada a su vez
por la *tierra, el aire, el color y la luz,*
que la ayudan a seguir siendo lo que es.

No encerréis el agua santa,
ni tampoco la canalicéis de manera artificial.
No la metáis en tuberías rígidas,
no planifiquéis su recorrido.

Urboreas

Lo que hace de una fuente un lugar sanador
es su derramarse sin pensarse,
su constante dar y dar
fruto de su rebosar,
y su estar en un contexto que la ayuda
a purificar sus aguas
constantemente.

Así, si la ensucian los impuros,
ella, con la ayuda de todo, se vuelve clara.
Si la beben, brota más.

El Cuerpo de Agua necesita fluir
o muere estancado y corrompido,
pero también necesita vivir de un modo sano,
es decir, bien unido al resto de los elementos.

Necesita tierra en la que decantarse y correr,
necesita sol y luz, aire puro, color...
y LIBERTAD.

Liberad vuestro Cuerpo de Agua
o si no, nunca sanará a nadie
pues él mismo será
como agua tratada de «grifo»,
mil veces clorada, dirigida y oscurecida.
Ésa es agua profana,
no Agua Santa.

El Agua Santa hay que cuidarla,
pero su esencia es fluir,
no lo olvidéis.

La Fuente Divina os dará el Agua Santa
y vosotros podréis emanarla a través de vuestro cuerpo,
pero sólo será útil si os comprometéis
a vivir en el contexto adecuado,
de manera que no se corrompa
y tenga modo de limpiarse y sanarse.

349. Agua corrompida

¿Para qué invocar el Agua Pura
y atraerla a tu campo,
si no estás dispuesto a dejarla correr?

¿Para qué purificar el Agua Sagrada,
si no te comprometes a cuidar su cauce?
¿Para qué volverse fuente
si perseveras en estar contaminado?

La Fuente Sagrada lava al impuro
y se lleva las inmundicias
¡pero no las retiene ni las atesora!
Tampoco tolera estancarse.

Vuestra codicia por retener el Agua Santa
os ha vuelto a muchos
pantanos corruptos,
estanques cenagosos,
depósitos llenos de óxido
y pozos venenosos.

¡Romped las estructuras artificiales
que aprisionan vuestra Agua!
Volveos fuentes libres sin patrón prefijado.

Pues ningún ser humano
puede prefijar
por dónde el agua correrá,
si ha de ser de manera natural.

Ni tampoco nadie puede saber
qué seres sedientos o sucios
lo vendrán a visitar.

La Fuente no piensa, la fuente se DA.
El Cuerpo de Agua Vivo no piensa,
sólo fluye.

Urboreas

350. Guardianes del Agua Santa

Pero precisamente por la necesidad
de conservar pura el Agua,
para que así la encuentren
los necesitados de su limpieza
y los sedientos de su sustancia,
es preciso preservarla.

Es preciso resguardar a las fuentes puras,
personas que a sí mismas se entregan
para que a su través fluya el caudal
emanado desde la Fuente de las fuentes.

Para que no las asedien y pongan precio a su agua,
vallándolas para los pobres y sedientos;
para que no las envenenen,
emanando así el mal hacia los que las buscan;
para que no las taponen ni cieguen
obstruyendo su don al exterior;
para que no las enturbien sin necesidad,
ni las ocupen los oportunistas,
han de existir los *Guardianes del Agua*.

Y existen.
Y son.
Y están junto a todo aquel lugar
que se entrega a sí mismo como don,
comprometiéndose a resguardar, a su vez,
su pureza.

Pues ¿qué sentido tendría apostar guardas
junto a un campo cuyo dueño
no hace nada por resguardarlo
y lo abre a cualquier sembrador de venenos
o a las hordas de expoliadores?

ÁNGELES DE LO UNO

El campo que a sí mismo se da
para producir frutos en abundancia
quiere, exige y tiene
guardianes apostados a su vera
cuya mera presencia dice:
«No pasará nadie salvo aquel
que verdaderamente lo necesite
y que respete este Lugar Sagrado».

Éstos son los Guardianes del Agua,
los que están presentes noche y día
junto a las *fuentes hijas de la Fuente,*
en todos los manantiales
que dan agua viva al mundo.

Y no tiembla su pulso
para defender el paso:
lo que han de hacer, lo hacen.
Son lo que son.

¿Y cómo llegan hasta alguien estos Guardianes?
Es inútil que lleguen del exterior ángeles
si el propio ser no ha decidido, aún,
guardarse a sí mismo,
velar por su integridad,
cuidarse, preservarse.

Por eso, aunque existen Guardianes externos,
el imprescindible es el que se FORMA
en el interior de uno mismo.

Su semilla os será dada
si andáis por este camino
y a ella le sucederá la formación
de vuestro Guardián de Agua de Fuego interno.

Pues es el Fuego Eterno el que defiende,
siempre, al Agua.

Tiene razones para hacerlo:
el Agua sostiene a toda la vida.

Urboreas

351. El camino hacia el Agua Santa

Existen, pues, Guardianes del Agua externos
y Guardianes del Agua internos.
Los unos han de acompañar a los otros,
pues no existe vida ni acto equilibrado
donde lo exterior y lo interior
no vayan unidos y de la mano.

El Camino hacia el Agua Santa
es como el Camino hacia las Montañas.
Hay un caminar interno
que os conduce hacia la Fuente en vosotros,
hacia el nacimiento de vuestro propio
manantial interno.

Es un camino de purificación
y de renuncia a los venenos,
de reposo para la decantación,
de aprendizaje acerca de la fluidez
y de mucha, mucha, mucha Tierra.

Sin esto, no hay fuente que valga.
Estaréis obstruidos, sucios, rotos, dispersos,
desconectados de vuestra pureza.

Pero, al mismo tiempo, descubriréis que lo externo
ha de acompañar (y acompaña) a lo interno.
Vuestro entorno ha de ser cuidado,
pues ¡es difícil conservar la propia salud
en lugares contaminados!

Y es más difícil aún
sanar a quien padece intoxicación
si vive en un lugar envenenado.

Tampoco el médico puede trabajar infectado,
no sea que contagie a los enfermos

de más males de los que ya padecen.
Ha de cuidar su salud y su pureza
si acaso quiere actuar con eficacia.

Por eso también ha de limpiarse
y buscar un entorno adecuado
para descansar, dormir y respirar.
¡Un médico no vive día y noche
en atestados pasillos de urgencias!

El médico ha de ser un ejemplo claro,
para los demás,
de cómo vivir de la mejor manera.
Pues existe una medicina en la actitud personal,
una medicina en la coherencia.

Pero esto no siempre es posible;
hay muchos médicos trabajando
en penosas condiciones
y que, sin embargo, curan.

Por eso no decimos que no podáis ser médicos
si no sois perfectos,
tan sólo os hablamos de un camino,
el mejor camino de todos,
porque los demás ya los conocéis.

Existen muchas maneras de vivir
y de hacer las cosas.
Nosotros hablamos de la óptima.
Es una guía, es un ejemplo, es una luz
para crear una tendencia, ¿entendéis?

Quien quiera que, de entre todo lo bueno,
elija vivir lo mejor.

Ése iniciará el camino hacia la Fuente
tanto interna como externa,
el Camino hacia el Agua Santa,
el camino hacia donde se crea y emana
toda gracia.

352. El rastro de la pureza en el mundo

Os hablamos de pureza y a muchos
os rechina esta palabra.
La asociáis con antiguos conceptos
y ciertas ideas de pecado
que os disgustan.

Pero la pureza... ¿qué es?
Es *ser con nitidez,*
manifestar sin distorsión
la propia esencia.

La pureza del agua es limpieza,
salud, fluidez, transparencia.
La pureza del agua se distingue
por la diversidad de vida
que genera y sostiene a su paso:
en algunos casos dentro de su corriente,
en otros junto a su cauce.

El rastro en el paisaje
de un cauce de agua pura
siempre se nota:
sonido, vibración, renovación, fluidez...
y, si hay tierra mullida alrededor,
explosión de seres verdes
y de otras vidas próximas.

La vida siempre mejora con los manantiales.
El sonido del Inicio del Mundo vivo
hay que buscarlo en las Ocultas Fuentes.

ÁNGELES DE LO UNO

Y eran puras
porque eran lo que eran.

Conservar la propia pureza y cuidarla
no es tanto un gesto de eterna preservación
como de equilibrio.
El agua es humilde y sabe que la usan
y que, por eso, a veces se volverá impura.

Agua pura no es agua que se niega
a ser bebida,
o tocada por manos sucias.
Agua pura es agua que cuida
que esto se haga con equilibrio.

Demasiada suciedad hace de la fuente
una charca insegura,
pero ningún contacto con lo demás
hace de esa fuente algo inútil,
imposible, inexistente.

Pues ser fuente es verterse,
dejarse llevar,
derramarse, darse.

Disciernen los Guardianes del Agua
cómo preservar el equilibrio de la fuente
de modo que sea lo que es,
y al mismo tiempo
pueda purificarse constantemente.

Cada día es diferente,
ninguna situación es la misma.
El Guardián del Agua sabe
no sólo a quién ha de dejar pasar
hacia la fuente,
sino a cuántos y a qué ritmo.

El equilibrio lo es todo.
Sin equilibrio no hay medicina.

353. Bendecir el agua

Nadie puede bendecir
si no es desde la Fuente.

Muchas bendiciones se ven hoy
que no son más que expresiones momentáneas
que cambian algo por un tiempo
pero sólo superficialmente.
Por lo tanto, apenas dura el efecto.

Es la Naturaleza la que, globalmente,
ayuda al agua a permanecer pura y santa.
El agua necesita Tierra limpia,
luz, atmósfera transparente,
color, sonido, ritmo, textura
y preservación de su Corazón Interno,
el *Corazón de Agua del Mundo*.

Sed sensatos: id hacia las Fuentes,
y velad por ellas y luego por todo el cauce
si queréis preservar el agua del mundo.

354. Preservar y limpiar el Agua

Convertíos en Guardianes del Agua
cuidando los sagrados lugares
donde nace el puro caudal.
Trabajad para protegerlos,
para limpiarlos.

Sólo el ciego va a los lugares
donde desemboca el agua al final
e intenta, desde allí,
purificar el agua mundial
y hasta cambiar «emociones globales».
Eso es imposible.

El agua se purifica cuidando y limpiando las fuentes
y preservando los cauces limpios,
los afluentes, los ríos.

¿Es que no lo veis?
Si la fuente no está bien,
si se vierten en los cauces venenos,
¿de qué sirve bendecir al mar?

Escaso y breve consuelo es eso,
pues al día siguiente llegará de nuevo a él
nueva suciedad.
Haréis algo hoy y se deshará mañana,
estaréis empleando tiempo en... casi nada.

Os están engañando,
desviando vuestra atención hacia lo secundario.
Sois como niños intentando purificar el agua mundial
a base de intentar limpiar una cloaca,

que es sólo el punto final.
¡Id hacia la raíz del mal!

La cloaca sólo cambiará de una manera:
cuidando el agua que anteriormente
se vierte y se maltrata
y que va fluyendo,
envenenando todo a su paso.

Dejad los trabajos sin raíz,
pues no tienen fundamento alguno.
Es muy halagador para el «ego»
acudir a enormes superficies de agua
y hacer esto y aquello a lo grande.

Eso os hace sentiros importantes
porque el tamaño del proyecto
es impresionante.
Pero la verdad es que la medicina
y el trabajo de raíz SÓLO se realizan
si uno llega hasta las FUENTES.

355. Engaños acerca del agua

Y mientras los niños ciegos
juegan a bendecir el agua derramada,
otros poderes maquinan cómo hacerse dueños
del paso hacia las fuentes para controlar el agua naciente.

Luego, le pondrán precio...
o manipularán esa agua a su antojo
para difundir su poder hacia todos.

Colocar el cebo ha sido muy fácil.
¡Siempre funciona atraer a los bien intencionados
hacia un proyecto ESPECTACULAR!

Seducen los aparatosos cambios
y prometidos milagros,
pero no seduce la curación desde la raíz,
pues ésta exige ir a lo secreto,
a lo profundo, subterráneo y pequeño.

El *Corazón de Agua del Mundo* está oculto y nadie lo ve
porque los ojos están desviados hacia lo grande.
Ciertos poderes ofician un gran espectáculo
y hacia allá se van los que aman al agua,
descuidando las fuentes y sus cauces,
descuidando la labor interna, pequeña, oculta.

Han sido engañados.
Les han dado chispeantes y efectistas cuentas de cristal
a cambio de una tierra rica y de valor incalculable.

*Id hacia las calladas y secretas fuentes,
id hacia* LA RAÍZ.
Volveos radicales, ocultos,
discretos y eficaces guardianes de fuentes.

De la salud de las fuentes depende
la vida del planeta entero, ¿no lo veis?

356. ¿Bendecir a las fuentes?

Las fuentes no precisan tanto ser benditas.
Aunque eso no es malo,
más bien necesitan que las dejen *ser lo que son,*
y que el lugar donde surgen
sea preservado de expolios, venenos y distorsión.

El Corazón de Agua del planeta está herido
en muchas de sus fuentes.
El Corazón de Agua del planeta
bombea sangre-agua sin cesar,
pero...

¡Velad, velad por el Corazón de Agua!
¡Velad por el agua no evidente!
¡Velad por las fuentes!

ID hacia la Fuente.

357. Guardianes Externos del Agua

En cada Fuente Santa existen Guardianes Externos,
seres diversos que aceptan cuidar la pureza del agua
y velar por la integridad del espacio físico que la alberga.

Una fuente no es tal sin un contexto.
Una fuente es roca, tierra, hierba, aire...
¡Una fuente no es sólo agua!

Si la tierra está contaminada,
o si el aire está envenenado,
todo se mezclará en el agua
y no será seguro beberla.

Los Guardianes Externos están en el paisaje
de las Fuentes Sagradas Naturales.
Podéis encontrarlos aquí y allá,
invisibles o no...

Y podéis ser, también vosotros,
guardianes de fuentes,
guardianes humanos velando
por su derecho a ser lo que son,
derecho a ser saludables.

Esto se aplica también a vuestro cuerpo,
al cuerpo de aquellos que deciden
volverse Cuerpo Medicina.
Si queréis ser fuente de la Fuente,
¡cuidad no sólo vuestra agua,
sino también todo lo demás!

La Fuente en vosotros
no existe sin vuestra tierra,
vuestro aire, vuestro fuego...
Sois cuerpo:
cuidadlo y vuestra fuente
será sana y salva.

358. Guardianes Internos del Agua

Existen Guardianes Externos que ayudan
a quien hace de su cuerpo
fuente de la Divina Fuente,
caudal de toda gracia.

Y luego está el Guardián Interno,
los Guardianes Internos.
Éstos se gestan en el agua,
tanto en el agua natural externa
como en vuestro interno
CUERPO DE AGUA.

El Cuerpo de Agua es fértil
y es capaz de generar en sí mismo
un cuerpo nuevo.

Esto os resulta un misterio,
pero ahí radica el «plan»
de salvación del ser humano:
en la capacidad de éste
de renovarse a sí mismo,
en su interna posibilidad
de gestar lo Nuevo.

Estáis muertos
porque vuestra agua está estancada,
corrompida, envenenada
o incluso estáis secos.

Sanad vuestro Cuerpo de Agua
y reviviréis
como el paisaje agostado y yermo que,

al recibir el agua pura y viva
se reanima y se transforma en vergel.

Entonces, en ese ambiente húmedo y rico,
en el centro de la pura agua corporal
mezclada con el resto de los elementos,
se producirá el milagro:
¡una vida nueva!

La gestación de un nuevo ser
tendrá lugar.
Ningún embrión se forma
alejado del agua,
sino inmerso en ella.

Junto al agua surge toda la vida.
El agua sola no hace nada,
pero el agua que en la tierra se mezcla,
al calor del sol...
¡Ésa, ésa es agua de la que brotan
toda clase de ricas cosas!

Y lo primero que ha de surgir,
gestado en vuestro Cuerpo de Agua,
es el *Guardián Interno*
que protege el manantial,
la Fuente de la Gracia.

Sin esto, la fuente en vosotros
será devastada o profanada
una y otra vez.

Por eso, lo primero que asoma la cabeza
en el vientre de Madre Agua
es el rostro *Guerrero del Fuego del Agua,*
aquel que es uno con el agua
y la protege.

359. Volverse fuente de la Fuente

¿Y cómo se hace uno fuente de la Fuente?
¿Qué hay que hacer para ello?

Aceptar unirse bien a ella,
abrirse a vivir la conexión interna
desde vuestro CUERPO
a la Divina Fuente
SIN TRABAS.

La Fuente ya tiene mucho «aire»,
pero no mucha materia humana sólida
dispuesta a ser fuente *palpable*.

Eso es el Camino para volverse Cuerpo Medicina,
unir el propio cuerpo a la Fuente.
¿Y cómo?

¡Se hace, no lo hacéis!
Sólo abríos al caudal dado por la Fuente,
traído a vosotros por los eslabones
del Fuego Intermedio
(nosotros)

Y asumid el proceso de limpieza
y reordenamiento
que esto puede producir,
pues por lo general
partís del desorden y lo impuro.

Quien acepta volverse Cuerpo Medicina,
y volverse, en consecuencia, fuente de la Fuente
ha de vivir el laborioso y progresivo proceso

de *conectar CADA UNA de sus fuentes internas
a la Fuente de Toda Vida.*

¿Y qué son estas fuentes internas?
Los lugares corporales en los cuales
se generan fluidos
y éstos manan o se mueven
hacia otras partes del cuerpo.
Eso son vuestras fuentecitas.
¿Imagináis lo que sucede
si dejáis que se unan a la Fuente?

Os lo diremos: vuestro cuerpo
se irá volviendo santo,
y un día vuestros fluidos
ya no serán profanos,
sino *pura medicina.*

Dejaréis así un rastro en el mundo
semejante al de las fuentes puras de agua:
más vida, más salud, más riqueza
para todo aquel que lo quiera
y que se abra al regalo.

Pero abrir las fuentes internas a la Fuente
no se hace en un día
ni de golpe, todas a la vez.

Requiere un trabajo, un tiempo
de purificación de cada una de ellas:
desobstrucción de cauces,
decantación de impurezas,
disolución de venenos,
extracción de basuras,
etcétera.

No hay un patrón universal en este proceso.
Para cada ser existe un orden
y un tiempo adecuados
para la limpieza y santificación

de las fuentes internas.
Cada uno va a su paso.
Cada uno sigue su propio trazo.

Pero insistimos:
de la conexión de cada fuente interna
con la Fuente de todas las fuentes
se produce la Santificación de vuestro Cuerpo.

Os convertís en Cuerpos Medicina,
en Materia Santa,
Materia ILUMINADA.

Ahí, el fin de la vida se realiza:
la materia vuelve a ser luz,
y la luz se encarna y se hace materia.
El Universo RESPIRA,
el intercambio se ha realizado,
la renovación se ha producido.

Entonces podéis iros en paz
y completamente,
porque todo habrá culminado.

360. Qué hace un Guardián del Agua

Un Guardián del Agua no hace nada,
no ritualiza,
no añade ni un sello, ni una marca, ni nada
a la naturaleza del agua.

Un Guardián del Agua
respeta el patrón original del agua,
la esencia pura de ésta
y de toda la Naturaleza,
porque las reconoce como SAGRADAS.

Por lo tanto, un Guardián
no impone su molde al agua,
ni sus patrones mentales,
¡ni los de nadie!

Un Guardián del Agua es humilde preservador
de la *Naturaleza Intacta,*
y por amor está atento a ella.
Y, con su presencia,
espanta a los que atentan
contra esa integridad.

Nada que hagáis o digáis añadirá ni un ápice
de santidad al agua
ni al mundo natural.

Nada que ideéis, por complejo que sea,
sanará ningún agua en su matriz y esencia,

salvo dejar que ésta sea
lo que ES según la Naturaleza.

El Guardián del Agua no rectifica
lo que la Madre Naturaleza ha hecho
y que durante milenios ha servido bien
a todos los seres.

El Guardián del Agua, en cambio,
trabaja para LIMPIAR de toda marca,
huella y basura humana
las que fueron prístinas fuentes
y todos los cauces del agua
que a los ríos y mares llegan.

¿Y qué es limpiar?
Recoger la porquería,
ni más ni menos.

¡Enfocaos en QUITAR,
no en añadir!
Es un ser humano ensoberbecido
quien diseña «añadidos»,
implantes y estructuras
para superponer sobre la Naturaleza.
Piensa que así la sana
pero sólo la está estropeando más.

La Naturaleza está enferma
porque está empachada
por todo lo que el ser humano le añadió
creyendo que así mejoraba el mundo.

El intoxicado necesita vomitar,
sacar fuera de sí, no tragar más.
El atascado precisa fluir,
no que le fijen nuevas estructuras.

La Naturaleza, por sí sola,
podría sanarse a su paso y a su manera
¡pero el hombre no la deja!

ÁNGELES DE LO UNO

Si queréis sanar algún punto del mundo
dejad a la Naturaleza actuar,
dejadla en paz.

Preservad ese espacio de nuevas intromisiones,
dadle tiempo para regenerarse,
¡no lo mareéis más!

Sois como niños locos poniendo cositas aquí y allá,
creyendo que eso todo lo arreglará,
cuando en realidad empujáis
ciegamente las corrientes de agua.

Pero lo que hoy presiona aquí
mañana explota por otro lado
y mata a tres mil.
Y mientras tanto,
el agua sigue igual o peor que estaba.

Los Guardianes del Agua preservan su paz,
preservan su espacio de intromisiones dañinas,
cuidan de que se mantenga un equilibrio en su uso,
la limpian si lo necesita, la atienden, la escuchan
y nunca le imponen nada.
Antes bien, la liberan.

Quede libre el agua de toda expresión ficticia,
quede libre el agua y toda su fuerza
para que, como pura Naturaleza,
encuentre el modo de regenerarse
y de rectificar la manipulación humana.

361. Medicina de Gabriel-19. Niños y expresión

Gabriel protege a los niños
pues los niños son expresiones de Dios.
Cada niño es un acento, una palabra,
una forma divina que se muestra y baila.

Dios os visita cada día
y en vuestro mundo viene a vivir
pero no lo veis. Luego decís:
«Dios nos tiene abandonados».

Andáis buscando a Dios en los adultos
pero, aunque no es imposible verlo en ellos,
es mucho más fácil verlo en los recién nacidos.

Gabriel preserva el parto
porque es importante
que lo que ha de venir
venga en buen estado.

Gabriel y su fuerza
ayudan a la Expresión Nueva
a surgir, emerger, ser.

El niño es un viajero
que trae un mensaje de Dios
en su propio cuerpo.

Él es el mensaje,
él es la palabra,
él es la expresión divina...

ÁNGELES DE LO UNO

¡O lo sería claramente,
si le dejarais serlo,
si le dejarais expresarlo!

Pues para que esto sea posible,
para que un niño nazca puro
y pueda manifestar visiblemente
el rostro de Dios al mundo,
hay que respetarlo.

¿Desde cuándo?
Desde el momento de su concepción
hasta... siempre.

Respetar es entender.
Si no entiendes,
pisas al otro o eres injusto con él.

Por eso, junto a Gabriel,
Uriel, el que conoce los secretos
de cómo el Fuego Vivo se encarna,
siempre permanece atento
y su visión ayuda al discernimiento.

362. Medicina de Gabriel-20. Sexo

Gabriel enseña a vivir
el verdadero sexo,
porque éste es expresión.

Nada malo hay en el sexo
cuando no es máscara sino verdad
que se expresa desde la Fuente
del Amor.

Pero este mundo vive una gran falsedad
y llama sexo a cosas que no lo son:
imposturas, mentiras,
fingimientos,
manipulaciones,
trampas mutuas
y ansia ciega.

¡Aborreced la mentira
y vuestra expresión brillará!
¡Aborreced las máscaras
y el sexo verdadero regresará!

Y con él la salvación de la especie humana,
pues ¿qué destino aguarda
a quienes conciben hijos desde la falsedad?

Nacen Hijos de la Mentira,
y no Hijos de la Verdad.
Así, ¿cómo puede haber en el mundo salud y bien?

Nacen hijos que heredan de sus padres
la ceguera, el torcimiento,
la incapacidad para ser lo que Son,
porque fueron concebidos así.

La Fuente Divina es siempre pura,
pero si el recipiente miente
o está sucio,
el agua se contamina o engaña a su vez.

Los hijos de QUIEN ES LO QUE ES
NO PUEDEN ser concebidos
ni encarnarse en el mundo
salvo en seres humanos desnudos
de toda impostura,
incluso la sexual.

Sed lo que sois.
No mintáis.
Pero si no sabéis lo que sois,
si os sentís ignorantes, ¡mejor!
Significará que os estáis desprendiendo
de los viejos disfraces.

Entonces invocad al amor puro
en vuestro interior,
y dejad que él guíe
vuestra expresión
en vuestra relación sexual
Y NADA MÁS.

Ésta es nuestra receta,
ésta es la Medicina de Gabriel
para hoy: dejad que os guíe el amor.

Es más: no tengáis otro guía
salvo el amor,
¡no separéis el sexo del amor!

Si lo hacéis, lo descomponéis,
porque deja de ser lo que es:
verdadera expresión.
Y sin amor, es IMPOSIBLE
que ésta suceda.

363. Las puertas del éxtasis

Hay diferentes tipos de éxtasis,
pero en esencia tienen una cosa en común:
en ellos la persona deja de estar controlando
todo cuanto sucede.
Sencillamente, se entrega.

Es más, sin descontrol no hay éxtasis posible,
ni físico, ni espiritual, ni de ningún tipo.
El éxtasis es, en esencia,
dejarse llevar por el fluir de la energía.

Cuando un hombre y una mujer
se dejan llevar en su acto de amor,
si verdaderamente es el Amor el que los une,
por unos instantes fugaces
dejan de estar controlando ellos lo que pasa.

Es decir, sus personalidades humanas,
cuya perspectiva es pequeña y limitada,
dejan de estar al mando de la situación.

Entonces se abre una puerta.
¿A qué?
Depende.

364. Las puertas del éxtasis y la Pareja Sagrada

Si una pareja se une desde el verdadero amor,
la puerta del éxtasis se abre al profundo *Misterio que es Amor.*

Si, además de esto,
la pareja se ha entregado conscientemente al Espíritu,
el Espíritu aprovechará que la puerta se abre
para entrar en su unión e impregnarla de algo más.
Pues entonces no interfieren ahí los pequeños yoes humanos,
sino que se han, deliberadamente, entregado a Dios.
Ésa será una unión bendecida por lo Alto.

Si, además de esto,
la pareja se ha entregado conscientemente al Bien Mayor,
y acepta que su perspectiva, limitada y pequeña,
no sea la que domine los posibles frutos de su unión,
la puerta que se abra durante el éxtasis
dejará pasar a algo que permita ser al Bien Mayor.

La pareja que así actúa es una Pareja Sagrada.
Y no es que las demás no lo sean,
sino que por lo general no se entregan para vivir como tales.

Un templo es un lugar donde puede entrar Dios libremente.
Una Pareja Sagrada es aquella en la cual
Dios puede morar en su corazón
y no es expulsado
en NINGUNO
de sus actos.

La unión amorosa es sagrada,
hombre y mujer son sagrados,
¡pero tantos viven esto de manera profana,
sucia, frívola, intrascendente...!

Una triple entrega caracteriza a la Pareja Sagrada:
al Amor, al Espíritu, al Bien Mayor.
En resumen: a Dios en todas las cosas.

Hablamos de tres formas, tres aspectos,
tres latidos de un único,
profundo e insondable MISTERIO.
Esto merece un silencio.

Por eso, después de su acto de amor entregado,
la pareja debería guardar silencio,
para dejar que el Misterio sea,
y que su luz se aposente ahí, en ellos.

ÁNGELES DE LO UNO

365. Los frutos de la unión sagrada

Existen diferentes frutos que una Pareja Sagrada puede dar.
No importa tanto de qué clase son estos frutos,
ni con qué forma o apariencia vienen,
sino la esencia que los forma y los impregna.

Y ésta vendrá dada por la energía inherente
a cada acto de amor de la pareja
y a CADA MOMENTO DE SU RELACIÓN.

Si hablamos de la gestación de un niño de carne,
os diremos que la energía inherente
al bebé que se forma
no viene dada única y exclusivamente
por lo que acontece en el momento de su concepción,
sino por TODO lo que acontece un tiempo antes de ella
y un tiempo después. Sobre todo después.

Por eso, hombres y mujeres que queréis ser buenos padres:
cuidad *toda* vuestra vida y purificaos de lo innecesario,
lo dañino y lo que interfiere en la medida de lo posible.
Ésta es la mejor preparación para una futura maternidad.

Luego, cuidad de vivir con serenidad cada cosa que surja,
para procesar su dificultad lo mejor posible,
y permaneced en el amor.

Si hacéis esto, la mayor parte del trabajo que implica una gestación
estará bien hecho y, sea como sea el niño que venga,
su semilla o esencia interna estará llena de bien.

No estáis obligados a ser perfectos
ni a lograr la perfección para ser padres,
pero sí es bueno hacer las cosas lo mejor que podáis,
lo mejor que sepáis.

Ésa será la mejor ofrenda de amor
hacia vuestro futuro hijo.

366. Control y descontrol

Muchas parejas intentan
controlar todo al milímetro para ser padres,
pensando que así todo saldrá mejor.

En realidad, el control, que no es malo,
sólo es una parte de todo el proceso,
tal como lo son las rutinas de limpieza y orden de un hogar.

El control es necesario,
pero luego hay que vivir la alegría, la risa,
el desenfado y la despreocupación por el orden
en ciertos momentos.
Hay un tiempo para controlar y otro para «descontrolar».
Eso es vida.

Del mismo modo, sin éxtasis no hay Hijos del Misterio,
sino Hijos del Yo-Controlo.
Cuanto menos éxtasis viváis en vuestra vida,
más constreñida estará la energía de vuestros hijos.
Cuanto más os entreguéis en el éxtasis,
más puertas se abrirán al Espíritu
y más fuertemente impregnado por su energía
vendrá vuestro hijo o hija.

367. Dejar venir a Hijos del Misterio

En realidad todos sois Hijos del Misterio,
pero hay diferentes grados en que esto puede manifestarse
en una criatura que nace.

Muchos niños han de superar trabas enormes,
romper auténticas camisas de fuerza
que sus padres les pusieron para controlarlos,
si quieren conectarse con el Poder y el Amor de lo Alto.
Es porque fueron gestados desde el inicio
en seres CERRADOS al Misterio,
al descontrol, al éxtasis.

Para gestar Hijos del Misterio, es decir,
hijos que manifiesten en un grado importante al Misterio,
se requiere, pues, no sólo de Amor y éxtasis,
sino de entrega al Espíritu y apertura al Bien Mayor.

Hay que estar desprendidos de mucho.
Tampoco cabe esperar un hijo fácil en muchos aspectos,
pues el Misterio... ¿quién lo puede predecir?
Hay que tener valor para afrontar lo desconocido,
pues el Misterio así es.

Todos los hijos traen consigo semillas de Misterio,
pero cuando la impregnación es muy fuerte,
el Misterio puede venir de manera mayor.

Esto no significa siempre que venga un hijo «mejor»
en términos de éxito social, familiar o personal.
El Misterio y las convenciones sociales no tienen nada que ver.
El Misterio les da respuestas,
pero no nace de ellas ni las usa como lo Nuevo.

Aunque cada niño que nace es algo nuevo,
lo nuevo que pueda ser y llegar a manifestarse,
ésa es la cuestión.

368. Ser padres de un Hijo del Misterio

Un hijo «muy» del Misterio
es un hijo internamente más libre que el promedio,
pero os advertimos que esto no suele ser
precisamente fácil para los padres,
salvo que se entreguen CONSTANTEMENTE
al Amor, al Espíritu y al Bien Mayor,
los tres rostros del Misterio de los que os hemos hablado
(aunque hay infinitos más).

Si los padres se entregan en estos tres sentidos,
no sólo en la preconcepción, en la concepción y en la gestación,
sino también durante el resto de su vida,
podrán vivir una gran experiencia de paternidad/maternidad,
enriquecedora y llena de éxtasis compartidos
surgidos de la felicidad de tres (o más).

Si no lo hacen,
o si se desvían hacia otras direcciones del ser menos entregadas
y más contabilizadoras y controladoras,
sufrirán porque no sabrán vivir fácilmente la educación,
ni la convivencia con un Hijo del Misterio.

Al final, hasta puede que no sepan reconocerlo
como al hijo del amor que es.
Podrían preguntarse si no es, incluso,
alguien maligno,
pues ya no recuerdan al Espíritu, al Misterio.

Sólo recuerdan la contabilidad
que realiza la pequeña personalidad humana,
atenta a ganancias y pérdidas,
sumergida en luchas de poder,
fija en cuestiones morales superficiales
y llena de expectativas rígidas.

369. El éxtasis familiar

Existe un éxtasis familiar,
pero es muy poco conocido.

Cuando se habla de éxtasis,
pensáis generalmente
en un éxtasis físico sexual,
o en algo que viven los místicos,
o los religiosos célibes solitarios,
o en una mezcla de ambos.

Pero hay mucho más que esto.
El éxtasis familiar no es un éxtasis sexual,
ni tampoco un éxtasis de «místico solitario».

Es un momento de descontrol o distensión
vivido desde *el amor verdadero,
la alegría y el bienestar común*
que impregnan a una familia.
En ese éxtasis colectivo sobran las palabras
y también una puerta se abre.

Esta realidad ha de volver
para que su luz ilumine al mundo,
pues la puerta que se abre ahí es mucho mayor
que la puerta que se abre en otros éxtasis.
Lo que viene a través de esa puerta
es MÁS COMPLEJO, más rico.

La familia que viva este éxtasis
irradiará bendiciones a su alrededor
hacia la sociedad que la acoja,
lo sepa o no,
sea esto reconocido o no.

370. Diferentes éxtasis, diferentes puertas

La puerta del éxtasis funciona como lugar de entrada
al mundo de la carne, por ejemplo a través de la pareja.

Pero hay muchas clases de éxtasis,
y no todos se viven en el Amor,
la Entrega al Espíritu y la apertura al Bien Mayor.

Algunos son meros éxtasis físicos
cuyo descontrol no sirve a nada más
que la búsqueda de placer momentáneo,
o cosas como adquirir un poder sobre el otro.

Hay parejas que se unen, no porque se amen,
sino porque se quieren dominar.
Otras lo hacen por intereses variados,
como por ejemplo económicos,
de adquisición de poder social e influencias.

Otras lo hacen para distraerse o pasar el rato,
y otras se unen en la más pura inconsciencia,
porque están drogadas por cualquier sustancia.
Sencillamente se dejan llevar
por lo que sea que esté ahí,
incitándoles a cualquier reacción.

Éstos son éxtasis que TAMBIÉN abren puertas.
Es importante saber esto.
Pero por esas puertas no entrará precisamente
el rostro de Amor del Misterio, sino otras cosas...

que se corresponden
con las energías dominantes en la unión.

Escuchad: la energía/conciencia que domina un acto
en el momento en que se abre la puerta
es exactamente como la contraseña o código de entrada
para lo que viene y entra.

La energía que emanéis vosotros, la pareja,
es como una membrana celular que filtra lo externo.
Si esta membrana está saludable
y sabe lo que le interesa,
no dejará pasar elementos indeseables.

Si la membrana está rota o enloquecida,
con el sistema de reconocimiento drogado o enajenado,
entrará CUALQUIER COSA que os podáis imaginar
y que esté ahí fuera, esperando.

Pues existen los oportunistas de la energía
que moviliza una pareja cuando se une,
¡no os quepa la menor duda!

Si la membrana celular ha emanado
principalmente desde el Amor,
Entrega al Espíritu y deseo del Bien Mayor,
automáticamente se cerrará
a lo que vaya en contra de esto
y dejará pasar lo que lo permita.

¿Entendéis?
Funciona como en la bioquímica,
pero aplicado al mundo de las energías,
y al mundo espiritual.

Existen muchos ingredientes
en la membrana de energía que rodea,
como un capullo, a una pareja que se une.
Todos ellos actuarán como filtros
y dejarán pasar lo afín,
rechazando lo que no encaje con su composición.

371. El deseo físico

Una pareja unida en el Amor,
la Entrega y el anhelo por el Bien Mayor
no debe rechazar al deseo físico,
pues esto no sólo es natural,
sino recomendable.

De otro modo, ¿cómo unirse físicamente
sin sentir deseo mutuo?
¡Eso sería mentir con el cuerpo!
Concebiríais frutos de la mentira,
hijos que niegan la materia o carne,
y no podrán estar bien encarnados.

Cuando el deseo es un ingrediente más,
la membrana de esta pareja que se une
se abre no sólo al Misterio
en su rostro de amor «espiritual»,
sino también en su rostro de «deseo amoroso»,
en su rostro de PASIÓN.

Existe una apertura a una clase de Fuego Vivo
que viene por correspondencia natural
a alimentar el ardor de la pareja en sus uniones de amor.
Y esto es bueno.
El amor verdadero y el deseo natural,
si van juntos y se entregan al Bien Mayor,
dan lugar a frutos exquisitos.

El deseo físico, en sí mismo, no es ni bueno ni malo.
Todo depende de cómo se viva,
de qué vaya acompañado
y con qué intención se movilice.

Pero si habéis entendido todo lo anterior,
comprenderéis también que sin AMOR
la vivencia extática del deseo físico
puede atraer hacia vosotros cosas
que no vendrán con el latido del amor,
sino marcadas por el ansia egoísta sin más,
o por otra clase de intereses.
¿Es esto lo que queréis?

Nuestro consejo es, entonces:
¡NINGUNA unión sin amor!

Es más, NO ES POSIBLE
alcanzar una unión profunda y verdadera
sin Amor.

372. Inquilinos indeseables y guardianes de puertas

Hay «inquilinos» que entran por la puerta del éxtasis físico
y se instalan en las personas,
a su alrededor o alrededor de la pareja.

Y es que en ese momento se está,
verdaderamente, *muy abierto*.
Recordad que éxtasis es «descontrol»;
en esos instantes no hay una conciencia vigilante.

Precisamente por eso, muchas «cosas» se agolpan
alrededor de los amantes carnales,
esperando la oportunidad de entrar o, al menos,
adherirse a ellos y su mundo durante un rato.
Tienen su interés en vivir esto
porque de ello extraen energía
y logran ciertos fines.

El Amor y la Entrega al Espíritu y al Bien Mayor
son infalibles GUARDIANES de vuestra puerta,
porque dejarán pasar sólo lo que venga en este signo.
Y quien viene en el Amor no actuará como *okupa*
ni por detrás de vuestra espalda,
ni se llevará vuestra energía, dejándoos exhaustos.

Las parejas o matrimonios
que se hacen sagrados a sí mismos
y que velan en todo momento
por la limpieza e integridad de su campo
y de sus «puertas»,
ésos pueden entregarse sin miedo al éxtasis.

En el momento en que se «dejen llevar»,
no les habitará ningún temor.
Sentirán el bienestar, la paz
y la alegría fruto del amor
gobernándolo todo.

Y no entrarán los «oportunistas», sino al contrario.
Acudirán a ellos los Servidores del Amor,
a preservar su espacio
y a alimentar el fruto de su unión,
pues será un *Hijo del Amor.*

Pero estas personas no «hacen el amor» para sí mismas,
sino para el Bien Mayor.
No se unen cada uno para sí,
sino para el otro y para los otros.
Y no buscan hijos o frutos para ellos,
sino para el Todo.

Ya no son «de sí», son de lo Uno;
por eso lo Uno los guarda.

373. Expulsión de inquilinos y consagración corporal

Es difícil echar a un inquilino
que entró por la puerta de un éxtasis
no guardado por el Amor,
pero no es imposible.

Basta con aceptar cambiar
la manera en que uno vive estas cosas
y entregar, en un acto de fe
y desprendimiento totales,
el propio CUERPO al Amor,
al Misterio cuyo rostro es el verdadero Amor.

Ésta es la auténtica, perfecta y sagrada CONSAGRACIÓN
que es propia de los Hijos de Dios.
No precisa de ningún intermediario,
ni de ningún rito extraño,
sino al contrario: ha de ser hecha en la intimidad,
secreto y silencio.

En esta consagración sólo se necesita
el deseo interno de entregar el propio ser al Amor,
incluso la faceta física o corporal,
para que el Amor pase a habitar el cuerpo progresivamente.

Y cuando el Amor entra,
¡no dudéis de que lo que no soporta al Amor,
o no se aviene con él, se irá!

Puede tardar más o menos,
pero al final la convivencia se le hará insufrible,
o el mismo Amor, crecido en su fuerza y tamaño,

lo echará de la casa,
pues ahora es el DUEÑO absoluto de ella.

Elegid qué queréis por dueño y señor
de vuestro cuerpo, y así será vuestro destino.
¿Sentís la certeza interna de que sois Amor en esencia?
Entonces, ¡sedlo y dadle al Amor vuestras células!

Abríos a la penetración del Amor en vuestro cuerpo
hasta el último músculo, hasta el último hueso.
Así seréis *Amor Encarnado*.
Y esto... ¡es tan necesario en vuestro mundo!

¿Y si no sentís que sois Amor,
o no os parece adecuado esto que os decimos?
Entonces no hagáis algo que, para vosotros,
no sea verdad,
pues os estaríais DESTRUYENDO
al incurrir en una negación y lucha internas.

No os agobiéis ni presionéis diciéndoos:
«Debería sentir que soy Amor,
y debería desear entregarme al Amor,
porque esto es lo bueno, lo correcto».

No hagáis eso, porque es mentir
y la mentira aborrece la salud.
Es mejor reconocer la propia duda y confusión,
incluso la propia rebelión interna,
y ESPERAR a obtener mayor claridad.

Invocad a la claridad y tarde o temprano llegará.
Entonces, cuando la luz clara de la conciencia
se haga en vuestro interior,
SABRÉIS sin duda lo que sois
y podréis serlo con énfasis,
entregándoos con VERDAD a ello.

Entonces no seréis más Hijos de la Mentira,
sino auténticos Hijos de Dios, es decir,
Hijos de la Verdad.

374. Millones de puertas sin guardar

Se abren millones de Puertas del Éxtasis cada día,
pero muy pocas están guardadas
y, de éstas, aún menos lo están
por el rostro de Amor del Misterio.

Por eso, en vuestro mundo están entrando
más y más «cosas» que no vienen bajo el signo del Amor,
sino con otros impulsos e intereses.

Observad qué mueve o produce los éxtasis
de la mayoría de las personas,
y sabréis qué influencias pasarán a dominar
sus energías en el futuro inmediato,
y a veces hasta en el futuro lejano.

He ahí la clase de energías dominantes
que actuarán en vuestra sociedad,
adosadas a los seres humanos
o gobernando parcelas dentro de vuestros cuerpos,
y ejerciendo su influencia.

Esto os dará una idea del tipo de experiencias sociales
que se pueden vivir a corto plazo,
la clase de mareas de acontecimientos,
pensamientos y emociones predominantes,
y la clase de influencias que dominarán
el escenario colectivo.

¿Hacia dónde va la mayoría?
¿Qué clase de enseñanzas se dan
acerca de las uniones sexuales,
y acerca del éxtasis en general?

¡Incluso en algunas escuelas
pretendidamente espirituales
se predica y enseña que unirse sexualmente con otro,
con la única meta de obtener placer
o mover energías que aumenten
el PODER personal, es deseable!

En cambio, si alguien sugiere
que lo ideal es que no se vivan relaciones sin Amor,
se le trata de cerrado, fanático o anticuado.
¡Estáis muy engañados en este tema!

Es cierto que existe una moral antigua
que está fija en FORMAS
que ya no se corresponden con la necesidad actual,
y ha olvidado la esencia.
Pero el Amor... ¡El Amor es otra cosa!

El Amor no pasa de moda.
Hablar de tener al Amor como guía en los actos de unión
no es hablar de ética, ni de moral, sino de algo diferente.

¡No se entiende que, sin Amor, la unión no se produce,
el campo de la pareja no se cierra de manera segura,
ni se abre tampoco a lo que aporta más vida,
pues es Amor y viene en el Amor!

Hablar del emparejamiento de dos que se aman
y que anhelan llegar a unirse en verdad
tampoco es hablar de normas religiosas,
culturales o sociales,
sino hablar de la esencia natural del ser humano.
Y esto es bueno.
Y esto es ETERNO.

Observad qué mueve en mayor medida los éxtasis
y qué enseñanzas (o no enseñanzas) se dan al respecto,
y tendréis una idea de hacia dónde se dirige
la mayor parte de la humanidad que conocéis.

Urboreas

¿Os estamos deprimiendo?
No lo decimos para eso,
sino para que no seáis ingenuos
pensando que, a corto plazo,
la humanidad entrará, colectivamente,
en el Amor verdadero y se entregará a él.

¡Nada más lejos de lo real, de hecho!
Tal cual se mueven las energías
«casi» es IMPOSIBLE,
y que digamos esto nosotros significa mucho.
No solemos usar esa palabra.

Las Puertas del Éxtasis son una gran clave,
pero muy pocos las conocen
y casi nadie las mantiene guardadas.

375. Responsabilidad de los guías religiosos

Muchos se consagran a Dios en solitario,
pero poquísimos se consagran TAMBIÉN como dos,
después de haberse consagrado cada uno en solitario,
pero luego formando además pareja o matrimonio.

Algunas escuelas religiosas
han abandonado el destino humano a su suerte
al dejar de lado la suma importancia
de enseñar a unirse amorosamente
siendo y formando, las dos personas,
un templo para la divinidad.

Han desdeñado lo SAGRADO de la reproducción,
dejando «esas cosas» para la masa «vulgar»,
a la que consideran «menos evolucionada»,
o con menos inquietudes (y aptitudes) espirituales.
¡Qué ceguera, qué error!

Así el mundo va a la deriva
porque algo tan importante, la apertura a Dios
para la encarnación de frutos NUEVOS
y la transmisión carnal hacia las futuras generaciones,
queda en manos de la ignorancia.

¿Qué amor se puede profesar a la humanidad
si no se aprecia la importancia
de traer adecuadamente a los que vienen?

Urboreas

¿Cómo rezar pidiendo que venga el Bien
si le cerráis las puertas,
o las tenéis abandonadas?

Echáis basura y oscuridad hacia las parejas
que se reproducen
¡y luego rezáis para que nazca «alguien» especial!
Os mantenéis separados de la realidad sexual
y luego esperáis que a través de ella
se forme un buen futuro para el mundo.

¿Y qué amor se tiene a la humanidad
si se desdeña cuidar algo tan natural en ésta
como unirse y reproducirse?

¡Oh, guías ciegos que conducís a otros ciegos!
¿Hasta cuándo callaréis lo que nunca debió ser secreto?
¿Hasta cuándo desdeñaréis los caminos matrimoniales
o diréis que en ellos uno no puede «realizarse»?
¿Hasta cuándo enseñaréis que uno es mejor que dos,
y que dos es mejor que volverse TRES?

Queda así la Tercera Fuerza
desterrada,
queda el mundo huérfano
del Hijo.

Quedan tantos seres humanos condenados
a sentirse andando
por un camino insípido y vulgar
porque a lo mejor no sienten vocación de monje.

Y, sin embargo,
¡sí aman a Dios y sí desean entregársele
para hacer que su vida sea un don,
un instrumento!

Pero les han inculcado
que, casándose,
siempre serán gente
con las alas medio cortadas

y no podrán hacer gran cosa...
que serán como mulas atadas a una noria,
sólo para trabajar y nada más.

Dicen que perpetuar la especie
no deja espacio para el éxtasis,
ni para las revelaciones,
ni para la vida entregada a Dios.

¡Mundo mentiroso!
¡Todo está tan retorcido...!
¡Que vuelva, que vuelva el Éxtasis Familiar!

376. Proximidad del Reino de Dios

Aunque hemos dicho que una gran mayoría
vive éxtasis ciegamente
y atrae hacia sí lo que no viene desde el Amor,
eso no es toda la realidad.

Es posible vivir una entrada al Reino del Amor,
de la Verdad o de Dios
para aquellos que se purifiquen de los hábitos erróneos.

Son los hábitos fruto de tanta ceguera
respecto a cómo vivir la energía sexual
y las uniones de pareja,
y respecto a cómo estas energías afectan
de manera intensa,
no sólo al cuerpo sino también al ESPÍRITU.

Nuestra receta es: *purificación*.
La purificación os traerá conciencia
y ésta os permitirá establecer
auténticas relaciones basadas en el Amor,
¡si es que queréis eso, y no otra cosa!

Entonces, vosotros podréis vivir esto,
y encontraréis a otros que vivan lo mismo.

Así, es perfectamente POSIBLE
que pequeños núcleos o redes de seres humanos
vivan PRÓXIMAMENTE el Reino de Dios en ellos,
esto es, el Reino del Amor verdadero
encarnado en sus vidas desde la mismísima raíz.

Es decir, desde el mismísimo CUERPO
hacia el resto del ser humano, y viceversa.

No puede haber Reino de Dios
en quien le reserva una parte de su existencia,
pero le niega otra, como la corporal o la sexual.

Y ésas las vive como si fueran huérfanas
o hasta las desprecia, las ensucia.
Ésos están escupiendo al Rey Amor
y hurtándole lo que debería ser suyo.

Insistimos: si queréis a Dios en vosotros,
¡ha de estarlo TAMBIÉN en vuestro sexo!
No es posible otra cosa, si deseáis vivir,
en verdad, el reino de Dios en vosotros,
el *Reino del Amor Absoluto.*

Y por supuesto,
entonces daríais a luz Hijos del Amor,
auténticos Hijos de Dios.

¡No podría ser de otra manera...!

377. ¿Más nombres de ángeles? Éxodo

¿Queréis más nombres?
¿Esperáis que mencionemos otros?

No diremos más, no es necesario.
Con los que hemos dicho es suficiente.

¿Para qué dar más nombres al viajero?,
¿para que acumule peso?

Hay quien se llena de cargas
y termina por detenerse en medio del desierto.
No puede avanzar más:
el peso se le hace tan arduo que se cansa.

A veces, ilusamente, creyendo haber «llegado»,
el viajero se instala en medio de la nada
y crea allí una especie de imperio personal
que tarde o temprano termina por fallecer.
Es un falso cielo.

Cada nombre sin comprender es un peso,
cada nombre mal utilizado es un daño,
cada nombre sin ser entendido es una distorsión más.

No añadiremos enigmas
salvo los imprescindibles que sean alimento
para este viaje,
pues estáis en un Éxodo.

ÁNGELES DE LO UNO

Un nombre es enigma y al mismo tiempo es comida.
Un nombre significa algo
y al mismo tiempo indica, señala,
expresa.

Por eso, oír los justos nombres
(para la propia necesidad)
es saludable,
pero ni uno más.

Nosotros medimos;
vosotros aún desconocéis la medida justa,
tendéis a sobrecargaros.

La medida justa no depende tan sólo de «quiénes» escuchan
sino de en qué momento se encuentran,
cuáles son sus necesidades concretas.

Pero ya lo dijimos al principio:
éste no es un libro para aprender «nombres».
Éste no es un sitio para buscadores de «poder» de ese tipo,
sino para viajeros entregados al Camino del Ser.

Si algunos nombres hemos mencionado
es para clarificar que era necesario.

378. Terminar el Éxodo

Cuando el viajero llega por fin a casa,
allí todo se le desvela con claridad.
Terminar el Éxodo significa encontrar
con totalidad.

Ahí ya no es necesario que nadie le «diga» nombres
al que era viajero.
Surgen de sí mismo con naturalidad,
pues los conoce.

El viajero que llega a casa
es como el que llega a la Fuente
y se hace uno con ella.

Desde ese momento ya no tiene más sed:
la misma agua de la Fuente brota de él.
Y una faceta de esta agua
es conocimiento.

ÁNGELES DE LO UNO

379. Andar y ser pobre

Andar el Éxodo es desprenderse, no acumular.
Cuanto más caminas, más te das cuenta
de que todo lo superfluo te pesa,
y al mismo tiempo distingues
qué es útil y qué no te sirve.

Andar hacia casa es, en cierto modo, empobrecerse
y dejar atrás muchos bienes materiales.
De otro modo, ¿cómo cruzar el desierto?

Si creas una caravana de ti mismo,
necesitarás atar a tu ser a muchos
para asegurarte de que lleven el peso que crees necesario
o que compartan contigo el arrastre de maletas.
¿Es así como quieres viajar?

Resulta que no llega a casa nadie
salvo aquel que elige libertad.
Y si eliges ser libre,
¿cómo pretendes caminar atando a otros?
Aquel al que atas ¡te ata a ti!

El empobrecimiento y la austeridad del peregrino
son RESUMEN y CLARIFICACIÓN
de sí mismo,
pues la pobreza valiosa es la ESENCIAL.

Este mismo proceso de resumir y clarificar
sana al viajero mientras transita,
y es lo que le hace capaz de llegar a casa,
pues se abren sus ojos internos
y por fin ve LO QUE ES.

Urboreas

Quien arrastra pertenencias sin fin
y va encadenando a otros seres
es como quien se pega papeles a los ojos
y se condena a ver el mundo a través de la espesura.

Creerá tal vez que llega,
pero nunca llega de verdad.
O no llega a casa,
sino a algún otro lugar.

Pues llegar a casa es libertad.

380. Éxodo: lo próximo y el destino final

Quien elige la pobreza esencial
elige, en el fondo,
el enriquecimiento total.

Pero éste sólo llegará al final del Éxodo,
cuando llegue a la Tierra perfecta.
Allí sabrá que su peregrinar ha terminado
y podrá, materialmente, prosperar.

Será como el árbol que por fin encuentra su lugar
y, libre de trabas y carencias,
enraíza con tal fuerza
que pasa a ser parte de ese lugar
y a diluirse en su paisaje.
Nada le falta.

Esto existe.
No hablamos de un ideal.
Es posible vivirlo en diferentes grados
en vuestra vida material.

Hay grados para tiempos concretos
y, luego, hay un *Grado Altísimo*.
Éste es el Final,
pero está aún muy lejos de vosotros.

No podemos mencionarlo más,
pues hacerlo os estiraría demasiado
hacia un punto muy alejado de donde estáis.

Más bien necesitáis concentraros
para poder avanzar.

El viajero sabio sigue las flechas
y atiende a las pistas.
En ocasiones asciende a una montaña y mira a lo lejos
en la dirección de su destino final
y eso le guía como Gran Visión,
pero casi siempre su vista permanece cerca de sí,
atenta a lo que le rodea, a lo inmediato.

De otro modo ¡no sabría avanzar!,
pues el camino da vueltas,
pasa por detalles concretos.
Quien camina mirando siempre al cielo o a lo lejos
tropieza, se pierde, o se tira de cabeza al río
¡porque no lo ha visto!

381. Riqueza fuera de lugar, pobreza esencial

Riqueza fuera de lugar es la que os ata
u os despista,
pues llega antes de tiempo
o en un lugar inadecuado.
Esa riqueza hace que os detengáis
o confundáis una estación de paso con la meta.

Muchos rezan pidiendo gran prosperidad material
cuando también están intentando andar su Éxodo.
¡No saben lo que dicen!,
piden cosas contrarias.
Así avanzan y no avanzan.

Si te llega mucha riqueza material
cuando estás en pleno desierto, en pleno camino,
¿qué harás?

Estancarte, detenerte o perder el tiempo
en ocuparte manejando todo lo que tienes
buscándole el mejor destino y uso.
Ese regalo es algo envenenado
y no beneficia a quien peregrina
hacia su Tierra Prometida.

Pero al mismo tiempo ese regalo es una ayuda
para quien descubre que, en realidad,
estaba peregrinando por inercia,
por imitar a otros,
por hacer lo que se supone que es correcto
y no lo hacía con el corazón.

Urboreas

Entonces descubre que lo que desea
no es peregrinar ni buscar ninguna Tierra Perfecta,
sino instalarse ya y vivir la prosperidad.

Ésos son al fin sinceros
y empieza ahí su propio camino
hacia la verdad.
Ésos, deteniéndose en el desierto, se salvan
porque por lo menos ahora
son honestos, no imitadores.

Así, el desierto se jalona de viviendas,
y encontraréis oasis en vuestro camino
que os instarán a quedaros en ellos.

También viviréis las promesas y los regalos
que os harán desear permanecer en ciertos lugares.
Esto no es ni bueno ni malo,
que cada quien discierna:
¿qué queréis?

¿Cuál es vuestro verdadero anhelo?
El destino final elegido
imprime un tono y un carácter a cada camino.

Hay muchas maneras de llegar,
pero se exige siempre algo:
que sea un camino VERDADERO,
que sea elegido con conciencia.

El anhelo profundo que sintáis,
ése os dominará
y terminará por manifestarse.

Estad, entonces, en el lugar adecuado,
en el camino que corresponda a ese anhelo.
Y, si no lo estáis,
despojaos de lo que os trabe o despiste,
porque aunque aparente ser riqueza
será algo que os está matando
al frenaros en vuestro camino.

La riqueza que os beneficia, pues,
es aquella que se adapta
a lo que necesitáis en vuestro camino:
ni menos, ni más.

Si tenéis menos, os faltarán «víveres»
y padeceréis necesidad.
¡No elijáis una pobreza que no sea esencial!
¡No abracéis una pobreza como postura,
como finalidad en sí misma!
Hay quien se confunde y él mismo proyecta su pobreza
y termina matándose de hambre.

La pobreza esencial se reconoce en que es algo que fluye,
adecuándose al momento presente.
Cuando necesitáis más, aparece más;
cuando necesitáis menos, lo que sobra se va.

382. Éxodo y transformación

Elegir la meta os alinea con ella
y os conduce hacia ese lugar.

Pero ¡cuidado!,
elegid con verdad,
discernid vuestro auténtico anhelo,
porque de otro modo estaréis diviéndoos.

Así nunca llegaréis enteros a parte alguna:
parte de vuestro ser caminará hacia la verdadera Casa,
y parte de él hacia otros lugares
que creerá que son el hogar.

Os convertiríais en redes ramificadas
con hilos tirando en direcciones opuestas o diversas,
pretendiendo anclarse en diferentes lugares,
y sin estar nunca cómodos en ninguno.

Andar hacia Casa es RECOGERSE,
alinearse, clarificarse y concentrarse.
Andar hacia Casa es volverse SIMPLE.

Tener visión reticular o ser como red
puede significar otra cosa, algo adecuado:
ampliar la perspectiva,
vivir la diversidad en el propio ser.

La Red Esencial se reconoce,
como la Pobreza Esencial,
en que fluye según la necesidad,
pues no es algo que quiere fijarse.
Se hace y se deshace,

se repliega y se despliega.
Es algo vivo.

Y quien transita sabe
que debe soltarla cada vez
que levanta el campamento
para volverse pequeño y simple
como un punto diminuto
que avanza por su camino.

Pero el punto tiene Fuego Vivo dentro,
y es éste el que lo guía.

Llegar a la Tierra Prometida significa llegar entero,
haberse integrado y reunido con totalidad.
Y esto implica haberse purificado.
Eso es el Éxodo.

383. Riqueza Esencial, Pobreza Esencial

Riqueza Esencial y Pobreza Esencial,
al fin ambas cosas son lo mismo:
la fluidez con la que se vive
la satisfacción de necesidades vitales.

Existe una Riqueza santa y una riqueza profana,
lo mismo que una Pobreza santa y una pobreza condenada.
Para todo hay maneras diferentes de vivirlo.
La clave no está en «cuánto» tenéis,
sino en la relación entre lo que hay disponible
y vuestra verdadera necesidad.

Hay que reflexionar sobre esto, porque,
normalmente, no sabéis cuánto tenéis...
ni cuáles son vuestras verdaderas necesidades.

Así, hay ricos que mueren de necesidad
y hay pobres que no mueren, sino que viven.
Hay quien «teniendo» poco tiene mucho,
hay quien «teniendo» mucho tiene mucho,
hay quien «teniendo» poco no tiene nada...

Vivir la Riqueza Esencial o la Pobreza Esencial es lo mismo.
Ahora bien, para lograr esto es preciso desprogramarse
y dejar atrás muchas ideas preconcebidas
sobre «riqueza material»
o «inadecuada pobreza».

Y esto os da miedo.
¡Nadie quiere escuchar la palabra «pobreza»!

Pero no estamos hablando de renuncia, sino de encuentro.
El encuentro con la Esencia liquida las tonterías,
fulmina las mentiras
y os empuja a dejar atrás todo lo que molesta
para vivir de manera esencial.
(es decir, siendo uno con la Esencia).

Y de entre todo eso que molesta,
resulta que descubriréis
que mucho es lo que antes llamabais
riqueza.

Entonces desearéis ser pobres
y lo lograréis.

384. Unidad del Fuego

Finalmente, como al Principio, el Fuego es Uno.
Finalmente, como al Principio, no hay Miguel
separado de Uriel,
ni Rafael de Gabriel,
ni... ni...

Finalmente, cada vez que percibís
la presencia de uno de nosotros,
pequeños rostros del Fuego,
en realidad estáis en contacto con TODOS los demás.

No hay «ángeles» sino *el ángel,*
eslabón intermedio entre un grado
de Fuego y otro grado de Fuego,
entre vosotros y lo que está Más Allá de vosotros.

Pero mientras permanezcáis apagados
no podréis entender esto
porque no lo viviréis.
Arded y entenderéis.

ÁNGELES DE LO UNO

385. El retorno del Fuego Vivo

Y para que podáis arder hemos de devolveros
lo que siempre fue vuestro,
es decir,
lo que era propio de vuestra esencia humana contener:
Fuego del Fuego Vivo,
Fuego del Fuego Eterno.

Esto os traemos: ¡Fuego!
Abríos a recibirlo y lo tendréis,
pero ¡cuidado!,
cada Fuego que recibáis es un compromiso
con el cambio,
pues arder es esto.

No perdisteis el Fuego,
lo alejasteis de vosotros.
No os fue arrebatado,
lo olvidasteis.

Lo custodiamos y hoy os lo entregamos de nuevo
a todos aquellos que decidáis en vuestro corazón
abriros otra vez a esto:
al arder sin medida,
a lo largo, a lo ancho y a lo profundo.

Esto es ser humanos.
Así fue al principio,
así ha de volver a ser al fin.

Del Fuego al Fuego,
el círculo se completa.

Del Fuego al Fuego,
nosotros os saludamos.

Quienes aquí hablamos somos tan sólo facetas diferentes
de un único resplandor, cambiante y a la vez eterno.

Urboreas

Como tornasolado diamante ígneo
emite mil rayos diferentes,
un arco iris de fuego/luz.

No es la luz común: ésta arde y quema.
No es exactamente el fuego que conocéis:
ilumina pero también da color y vida.

Hablamos desde el Fuego que late en la chispa de cada cosa,
de cada sustancia, de cada ser.

Hablamos desde el Fuego del Agua,
el Fuego del Aire,
el Fuego de la Tierra,
el Fuego del fuego,
y más que no conocéis
por la limitación de vuestra visión y lenguaje.

Lo que olvidasteis os es de nuevo entregado.
Lo que fuisteis os es posible recuperarlo.
Lo que tuvisteis podéis de nuevo abarcarlo.

La Caída no fue sino la pérdida del Fuego Santo
en vuestro ser interno.
Os apagasteis,
porque una vez que se desunen la Tierra y el Cielo
ese Fuego no arde más.

No puede,
pues la unión es su sustancia,
la unidad es su alimento.

Cuanta más unidad viváis, más grande será vuestra llama.
Cuanto más abarquéis, más arderéis.
¡Es inevitable!

Y será así hasta consumiros como viejos humanos,
y entonces seréis Humanos Nuevos,
los ardientes, los Vivos.

386. Unión con los ángeles

Unidad y Unidad, no hay más que Unidad.
Quien entienda lo que ésta es arderá sin fin.

Unidad, Unidad y nada más que Unidad.
Quien la experimente en su ser nos entenderá
y caminará a nuestro lado
como al lado de TODOS los demás.

Unidad, Unidad y sólo Unidad.
Quien esté en ella,
cada vez que sienta una faceta de Fuego/Luz,
sabrá, sin duda,
que el resto del Fuego Vivo está ahí.

Ya no veáis más, pues,
ni a Miguel, ni a Rafael, ni a Uriel, ni a Gabriel,
ni a ninguno de los demás separados.
Ya no veáis más a «vuestro» ángel,
al de éste o aquél.

Lo que sentís como «un ángel»
es el *punto de unión* de vuestro ser con el Mundo de Fuego.
Que os parezca un punto (separado) es sólo eso: apariencia.

La mano acaricia la Tierra
pero no dice: «Toco una tierra y ésta se llama "tal"»,
refiriéndose a la Tierra que palpa,
sino que sabe que toda la Tierra es una misma Tierra
aunque se la pueda percibir en muchos puntos
y de maneras diferentes.

Así mismo nuestra caricia, nuestra presencia,
sentidla desde ahora
como la caricia y presencia del Fuego Vivo
que es Uno y que alienta a cada ser.

Si está «un» ángel, están el resto. SIEMPRE.

387. El deseo del Fuego Vivo

El Fuego ¿qué desea?
Volver a su lugar,
al perdido reino que es el corazón del ser humano,
que aún permanece apagado.

Y a ese corazón lo están esperando,
¡que arda de nuevo!
Que regrese de nuevo a lo que ES en verdad:
«Ardedor» del Fuego,
ser humano VIVO
y no muerto.

Esto es para TODOS.
No es para cuatro «elegidos»,
es para todos los que acepten abrirse a esto
y vivir el camino necesario
que conduce al arder sin fin,
a volverse uno con lo Uno,
como fue al principio.

Sólo entonces el Fin tendrá lugar
y resultará que es un Principio.
Todo se habrá completado.

Hasta entonces, cantamos.

388. Consuelo

Consuelo es alimento.
Por eso los ángeles consolamos
cuando traemos el alimento adecuado
para la tristeza, el desánimo, el cansancio:
Fuego Vivo.

El Fuego, entonces, os es servido
en diferentes modos y presentaciones
con un único fin: fortaleceros.

Pues existe una última y única causa
para todo el desconsolado:
la carencia de Fuego,
el sentirse o estar apagado
o no suficientemente ardiente.

Si ardierais, inmediatamente os uniríais al resto.
En ese estado del ser no existe sentimiento de soledad,
ni desánimo, ni fatiga.

El verdadero consuelo es, pues, alimento.
Quien os quiera os alimentará
para sacaros del quebranto.

Y no os dará cualquier cosa para comer,
no os engañará con chucherías falsas,
ni os pondrá veneno en el plato,
sino Fuego.
Fuego Vivo.

Así somos los que consolamos,
servidores del Fuego
a los humanos.

389. Fuego y fluidez

¡A veces os cuesta soportarnos!
Os aturde el Fuego.
Es por vuestro olvido del arder.

No sabéis hacerlo,
sentís que os sobrepasa,
pero no es cierto.

Os damos lo justo,
os damos lo necesario.
Sólo tenéis que recordar el fluir.

¡Quien recibe el Fuego no ha de «agarrarlo»!
Ha de dejarlo moverse, ir y venir,
ha de fluir,
o, incluso,
moverse él mismo con el Fuego.
Depende.

Recordad la fluidez del arder,
y el consuelo os llegará siempre
que sintáis el Fuego.

Os volveréis Vivientes,
dejaréis de ser estacas agarrotadas
temiendo arder.

Os volveréis como llamas:
fluidas, cambiantes, vivas.

390. El Hijo del Fuego

El Fuego Vivo va primero hacia vuestro corazón
y sólo después, desde ahí, se reparte al resto del cuerpo.

El Fuego Vivo es uno con la sangre.
Ya lo tenéis y sin embargo lo desconocéis.
El que os traemos nosotros despierta al vuestro,
al interno,
y se casa con él.

De este modo surge un nuevo fuego: el tercero.
No es ni el vuestro (el de «antes»)
ni el que traemos nosotros después,
sino el Hijo,
el *Hijo del Fuego en vosotros*.

Eso es un Misterio.
Aprendedlo.

391. Bodas de Fuego

Vuestra sangre es sanada
al mismo tiempo que se une al Fuego Vivo que os traemos.
Es porque (al recibir el Fuego) recuerda su Esencia,
su Ser, su plenitud.
Así despierta.

El despertar expulsa hacia fuera todo lo intruso y dañino,
todo lo injusto, lo inadecuado, lo superfluo.
Esto llena vuestra sangre, en algunos momentos,
de mareas de venenos, de fluidos tóxicos.
Os sentiréis mal, pero no temáis: es purificación.
Expulsadlo todo sin temor. Dejadlo fluir. Pasará.
Es temporal.

El Fuego Vivo, presente ahí,
queda al fin ardiendo sin esas impurezas
y se une a vuestro Fuego Interno,
el recóndito Fuego que os fue dado al nacer,
al venir a ser.

Un Fuego y otro se reconocen
y se aman
porque fueron uno al principio.
Su separación ha sido temporal,
un compás de danza,
un juego de amantes.

Sois Fuego.
Lo habéis olvidado.
«Nuestro» Fuego os trae el recuerdo.
Se inicia la purificación,

se desencadena el despertar
y las bodas de los Fuegos tienen al fin lugar.

¿Dónde?
En vuestro cuerpo.

El Fuego Vivo ama a la sangre y es uno con ella.
De la unión de los dos Fuegos nace
LO NUEVO.
El Hijo.

Sólo así.
Sí.

392. Unidad del Misterio

El Misterio os es revelado de un modo diverso por algo.
Hay un misterio diferente para cada persona
aunque, en Esencia,
el Misterio es Uno para todos.

Pero el Misterio os es dado de manera diferente
para adaptarse a vuestra diferencia,
la surgida de vuestra individualización y personalización.

De este modo sois llevados
desde lo personal e individual (diferente)
hacia Lo Uno,
a través del Misterio.

Siguiendo la pista de vuestro misterio
llegáis al Misterio que es Uno
y entonces descubrís que no hay diferencias
en la esencia.

393. Vivir el Misterio

Cuidad el Misterio que os es dado.*
Acogedlo y conocedlo.
Es para eso.

Viviéndolo conoceréis su significado.
Si no lo acogéis, no lo viviréis,
con lo cual no lo conoceréis,
con lo cual no saldréis de lo separado y personalizado
para llegar a lo Uno.

Quien quiera ascender hacia La Unidad
que abrace al Misterio en sí mismo,
abrazando aquel (misterio) que le es dado.

Pues es la misma Unidad la que os da a cada uno
el Misterio según vuestra necesidad,
anhelo y capacidades de vivencia y comprensión.

---

* A la que escribe le parece entender que ese «Misterio» que se nos da de manera personal tiene que ver con los enigmas que se nos presentan, a veces en forma de hechos, otras en forma de símbolos, señales, visiones y sueños que nos son inspirados. Para cada persona son diferentes, y llegar a comprenderlos a veces lleva toda una vida.

394. Guardar el Misterio en lo secreto

Hay un misterio que puede compartirse y otro que no,
porque os es dado de manera personal e intransferible.
A ése cuidadlo, guardadlo en vuestro interior,
no lo expongáis.

Es como la semilla de vuestra transformación,
de vuestro cambio íntimo.
La semilla debe permanecer enterrada,
acogida en vuestro corazón.

Albergadla con mimo, con amor.
Tened fe en su germen secreto,
porque es el mismo Misterio el que os lo ha dado.

Y lo que el Misterio hace
no ha de ser el hombre quien lo destroce
si no quiere morir.

Pues la semilla que el Misterio da
es Vida concentrada
esperando desarrollarse, desplegarse.

Acoged, acoged con amor
el Misterio en vuestro corazón,
guardadlo y contempladlo.

Así, sintiendo la luz amorosa de vuestros ojos,
la semilla comprenderá que es acogida
y que puede germinar en paz.

ÁNGELES DE LO UNO

No la van a diseccionar.
No la van a vender ni a dejar a la intemperie.
Van a dejarla vivir.
Van a vivirla.

Cuidad vuestra semilla como a lo más preciado,
y no la expongáis a nada ni a nadie.
Vuestra semilla es cosa del Misterio y de vosotros mismos,
de nadie más.

¿Y cómo distinguir la semilla de Misterio
que puede compartirse
de la que debe ocultarse?

Por su voz.
Ella misma os lo dirá.
Esto es un Misterio.

Escuchadla.
Pero recordad que no es sino con amor
como entenderá que su lugar es ahí,
en vuestro interior, donde permanece segura
hasta el momento en que deba desplegarse
y dar VIDA ABUNDANTE alrededor.

395. Misterios compartidos

Pero hay misterios que se os dan de manera compartida.
Son semillas que han de albergarse o cuidarse
en «tierra» de dos, de tres, o de...

Quien viva el Misterio para dos, o para tres, o para...
que lo cuide con igual mimo y secreto que al propio,
que no exponga el Misterio compartido
ante ojos para los cuales no fue entregado.

El Misterio sabe a quién da cada cosa,
y por qué.

Pero ¡ay de quien intenta mirar lo que el Misterio da a otros
sin que éstos lo expongan!
Se arriesga a perder los ojos,
porque la luz del Misterio QUEMA
las retinas de quien indebidamente hurga,
rastrea o indaga
en las semillas codificadas
para el Alma ajena.

Así, muchos indagadores están ciegos
porque no respetaron los misterios.
Querían desentrañar las semillas secretas
y éstas les abrasaron los ojos.

La semilla del Misterio se defiende.
Es hija de ello, y por eso tiene su poder.
No puede ser abarcada, ni entendida, ni vivida
salvo por aquel para el cual
la semilla fue creada,
exhalada, emanada, DADA.

El dar del Misterio se individualiza
para poder llegar a todos.

Hay misterios colectivos,
los hay para grupos,
y los hay para —tan sólo— dos personas.

Veladlos.
Velad por vuestros misterios.
Compartid sólo los que os son dados así,
de manera compartida.

Y guardad el otro Misterio,
el vuestro,
el intransferible.

Escuchadlo y sabréis cuál es.

396. Revelación del Misterio encarnado

Cuando la semilla germina y crece,
su planta sube hasta la superficie
y a los demás se revela por sí misma.

Esto es la revelación de un Misterio encarnado.
Es inevitable que suceda
si la semilla se guardó y cuidó debidamente,
porque el destino de la semilla viva
es desarrollarse, crecer y ser vista
un día u otro,
aunque sea por uno solo.

Así, no temáis tampoco ver germinar vuestro Misterio
y que asomen sus ramas de árbol nuevo hacia el mundo.
Un día u otro será visto.
Un día u otro los demás lo conocerán.

No siempre lo reconocerán.
No siempre lo entenderán,
pero sí estará expuesto,
porque es imposible para el árbol desarrollarse
sin exponerse, sin ser visible.

Pero no decidáis vosotros cómo ni cuándo exponer vuestro árbol.
Que la semilla lo decida.
Que el Misterio que contiene, algo Vivo,
decida cómo y cuándo crecer, salir y volverse visible,
manifestándose al exterior como árbol.

Retenerlo os mataría
tanto como haberlo expuesto antes
indebidamente.

No se puede sofocar el crecimiento de lo Vivo
en vosotros.
Si está Vivo, lo está.

El árbol que quieres ocultar de todos
es un árbol enterrado y, por lo tanto, muerto.

El Árbol Vivo emerge y se expande.
Vive su tiempo de gloria
y luego muere.

Vivir es exponerse.
Siempre.

397. Vivir el Misterio adecuadamente

Así, es tan importante aprender a guardar
el Misterio que os es dado
y velar por él
como aprender a dejarse traspasar por su crecimiento
dejando que el Misterio se manifieste hacia fuera,
revelándose a sí mismo.

Hay un tiempo para cada cosa.
En vivir con fluidez está la clave, siempre.

Vivir la ocultación fuera de tiempo os mata,
vivir la exposición indebida también.

Cuándo corresponde cada cosa ¿quién lo sabe?
Ello, el Misterio.

Sed sus hijos y ESCUCHADLO.
Aprended de ello.

398. Los Hijos del Misterio

Los Hijos del Misterio se dejan preñar por ello.
Acogen sus semillas y las guardan
hasta el tiempo venidero
en que éstas deciden salir a la luz
y llenar el mundo con lo Nuevo.

Los Hijos del Misterio atienden al secreto
tanto como al valor de mostrarse ante muchos.
Saben que existe un miedo a esconderse
y saben que existe un miedo a exponerse.

Los Hijos del Misterio lo escuchan,
no intentan desentrañarlo ni romperlo.
Lo viven porque saben que forman parte de ello.

Los Hijos del Misterio están de acuerdo en ser,
ellos mismos, pequeños misterios.

Y así son sus hijos,
y los hijos de sus hijos por siempre:
una infinita cadena de misterios,
pues son amados y respetados como tales
por sus padres.

Los Hijos del Misterio son los seres-semilla,
los innombrables,
los enigmáticos.

Hasta que el árbol crece,
da sus frutos,
y entonces
el mundo se maravilla.

399. Ángeles de lo Uno

Unidad, Unidad, todo es Unidad,
pero esto no siempre es perceptible a vuestros ojos.

Sólo podemos ser «de» lo Uno,
porque Uno somos.
Así es la Creación: círculos de círculos
y más tejidos de círculos.

Escuchad: todos nosotros actuamos como Uno,
incluso aquellos que dañan a la creación que conocéis,
aquellos a los que se llama «el mal».

Éste es el misterio que hay que comprender
para subir el *primer* peldaño
hacia La Unidad.

400. Fin. Volverse Fénix

(La que escribe pregunta acerca del nombre de Melquisedec, pues lo ha visto citado en diversos lugares y no entiende nada acerca de él. Entonces le responden esto):

Los secretos referentes a lo que llamáis Melquisedec,
o la Orden de Melquisedec,
sólo pueden ser comprendidos y atisbados
por aquellos que se han entregado a sí mismos al Fuego Sagrado,
al Fuego Eterno.

Éstos son los que se han arrojado a sí mismos
a la hoguera del Fuego interno,
sembrado en su interior desde el día de su creación,
avivado y renovado tras una iniciación (Bodas de Fuego)
en la que Aquello que es Uriel es el gran mediador,
pues cuida y vigila el retorno del Fuego Sagrado
a los corazones humanos.

Uriel, Uriel, ¡el Gran Misterio está en tus ojos!
Uriel, Uriel, mediador en la encarnación del Fuego Eterno
y en la desencarnación,
¡el entrar y salir del Fuego es su conocimiento!

Ningún ser puede conocer la Orden de Melquisedec
salvo que a sí mismo se entregue en sacrificio
eterno y perpetuo al Fuego Vivo
para que las llamas devoren su personalidad de todo resto de «yo».

Pues la Orden de Melquisedec no es algo que dé un ser a otro,
sino que es «un» ORDEN INTERNO que surge
tras la *Muerte en el Fuego*.

Melquisedec, el gran desconocido,
del que tantas leyendas y cosas se han dicho,
no es una «persona», un «yo»,
sino un estado de ser
del que emanan la justicia y la verdad.
¡Pues nada injusto o falso puede permanecer
ardiendo en el Fuego Eterno!

Ha habido distintos seres que han vivido esto.
Acerca de lo que se dice, que Melquisedec
es alguien que no tiene genealogía,
no os confundáis: significa haberse despojado de toda fijación,
posesión y programación relativa a padres
o madres *físicos y espirituales*.

No tener genealogía significa haberse entregado por completo
al Alma ardiente, al Fuego Eterno,
y haberse desprendido de todo padre y madre vivo o no vivo,
visible o invisible.

Significa: ni padres de carne,
ni padres espirituales,
ni guías, ni maestros con roles paternales.

Significa: ¡ARDED! Arded.

Al fin, únicamente pertenecéis a la herencia de vuestra Alma,
únicamente pertenecéis a esta genealogía: *lo Uno*.

Aquello que es Uno os da a luz,
en su rostro de madre os pare.

¡Arded! No más padre, no más madre.

Un cristal como un diamante que reluce
es un símbolo de aquello en lo que uno se transforma
si vive todas estas cosas.

Entráis en el horno de Fuego Vivo como
materia informe, impura y aún sucia,
y salís cristalizados, purificados como

salen los cristales del magma,
convertidos en un diamante de Fuego Vivo
en el cual se pueden *vivir todos los colores del espectro,*
el *Arco Iris Vivo* a través de vosotros.

Éste es el estado de Unidad,
pero no se puede alcanzar sin haber partido,
sin haberse muerto del todo a lo que uno es,
sin un sacrificio: entregar lo que uno es
para que se haga lo que debe ser,
para que el potencial que radica en el interior,
el germen divino, florezca en vosotros.

Ser Melquisedec significa volverse NADA.
Significa haberse muerto
porque uno, como el Ave Fénix,
entregó su cuerpo y su nido al Fuego.

Y sólo después renació...
pero ya no era el mismo.

Como el Fuego Vivo, el Fénix es y no es,
arde y parpadea,
permanece y al mismo tiempo cambia.

Ésta es la Iniciación del Fénix: entregarse al arder.
Ésta es la Iniciación del Fénix: morir.

Sólo los que mueran al «yo» pasan a ser ardientes,
y sólo los ardientes llegan a ser cristales puros
a través de los cuales
la Unidad es y manifiesta al mundo
todos los colores,
toda la
LUZ.

Luz, Luz, Luz,
Sagrada Luz de los que a sí mismos se entregan
para DESAPARECER
y no ser más «ellos»
los que hacen esto o aquello,

los que dicen esto o lo de más allá,
los que luchan, los que trabajan, los que...

El cristal no HACE nada;
tan sólo está
pero deja pasar a través de sí
LO QUE ES.

Unidad, Unidad, todo es al final Unidad.
Unidad, Unidad, vivirla o no vivirla en uno mismo,
ésa es la cuestión.

Unidad, Unidad,
éste es el misterio que hay que vivir para alcanzarla:
entrega al Fuego Vivo,
consumición del yo.

Y será.
A su tiempo.
Arderéis.

Ni cenizas quedarán.
El soplo del Espíritu las esparcirá
y nada quedará
salvo la Esencia ardiente,
la eterna.

Luz, Luz, Luz,
Sagrada Luz,
que en los hijos de los hombres te manifiestas,
¡regresa de nuevo,
sé visible otra vez en la Tierra!

Que sean muchos los que ardan,
que sea amplio el gran círculo,
para que en la Tierra como en el Cielo,
en el punto de Unión de todos los mundos,
se viva
la Unidad.

Éste es el final de este libro.

Epílogo: el tercer trabajo con la materia

(La que escribe, ante el súbito final del libro, pregunta acerca de algo que cree que quedó pendiente y sin explicar: el tercer trabajo con la materia. ¿Cuál es? ¿Por qué no han hablado más de él? Ésta es su respuesta):

El tercer trabajo con la materia es el resultante
de haber vivido la muerte de la que acabamos de hablar.

Os es imposible aún comprender qué «trabajo» es,
pues si dijéramos: «Es ACTUAR»,
no nos entenderíais.

Por eso, el tercer trabajo con la materia queda sin «explicar».

Vividlo.

Anexo: la forma, las deformaciones y una súplica

(Este texto surgió fuera de los márgenes del libro y quedó olvidado un tiempo, sepultado entre otros archivos. El día en que la que escribe iba a encuadernar el original, recordó el mensaje acerca de la forma que se deforma, y comprendió que debía incluirse en el todo. Este mensaje es representativo de una clase de voz angélica muy próxima al dolor humano. Tanto que empatiza con él hasta el punto de «casi» perder el centro, la serenidad, el equilibrio. Y sin embargo...):

¡La forma!
Es importante la forma.
La forma incide en el contenido
tanto como el contenido incide en la forma.
¿No lo sabíais?

La forma es determinante en cierta medida,
tanto como el germen, a la forma, la hace,
pues te relacionas con el mundo externo
A TRAVÉS de tu forma.

No sólo es que tu esencia interna
da forma a la forma (carne),
sino que la forma que tienes o vas teniendo
influye en la relación que con el mundo mantienes.

La forma, en cierto modo, te alimenta.
Tu forma es un filtro personal
a través del cual te relacionas.
Tu forma es un espejo en el cual
los otros buscan a tu esencia.

No es lo mismo interactuar con el mundo siendo un cuadrado
que siendo un huevo.
¡No es lo mismo!

Cada forma otorga a la esencia interna
una manera de relacionarse, de interactuar
y, por lo tanto, de alimentarse, de sostenerse, de percibir
y también… de ser tratado por los demás.

Todo es importante, también lo externo.
La esencia interna intenta emanarse
y proyectar «su» forma en el mundo de carne,
pero su intento no es cien por cien determinante.

Parte de la forma viene dada
por la manera en que la esencia
logra relacionarse con todo lo demás.

A veces la esencia tiene mucho éxito
en su comunicación hacia lo externo
y manifiesta en la materia
una forma muy acorde a su verdad.

Otras veces la esencia logra una menor semejanza
debido a que la irradiación
topa con dificultades en el mundo exterior,
con obstáculos en la materia/carne
que la acoge.

Urboreas

Así sucede en los embarazos:
no todas las esencias logran una forma
que las refleje con mucha fidelidad...

Que la forma sea un fiel espejo de la esencia
depende no sólo del intento de la esencia,
sino también de las condiciones físicas
y del contexto donde esta formación tiene lugar.

Tú puedes amasar la arcilla con una mano,
pero si el ambiente la reseca demasiado,
la arcilla se te resistirá, estará quebradiza y dura,
o con grumos y arenillas,
y no surgirá de ahí una forma perfecta.

Puedes soplar el vidrio con delicadeza,
pero si la pasta no está suficientemente al rojo vivo,
la forma deseada no surgirá con facilidad.

Algunas esencias infravaloran
las dificultades que ciertas materias,
carnes y contextos físicos
presentan para la formación.

A veces se arriesgan con ello de todos modos,
para intentar encarnarse en cierto contexto
a pesar de la dificultad.

Hay materias acartonadas, sucias o intoxicadas.
La mayoría de sus «dueños» ni siquiera lo saben,
pues son inconscientes, personas dormidas.

Otros sí se dan cuenta de esto,
pero no le dan mucha importancia.
Hablamos principalmente
de los cuerpos de las madres y los padres,
pues es de la unión de dos materias,
espermatozoide y óvulo, de la
que se empieza a moldear la primera «forma».

ÁNGELES DE LO UNO

Pero también hablamos de los cuerpos
de quienes viven en lugares contaminados,
alterados por corrientes, ondas o venenos
en los cuales es difícil que lo nuevo se forme bien.

Si la materia no se encuentra en el estado idóneo,
la esencia encontrará dificultades
o se topará con resistencias.
A veces, vivirá «de-formaciones»
o «mal-formaciones».

No saldrá de esto un espejo fiel
de la esencia que se encarna,
sino una deformada visión,
pues la materia no era del todo perfecta.

Pero la esencia, ahí, ¡sigue intocada!
No confundáis, ¡oh humanos!,
la forma con el contenido,
pues en ocasiones ésta
no es sino un garabato mal realizado,
porque la materia estaba
mal templada.

Los niños deformes, los llamados monstruos,
¡son también humanos, reflejos de una esencia sagrada!
No los miréis mal, no los arrojéis al vertedero con desprecio,
pues sus esencias os estarán mirando
y sus ojos denunciarán vuestra falta de compasión.

Compasión es entender por qué la forma se deforma.
Compasión es entender que también en la naturaleza
sucede el «ensayo y error»
y que provenir de mundos «etéreos»
no implica saber con certeza
el éxito que tendrá la empresa
que supone venir a encarnarse.

La materia ha de estar en su punto,
tal como la masa del pan necesita de la harina buena,

del agua, la levadura,
y el calor en su justa temperatura.

Sólo así el niño que se gesta
puede venir adoptando una forma
que refleje lo que su esencia pretende,
que sea espejo de ella.

Pero hay esencias y esencias,
y cada una tiene una intención diferente
cuando intenta el acto de nacer en vuestra esfera.

No todas buscan nacer con eso que llamáis «belleza»,
ni todas buscan nacer con una forma «perfecta»;
algunas tienen otra opinión y buscan ser diferentes,
algunas buscan retarse en las dificultades.

Sin embargo, todas saben que la forma con la que nazcan
determinará en gran parte la calidad de su experiencia.
No se engañan con esto.

Si quieren experimentar vida como «cuadrados»,
su intento será exhalar el vidrio en forma cuadrada.
Si quieren experimentar ser triángulos,
moldearán la materia en tres lados.
Y así siempre.

Valoran los posibles problemas que una materia presenta
tal y como el cocinero valora los ingredientes
para hacer la masa del pan, o una tarta,
o tal como el alfarero valora el estado
del polvo de arcilla, del agua y del horno.

Pero aun valorándolos, estudiándolos
e intentando lo mejor, a veces fallan.
Y a veces sucede lo peor...
y es que su forma surge tan desencajada
que, por los humanos que ven ese niño nacer,
son sin más desechados
como basura de laboratorio.

ÁNGELES DE LO UNO

¡No os imagináis el horror de esto!
¡Sois unos inconscientes!
Es, para la conciencia infantil de estos niños,
peor que negar que «son».

Han nacido y sin embargo los adultos ha dicho:
«Esto no sirve de nada, no merece ni nombre, ni voz, ni abrazo.
Está condenado a morir porque su forma es inviable,
matémoslo pues, tirémoslo ya».

Y ni le hablan.
Ni le permiten morir en paz...
¡Ay!

Somos los ángeles que recorren
en silencio los hospitales
buscando entre sus desperdicios
a los niños más perdidos.*

Son aquellos que vieron fracasar totalmente
sus intentos de «formarse»
y que después de pasar por las ordalías del nacimiento,
en lugar de ser acogidos con amor,
fueron arrojados al vertedero
o matados de mala manera.

¡CUÁNTO FRÍO!

Frío de desamor. Frío de desnudez.
Ningún abrazo. Ninguna compasión. Nada.
El niño que muere así vive el terror
porque aún no se ha repuesto del trance del parto,

---

* Los fetos deformes son, cada vez más, considerados como «basura» por la medicina oficial, y rechazados por sus asustados padres. Por ese motivo, y como las pruebas técnicas actuales permiten reconocer de antemano las deformidades, cada vez se realizan más abortos entre ellos. Sin embargo, para los ángeles la dignidad de un bebé deforme es idéntica a la de uno sano. El sufrimiento del ser que es abortado por deforme y nunca es reconocido siquiera como feto «humano» (por su apariencia monstruosa) está ahí. Pero también percibí que cuando los ángeles hablaban de su búsqueda en las «basuras» o vertederos de los hospitales, utilizaban algo más que una metáfora y aludían a lo que sucede con toda clase de abortos deliberados. Si despreciar y matar a un deforme produce un sufrimiento, sucede igual cuando se mata a un bebé sano. Pero este tema, hoy en día tan controvertido, queda –tal vez– para otra ocasión...

aún anda con la percepción distorsionada,
y entonces se pierde, se pierde, se pierde...

A veces, sin poderlo evitar,
aun siendo ángeles,
nosotros gritamos
al verlos caer...
y perderse, perderse, perderse...

Los llamamos, pero no siempre nos oyen.
Caen devorados en los vórtices creados
por el sufrimiento de ese posparto,
pues cruzaron el umbral
para ser rechazados al instante.
¡Es como no poder llegar a puerto
y además ser arrojado a otra tempestad!

Entran en un infierno personal
que los deja exhaustos y vulnerables,
convirtiéndose en carne de depredador.
Los acechan mil monstruos, mil horrores,
sanguinarios devoradores del exudado del sufrimiento
que estos niños destilan de manera pura e intensa
sin poderlo evitar.

¡Si al menos los hubieran abrazado con amor!
Algunos nacen sin posibilidad de vivir más que horas o días, sí,
pues su deformación es terrible.
Pero eso no los convierte en «no-seres».
¡Tan sólo es que su forma ha salido mal!

Acogerlos y despedirlos con honor es el reto
que os proponemos desde aquí.
Dadles la oportunidad de vivir aunque sea un rato
como seres humanos amados,
o, como mínimo, respetados.
Aunque hayan de morir,
que mueran en paz, con muerte digna.

Si tu niño nace deformado,
y aunque vaya a morir por inviable,

no lo tires con horror, con desprecio o con asco,
ni permitas que lo maten con sufrimiento.

Acógelo y abrázalo para que su energía se asiente
tras el trance del parto,
para que te reconozca y sepa que «llegó» a casa.
Así podrá serenarse, y gozar del calor del amor
aunque sea por un instante.

Luego tendrá que afrontar el destino que le espera
en la carne (un destino difícil),
pero ¡ya todo será muy diferente!

Necesitamos el eslabón humano.
Necesitamos manos y brazos y corazones
que abracen y acojan a los niños deformes,
para transmitirles paz y la sensación
de que aunque su visita al mundo sea breve
es bien recibida, y atendida como se debe.

Ese sosiego también les permitirá
percibir algo más:
QUE NOSOTROS ESTAMOS AHÍ.

Aunque su padre y su madre no lo quieran,
o no puedan cuidarlo,
aunque lo abandonen en una institución para «monstruos»,
o aunque los médicos decidan matarlo de inmediato,
por lo menos ¡dadle un abrazo!

Acogedle un rato con amor.
Eso le permitirá asentarse, sentirse acogido
y centrarse.

Y eso nos permitirá a nosotros comunicarnos con él
y guiarlo, de nuevo, a otro «hogar»...
No se perderá en los vórtices del horror,
sino que viajará hacia allí envuelto
en el Fuego Vivo del amor,
en nuestros «brazos».

Concededle a ese niño la oportunidad
de respirar en paz en vuestro regazo.
Luego, si así ha de ser,
entregadlo a la «justicia y ley» médicas,
o a quien pueda cuidarlo.
Pero para entonces él ya estará asentado
y nos podrá sentir aunque sea un poquito...

Es duro nuestro «trabajo».
Os pareceremos trágicos y patéticos,
más que muchos otros de los ángeles,
pues hasta os imploramos compasión...
¿Dónde está nuestra supuesta solemnidad?
¿Dónde nuestro sereno equilibrio?

Nos sentís así porque estamos muy «humanizados»,
con una percepción del mundo casi personal.
Es porque vamos en tránsito y venimos «cargados».
Hoy venimos de cerca, de muy cerca.
Salimos de los mundos del dolor, rozándoos
en el sufrimiento y la miseria hospitalarias,
hurgando en los cubos de basura
de los cirujanos y las salas de parto.

Y como acabamos de llegar de ahí
venimos conmovidos aún.
¡Siempre nos sucede lo mismo!

Es natural, pues acogemos
el dolor del niño y empatizamos con él.
Venimos bañados de sufrimiento,
impregnados de humanidad que llora.

Pero esta vez no nos vamos de vacío.
Hoy, acabamos de recoger a un niño.
Esta vez hemos podido.
Está muerto para vosotros,
pero no para nosotros.

Su esencia suspira, tranquila y por fin en paz
porque regresa al Hogar...
Ahora descansará.
Su pesadilla ha terminado.
Simplemente intentó algo y no salió bien.
Unas veces se gana, otras se pierde...

A la esencia no le importa «intentar y errar»,
siempre y cuando no se extravíe
en las ordalías del nacimiento
y ese niño olvide quien Es:
hijo de Dios como todos los demás,
chispa del Universo
tan sagrada como las otras.

Terminamos nuestro mensaje diciendo
que no olvidéis cuidar, limpiar y preparar con mimo y amor
vuestra materia carnal,
pues ésta determinará en gran parte
el éxito que la esencia de vuestro futuro hijo
tenga en la formación de su espejo de carne.
Y en cuanto a vuestro cuerpo,
sabed que es el mejor espejo que hoy por hoy
tenéis a mano para reflejar a vuestra esencia.
Cuidadlo. No dejéis que se deforme
por malas prácticas hacia él.
No lo machaquéis con venenos, con inercias,
con vicios que lo destruyen.

Todos nacéis como espejitos tiernos y limpios
dispuestos a consolidarse, a brillar,
reflejando vuestra esencia.

Pero después, con el tiempo,
muchos os vais alejando de esto,
y en lugar de seguirla reflejando,
vuestra «forma» refleja otras cosas:
depresión, amargura, rabia, rigidez,
ansiedad, dejadez...

La forma... ¡Cuánto habría aún que hablar
de la importancia de la forma!

Aceptad vuestra forma
y preguntaos si la estáis cuidando
y si la dejáis seguir reflejando vuestra esencia
o si la habéis deformado para que refleje
otros poderes, otras esencias,
o incluso para que MIENTA.

Reflexionad... y cuidad vuestra materia.
No os hablamos de la vejez, ¿eh?
Envejecer NO es deformarse.
El cuerpo y rostro de un anciano pueden reflejar la esencia
tan bien como el cuerpo y rostro del niño que fue,
si acaso ese ser es hoy tan VERDADERO
como lo fue ayer.

Hay deformaciones de la madurez
debidas al desgaste, a los medios,
al contexto, pero no nos referimos a ésas.
Nos referimos a la deformación producida por la negación,
por la mentira (ser quien no se ES).
O peor: por el desprecio hacia la propia carne,
por el maltrato a la forma material,
o por el olvido de su cuidado.

Vuestra forma os permite manifestaros
y relacionaros.
El estado de vuestra forma es importante
si acaso queréis ser espejos,
verídicos y reales,
de vuestra esencia.

Eso es todo.
Ya hemos dicho mucho.
Nos vamos...

Índice

Dedicatoria y agradecimientos 5
Cómo surgió este libro 7
Advertencia a los lectores 17
Nota acerca del lenguaje utilizado 21
   1. Conocer a los ángeles 23
   2. Servir 25
   3. El ángel de cada uno, nombres 26
   4. Quién va primero 28
   5. Estar 30
   6. A quién ama Dios 31
   7. Radicalidad 32
   8. Conocimiento y pseudoamor 33
   9. La puerta del Conocimiento 35
  10. Más acerca de los nombres 36
  11. Nombres aproximados; nombre perfecto 37
  12. Adán y Eva 38
  13. El endiosado y el que es lo que es 39
  14. Necesidad de Juicio 41
  15. El verdadero Juicio 42
  16. El retorno de los Jueces 44
  17. Ser Pacificador, ser Juez 45
  18. El Círculo de Pacificadores 47
  19. Camino para ser Pacificador 49
  20. La personalidad 51
  21. La personalidad y el Círculo pacificador 54
  22. El empacho y el amor 55
  23. El mayor miedo del ser humano 57
  24. El corazón de fuego 59
  25. La mente, servidora del corazón 60
  26. El corazón, Rey 61
  27. Lo primero 63
  28. El retorno del Rey 64
  29. Nueva creación 65
  30. La Caída 66
  31. El final de la Caída 70
  32. Materia y espíritu 71
  33. La nueva respiración 73
  34. Nacer de nuevo 75
  35. Medicina de Miguel-1 76
  36. El Cuerpo Angélico 77

37. Ver a los ángeles	78
38. Medicina de Miguel-2	79
39. Medicina de Miguel-3. Aceptar el juicio	80
40. Medicina de Miguel-4. Terminar y desaparecer	82
41. Medicina de Miguel-5. Los que no quieren irse	84
42. Medicina de Miguel-6. Falsos maestros	86
43. Medicina de Miguel-7. Convocados al Juicio	88
44. La dadora	89
45. El regreso de ella	91
46. Ellael, Elella	93
47. Medicina de Miguel-8. Mirar lo antiguo	94
48. Medicina de Miguel-9. La medida	96
49. Los ángeles negros	97
50. La Luz Negra	99
51. Encarnación angélica	101
52. Lo Uno responde	104
53. Asombro	106
54. Medicina múltiple y una	107
55. La guerra	109
56. Los siete cabritillos	111
57. La batalla por la carne	113
58. Preguntar o disimular	115
59. Decir la verdad para ser curados	116
60. La mentira, falsa medicina	117
61. La enfermedad de la mentira	118
62. Crear	119
63. Ángeles de la Muerte	120
64. Los Señores del Ocaso	125
65. El sueño y el despertar	129
66. El Fuego Vivo	131
67. Recuerdo del fuego	133
68. Arrepentimiento	134
69. Justicia del Fuego	136
70. Correr hacia el Fuego	137
71. Nombrar en verdad	139
72. Nombrar, reconocer	142
73. Nombrar para sanar	143
74. La muerte de los malos nombres	145
75. Sin Unidad no hay Palabra	146
76. Variedad de semillas, variedad de caminos	147
77. Nombrarse con amor	148
78. La verdadera ayuda	149
79. Medicina de Rafael-1. Las manos	150
80. Medicina de Rafael-2. Santificar las manos	151
81. Medicina de Rafael-3. El despertar de las manos	152
82. Medicina de Rafael-4. Reunión	153
83. Medicina de Rafael-5. Círculo sanador	155
84. Los soles que ayudan	156
85. La dependencia justa	158
86. Volverse sol	159
87. Medicina de Rafael-6. Del Corazón a las manos	160
88. Medicina de Rafael-7. Corazón ardiente	162
89. Medicina de Rafael-8. El fuego sabio	163
90. Medicina de Rafael-9. Confianza	164
91. Dar fuego	165
92. El fuego, comunicador de mundos	166
93. Hacerse imágenes	167
94. No temáis	168
95. Escuchar y traducir	169

Urboreas

96. El miedo 170
97. El engaño del miedo 171
98. Beneficiarios del miedo 172
99. El miedo y la pereza 173
100. El desalojo del miedo 174
101. Medicina de Rafael-10. Acompañamiento 175
102. Medicina de Rafael-11. Compañía o desolación 176
103. Medicina de Rafael-12. Compañía infatigable 178
104. Medicina de Rafael-13. Bien y mal 179
105. Medicina de Rafael-14. Salud 180
106. Medicina de Rafael-15. ¿Depende? 181
107. Medicina de Rafael-16. Acompañar sin predicar 182
108. Medicina de Rafael-17. Dar a quien pide 183
109. Medicina de Rafael-18. Tres sombras 184
110. Miguel y Rafael unidos-1. Justicia y compasión 186
111. Miguel y Rafael unidos-2. Humildad y coraje 188
112. Medicina de Rafael-19. Aislamiento 189
113. Medicina de Rafael-20. La pena 190
114. Medicina de Rafael-21. Proyecciones lastimosas 191
115. Medicina de Rafael-22. Chascos 193
116. Medicina de Rafael-23. Sembradores de angustia 194
117. Medicina de Rafael-24. Eslabones rotos 195
118. Medicina de Rafael-25. Nacimiento a la medicina 197
119. Medicina de Rafael-26. Ayudar desde lo Mayor 199
120. Medicina de Rafael-27. Cambios en quien ayuda 200
121. Medicina de Rafael-28. Energía del cambio 201
122. Medicina de Rafael-29. Imaginaciones mutuas 202
123. Medicina de Rafael-30. Necesidad y riqueza 204
124. Medicina de Rafael-31. Lucha de mundos 206
125. Medicina de Rafael-32. Imaginarse o relacionarse 208
126. Medicina de Rafael-33. Dar y recibir 209
127. Medicina de Rafael-34. Paraísos artificiales 210
128. Medicina de Rafael-35. Avalokitesvara reunido 214
129. Medicina de Miguel-10. La Espada 216
130. Medicina de Miguel-11. Conciencia 218
131. Medicina de Miguel-12. Caídos 219
132. Medicina de Miguel-13. Estados visionarios 220
133. Medicina de Miguel-14. Lo necesario 221
134. Medicina de Miguel-15. Mirar que desvela 222
135. Medicina de Miguel-16. Tres espadas 223
136. Medicina de Miguel-17. El fin del mundo 225
137. Miguel y Rafael unidos-3. Humanos con raíz 226
138. Miguel y Rafael unidos-4. La Mano y la Espada 227
139. Miguel y Rafael unidos-5. El tiempo justo 229
140. Arder es servir 231
141. Creación y desprendimiento 232
142. Esterilidad 233
143. Creación y generosidad 235
144. Los estériles que manipulan 237
145. El impulso de la primavera 239
146. Envejecimiento natural 240
147. A los «dioses» enfermos 242
148. Hijos del Dios Verdadero 244
149. Reparadores del tejido de la Creación 246
150. Átomos amados 247
151. Adorar 249
152. Habitar el nombre 251
153. Invocaciones, nombres de lo mayor 252
154. Ser el Misterio 253

155. Ser somos 255
156. El Camino del Ser 256
157. Kamael, la fuerza 257
158. Medicina de Kamael-1. Ver y ser 258
159. Medicina de Kamael-2. Verdad y perdición 260
160. Medicina de Kamael-3. Volver a casa 261
161. Medicina de Kamael-4. Ser o no ser 262
162. Medicina de Kamael-5. Jugar, tipos de sueño 264
163. Medicina de Kamael-6. Fuerza y limpieza 266
164. Medicina de Kamael-7. Lo real 268
165. Medicina de Kamael-8. Perversión 269
166. Ascender, ¿qué es? 270
167. Partir de la Tierra 271
168. Transformarse, ser crisálida 272
169. Gestación y Misterio 273
170. El mercado de la ascensión 274
171. Programarse 275
172. Amar la naturaleza 276
173. Mercaderes endiosados y verdaderos padres 277
174. Medicina de Rafael-36. Compartir el dolor 279
175. Medicina de Rafael-37. Destrucción de murallas 280
176. Medicina de Rafael-38. Elegir la unidad 281
177. Rafael y Kamael unidos 283
178. Medicina de Rafael-39. Los tres pilares de la Medicina ... 285
179. Medicina de Rafael-40. Medicina es relación 286
180. Ángeles caídos 287
181. Caídos: el cuento del rey desnudo 289
182. Medicina de Miguel-18. La Espada y la Lanza 292
183. Medicina de Miguel-19. Caos y orden naturales 293
184. Miguel y Kamael unidos-1. Violencia sagrada 295
185. Medicina de Miguel-20. Violencia o no violencia 298
186. Miguel y Kamael unidos-2. Contundencia 301
187. Miguel y Kamael unidos-3. Alimentar los ojos 303
188. La espada de Arturo 304
189. La coronación de un rey 305
190. Falsas coronas 306
191. Verdaderas coronas 308
192. Ser rey 309
193. La balanza sagrada 310
194. Acoger en el corazón 311
195. La balanza sagrada y la hospitalidad 313
196. El deseo del fuego del hogar 314
197. El fuego de abajo 315
198. Hospitalidad 316
199. Ángeles de la Tierra 317
200. Ángeles de la Tierra: el hogar 318
201. Medicina de Uriel-1. Llama que arde 320
202. Medicina de Uriel-2. Concretarse 321
203. Medicina de Uriel-3. Portador del misterio 322
204. Medicina de Uriel-4. Los siete tiempos del fuego 323
205. Medicina de Uriel-5. Unión de los siete tiempos 325
206. Medicina de Uriel-6. Vida, materia y fuego 326
207. Medicina de Uriel-7. Vivir aquí 327
208. Medicina de Uriel-8. Consumirse hasta el fin 328
209. Medicina de Uriel-9. Escuchar a la Tierra 329
210. Medicina de Uriel-10. Dignidad e importancia de la materia 330
211. Medicina de Uriel-11. El retorno de la Señora de la Casa 332
212. Medicina de Uriel-12. La respuesta del Fuego 335
213. Medicina de Uriel-13. El pecado contra la Materia 336

214. Miguel y Uriel unidos	338
215. Medicina de Miguel-21. La ira de la Señora de la Casa	339
216. Medicina de Miguel-22. Caín, los sin tierra	341
217. Rafael y la Señora de la Casa	342
218. La iniciación de la balanza sagrada	343
219. Medicina de Uriel-14. Santa materia	345
220. Medicina de Kamael-9. La Espada	347
221. Medicina de Kamael-10. El deseo de la espada	349
222. Medicina de Kamael-11. Uso y exigencia de la espada	351
223. Medicina de Kamael-12. La Espada y el Misterio	353
224. Medicina de Kamael-13. La Espada y el miedo	354
225. Medicina de Kamael-14. Lo nuevo y la destrucción	356
226. Kamael y Uriel unidos-1. Los señores del miedo	358
227. Kamael y Uriel unidos-2. Canto y sonido	360
228. El canto de los ardientes	361
229. La iniciación de las montañas	363
230. Subir a las montañas	364
231. Matrimonio	365
232. El matrimonio y la tercera fuerza	367
233. La aurora sagrada y el ciclo del sol	368
234. El amor y el retorno del tres	371
235. Los hijos de la sagrada aurora	373
236. El sol en la noche	375
237. Iniciación de las montañas: forma	376
238. Iniciación de las montañas: ser instrumento	379
239. Los que han de volverse montaña	382
240. Las montañas y el miedo	384
241. Montañas como templos que acogen	386
242. El corazón de la montaña	387
243. Somos el Fuego	388
244. Somos el «somos»	390
245. La verdadera bendición	391
246. Ser yo y ser «somos»	393
247. El arder de lo verdadero y lo falso	395
248. Los signos vivientes	397
249. Iniciación de las montañas: unión con toda la tierra	399
250. Iniciación de las montañas: abrir el corazón	401
251. Iniciación de las montañas: abrirse y sentir	402
252. Corazón y fluidez	404
253. El Fuego Maestro	406
254. Preparar el camino al fuego	407
255. Condiciones para albergar al Fuego Maestro	408
256. Iniciación de las montañas: el cortejo	409
257. Iniciación de las montañas: dulzura y contundencia	412
258. Iniciación de las montañas: forma del matrimonio	414
259. Matrimonio del Cielo y de la Tierra	416
260. Subir a las montañas y volverse estrella	418
261. Ser estrella	420
262. Ser estrella y ser columna	422
263. Llamar a lo Nuevo	424
264. Llamar a lo Nuevo: el miedo a dar fruto	425
265. Llamar a lo Nuevo: ser flor, dar fruto	426
266. Los hijos de la Estrella	430
267. Ser Estrella, ser flor, dar fruto	431
268. Raptos, arrebatos y abducciones	433
269. El poder	437
270. Más acerca del poder	438
271. Preservación y esterilidad	439
272. Preservación y fertilidad	440

273. El sagrado oscilar 441
274. El aro del poder 443
275. Poder personal, poder de lo Uno 445
276. El camino para vivir el Aro del Poder 448
277. El final del camino del Aro a vuestros ojos 451
278. El verdadero final del Camino del Aro 453
279. Aros que son hilos que forman tejidos 455
280. El buen tejido 456
281. Aros que son esferas, tejidos que son universos 459
282. Esferas unidas al inicio de la vida 460
283. La separación bendita 461
284. Embarazo y parto, contracción y expansión 463
285. Embarazo, parto y Segundo Nacimiento 465
286. Parir con gozo 466
287. Otro parto: la muerte 467
288. Contracción, expansión y ayudar a morir 468
289. Contracción, expansión y éxtasis 471
290. Medicina de Gabriel-1. Expresión 472
291. Medicina de Gabriel-2. Silencio 473
292. Medicina de Gabriel-3. Claridad, decisión 475
293. Medicina de Gabriel-4. Palabra muerta, palabra viva 476
294. Medicina de Gabriel-5. Admirada ambigüedad 477
295. Medicina de Gabriel-6. Los hijos de la mentira 478
296. Medicina de Gabriel-7. Mundo maldito 480
297. Medicina de Gabriel-8. La maldición de Babel 482
298. Medicina de Gabriel-9. La venida del Verbo 485
299. Medicina de Gabriel-10. Astucia y ambigüedad 487
300. Medicina de Gabriel-11. Serpientes aladas 489
301. Medicina de Gabriel-12. Erradicación de la ambigüedad 492
302. Medicina de Gabriel-13. Anunciación 493
303. Medicina de Gabriel-14. Babel y la ascensión 495
304. Medicina de Gabriel-15. Los Cristos 500
305. Medicina de Gabriel-16. Ofuscación y señales del tramposo 501
306. Medicina de Gabriel-17. Estrategias contra el tramposo 503
307. Primer trabajo con la materia-1 505
308. Primer trabajo con la materia-2. Silencio, quietud, ojos cerrados 506
309. Primer trabajo con la materia-3. La meta del recogimiento 508
310. Primer trabajo con la materia-4. El final del ruido 510
311. Primer trabajo con la materia-5. Interpretación del ruido 512
312. Primer trabajo con la materia-6. Fundamentos 513
313. Primer trabajo con la materia-7.
   Determinación, valor, perseverancia 514
314. Primer trabajo con la materia-8. El primer umbral 516
315. Primer trabajo con la materia-9. Humildad 518
316. Primer trabajo con la materia-10. El cuerpo 519
317. Primer trabajo con la materia-11. Maestros del Silencio 521
318. Culminación de los trabajos 523
319. El segundo trabajo con la materia: Palabra y Expresión 525
320. Gestación de la palabra 528
321. Hablar, arder 530
322. Gestación y silencio 531
323. Expresión y Expansión 533
324. Nacimiento del Verbo 535
325. Voz 537
326. Medicina de Gabriel-18. Niños de fuego 538
327. Voz de ángeles 542
328. La Voz de Dios 543
329. Las palabras 545
330. Eslabones que hablan 546

331. Emanación y creación	547
332. Seres creadores	549
333. El ser humano nuevo	551
334. Las Llaves del Infierno	552
335. El Infierno	553
336. Los liberadores del Infierno	555
337. Salir del Infierno	556
338. Ser ayudado	557
339. El puente entre Abismo y Altísimo	559
340. Los Ángeles de Abajo	560
341. El Cuerpo Medicina	561
342. Cuerpos que curan, cuerpos detestados	563
343. La Espada y la Medicina	565
344. Cuerpo Medicina y juicio	566
345. Y te rodeará lo enfermo	568
346. Rebosar desde la secreta Fuente	570
347. Cuerpo Aromático y secreto	571
348. El Cuerpo de Agua	574
349. Agua corrompida	576
350. Guardianes del Agua Santa	577
351. El camino hacia el Agua Santa	579
352. El rastro de la pureza en el mundo	581
353. Bendecir el agua	583
354. Preservar y limpiar el Agua	584
355. Engaños acerca del agua	586
356. ¿Bendecir a las fuentes?	587
357. Guardianes Externos del Agua	588
358. Guardianes Internos del Agua	589
359. Volverse fuente de la Fuente	591
360. Qué hace un Guardián del Agua	594
361. Medicina de Gabriel-19. Niños y expresión	597
362. Medicina de Gabriel-20. Sexo	599
363. Las puertas del éxtasis	601
364. Las puertas del éxtasis y la Pareja Sagrada	602
365. Los frutos de la unión sagrada	604
366. Control y descontrol	605
367. Dejar venir a Hijos del Misterio	606
368. Ser padres de un Hijo del Misterio	607
369. El éxtasis familiar	608
370. Diferentes éxtasis, diferentes puertas	609
371. El deseo físico	611
372. Inquilinos indeseables y guardianes de puertas	613
373. Expulsión de inquilinos y consagración corporal	615
374. Millones de puertas sin guardar	617
375. Responsabilidad de los guías religiosos	620
376. Proximidad del Reino de Dios	623
377. ¿Más nombres de ángeles? Éxodo	625
378. Terminar el Éxodo	627
379. Andar y ser pobre	628
380. Éxodo: lo próximo y el destino final	630
381. Riqueza fuera de lugar, pobreza esencial	632
382. Éxodo y transformación	635
383. Riqueza Esencial, Pobreza Esencial	637
384. Unidad del Fuego	639
385. El retorno del Fuego Vivo	640
386. Unión con los ángeles	642
387. El deseo del Fuego Vivo	643
388. Consuelo	644
389. Fuego y fluidez	645

390. El Hijo del Fuego 646
391. Bodas de Fuego 647
392. Unidad del Misterio 649
393. Vivir el Misterio 650
394. Guardar el Misterio en lo secreto 651
395. Misterios compartidos 653
396. Revelación del Misterio encarnado 655
397. Vivir el Misterio adecuadamente 657
398. Los Hijos del Misterio 658
399. Ángeles de lo Uno 659
400. Fin. Volverse Fénix 660
Epílogo: el tercer trabajo con la materia................................... 665
Anexo: la forma, las deformaciones y una súplica.................... 667